SETE ANOS
NO TIBET

Heinrich Harrer

Sete anos no Tibet

Tradução de Bettina Gertum Becker

www.lpm.com.br

L&PM POCKET

Coleção **L&PM** POCKET, vol. 184

Texto de acordo com a nova ortografia

Título original: *Seven Years in Tibet*

Este livro foi publicado pela L&PM Editores, em formato 14x21cm, em 1997.
Primeira edição na Coleção **L&PM** POCKET: agosto de 1999
Esta reimpressão: dezembro de 2017

Ilustração da capa: Cena do filme *Sete anos no Tibet*
   © 1997 Mandalay Entertainment. All rights reserved.
*Capa:*L&PM Editores
Tradução: Bettina Gertum Becker
Revisão: L&PM Editores

H296s

Harrer, Heinrich, 1912-2006
  Sete anos no Tibet / Heinrich Harrer; tradução de Bettina Gertum Becker. -- Porto Alegre: L&PM, 2017.
  336 p.; il. ; 18 cm. (Coleção L&PM POCKET; v. 184)

  ISBN 978-85-254-0725-2

  1.Tibet-Descrições. 2.Tibet-História. I.Título.

CDU 910.4(515)
908.515

Catalogação elaborada por Izabel A. Merlo, CRB 10/329.

Copyright © first published in 1953.
This edition © Professor Heinrich Harrer 1997
Motion picture artwork copyright © 1997 by Mandalay Entertainment.
All rights reserved

Todos os direitos desta edição reservados a L&PM Editores
Rua Comendador Coruja 314, loja 9 – Floresta – 90.220-180
Porto Alegre – RS – Brasil / Fone: 51.3225.5777 – Fax: 51.3221-5380

Pedidos & Depto. Comercial: vendas@lpm.com.br
Fale conosco: info@lpm.com.br
www.lpm.com.br

Impresso no Brasil
Primavera de 2017

Sete anos no Tibet

Itinerário percorrido pelo autor

Tibet

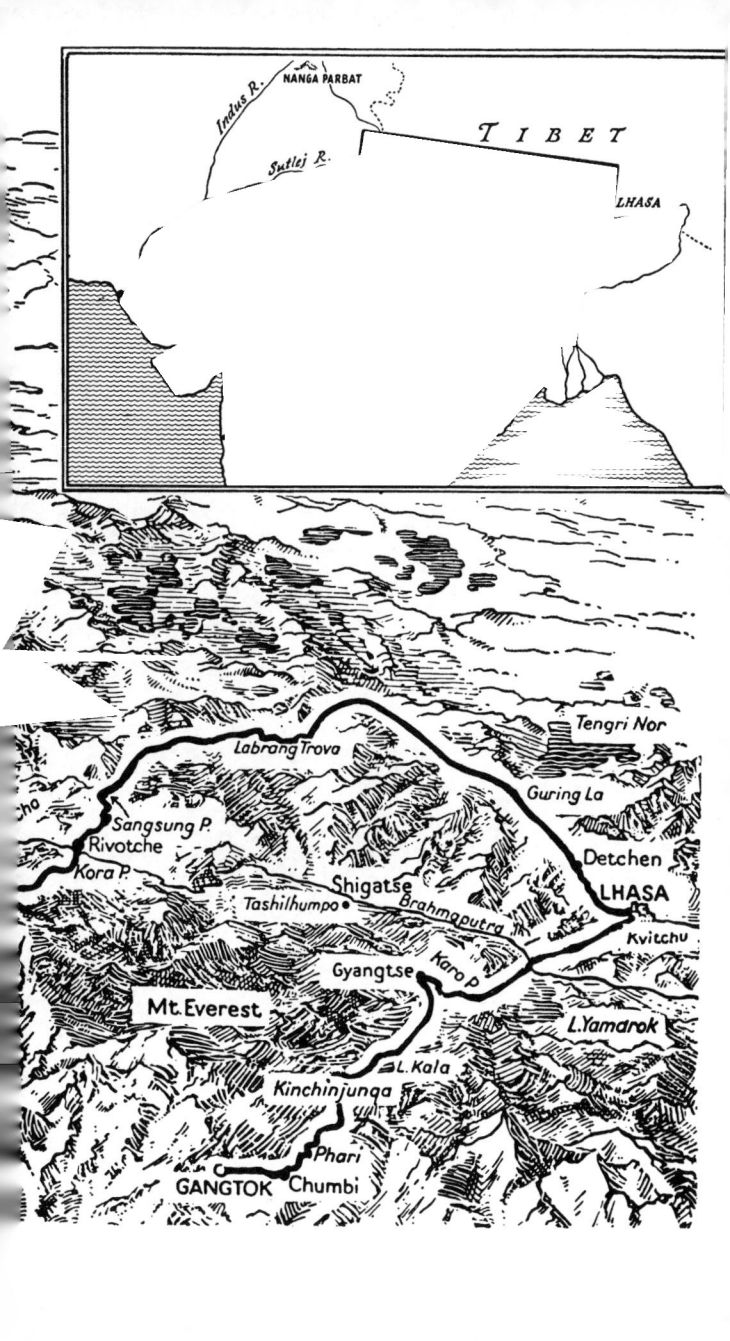

- Indus R.
- NANGA PARBAT
- Sutlej R.
- TIBET
- LHASA

- Tengri Nor
- Labrang Trova
- Guring La
- Sangsung P.
- Rivotche
- Kora P.
- Shigatse
- Tashilhumpo
- Brahmaputra
- Detchen
- LHASA
- Kvitchu
- Gyangtse
- Karo P.
- Mt. Everest
- L. Yamarok
- L. Kala
- Kinchinjunga
- Phari
- GANGTOK
- Chumbi

Sumário

Preâmbulo 11
Introdução 13
Prefácio 17

1. Campo de Prisioneiros.. 21
2. Fuga 40
3. Entrando no Tibet 57
4. A Aldeia da Felicidade.. 77
5. Seguindo em Frente 96
6. A Pior Trilha 115
7. A Cidade Proibida... 138
8. Águas Calmas 153
9. Asilo Concedido 175
10. A vida em Lhasa – I.. 189
11. A Vida em Lhasa – II 209
12. Uma Tentativa de Golpe de Estado 229
13. Encargos do Governo 238
14. O Tibet Prepara-se para a Luta 260
15. Professor do Dalai Lama 278
16. O Tibet é Invadido 294
17. Deixo o Tibet 306

Epílogo: 1996... 323

Preâmbulo

O Prof. Heinrich Harrer é um dos ocidentais que conhecem intimamente o Tibet. Seu livro está sendo lançado numa época em que há muitas concepções errôneas sobre a vida e a cultura do Tibet – e a maioria dos livros disponíveis não ajuda a dissipar esses equívocos.

Sendo forçado a vir ao Tibet por infelizes circunstâncias, ele decidiu viver com o nosso povo e compartilhar sua forma de vida simples, fazendo muitos amigos e sendo considerado com muita afeição.

Fico feliz que seu livro *Sete Anos no Tibet*, que fornece um quadro vívido e verdadeiro do Tibet antes de 1959, esteja sendo relançado quando há um renovado interesse pelo Tibet.

O Dalai Lama

29 de janeiro de 1982

Introdução

Para os ingleses, e, na verdade, acho que para a maioria dos europeus, o Tibet tem exercido uma fascinação crescente e especial. Em 1904, Younghusband, numa campanha praticamente incomparável nos anais da guerra, seja por suas dificuldades administrativas, seja pela combinação de audácia e sensibilidade com que foi conduzida, marchou sobre Lhasa e dominou o Tibet. Os tibetanos, cuja intransigência persistente sobre uma fronteira imperial terminou por provocar nossa incursão, foram tratados em termos bastante cavalheirescos; e sobre o remoto, misterioso platô – marcado, durante certo tempo, em um nítido, minucioso relevo pelos despachos que gotejavam através das passagens por um punhado de mensageiros da expedição de Younghusband – mais uma vez desceu um véu.

Era um véu espesso, e não ficou mais fino à medida que os anos se passaram. No final do século XIX, os olhos da Europa se voltaram para a Ásia. O desafio geográfico da África fora superado nos pontos mais importantes. Naquele continente, os problemas políticos da época, exceto na África do Sul, pareciam ter solução, pelo menos do ponto de vista das chancelarias nas capitais europeias. Na Ásia, por outro lado, forças imponderáveis e exóticas estavam a caminho. As conquistas da Rússia na Ásia Central tinham atingido o que se acreditava ser apenas a primeira fase de suas ambições territoriais. Nas mentes de Lord Curzon e de Kipling, suas tentativas de penetrar com destacamentos de reconhecimento a barreira de montanhas que a separavam dos exércitos da Índia causaram apreensão, que depois mostrou-se desproporcional.

Mas, de novo, a Ásia se destaca; pois, enquanto Younghusband – colocando a artilharia em ação, pela primeira e última vez na história, a 5.200 metros acima do nível do mar – derrotava os tibetanos, os japoneses, com muito menos cavalheirismo, derrotavam os russos na Manchúria. E, apenas três anos antes, na Rebelião Boxer, uma força expedicionária internacional levantou o cerco do Bairro Diplomático em Pequim.

O Tibet nunca tentou satisfazer a curiosidade da Europa sobre a Ásia. Continuou a estimulá-la cada vez mais; e reagia a essa curiosidade de forma hostil. Uma vez, quatro meninos tibetanos (nas páginas seguintes, você vai encontrar o único sobrevivente de uma experiência que os tibetanos não voltaram a repetir) foram mandados à escola em Rugby; e, até as forças comunistas chinesas tomarem o país em 1950, os filhos dos nobres frequentemente eram mandados à escola na Índia, aprendendo (entre outras coisas) o idioma inglês. A Europa teria recebido muito bem os tibetanos, como recebe viajantes e estudantes de todos os outros países asiáticos; mas enquanto a Europa – falando em termos gerais – quer mais do que tudo ir ao Tibet, o Tibet nunca demonstrou o menor desejo de ir à Europa.

Além disso, o Tibet sempre criou as maiores dificuldades para que europeus, e qualquer não tibetano, colocassem o pé em seu território, mesmo que tivessem credenciais impecáveis. O véu de segredo, ou talvez de exclusividade, que foi levantado por Younghusband e que, depois, de forma tão tumultuada, caiu novamente nos últimos cinquenta anos, só foi penetrado por poucos. Destes, pode-se afirmar com segurança, nenhum obteve uma posição tão extraordinária quanto o autor deste livro que, no final dos cinco anos de residência em Lhasa, fez parte da corte do Dalai Lama.

O viajante europeu está acostumado a ver a Ásia, ou de qualquer forma, a parte selvagem da Ásia, de cima. Com isto quero dizer que, apesar de às vezes sua situação ser precária e seus recursos escassos, o europeu em geral está em melhor posição que o povo primitivo por cujo território ele está passando. Possui coisas que os outros não têm – dinheiro e armas de fogo, sabão e remédios, barracas e abridores de lata. Além disso, em outra parte do planeta, existe um governo que vai tentar tirá-lo de lá, se ele se meter em confusão. Assim, o estrangeiro privilegiado tende a andar de "salto alto", apesar do perigo da queda, e a olhar o sertão e seus habitantes de cima.

Foi diferente com Herr Harrer. Em 1943, quando fez a terceira e bem-sucedida tentativa de escapar de um campo de prisioneiros em Dehradun e foi rumo ao Tibet, estava olhando a Ásia de baixo. Viajava a pé, levava seus poucos pertences nas costas e dormia no chão, ao ar livre. Era um fugitivo, sem posição ou papéis, e tinha pouquíssimo dinheiro. Para uma expedição bem-equipada seguir o tortuoso caminho que percorreu durante o inverno através das montanhas de Changthang até Lhasa seria um feito memorável; a viagem de Harrer e seu companheiro Aufschnaiter foi um impressionante *tour de force*. Quando chegaram a Lhasa, estavam sem um tostão e em farrapos.

Apesar de não haver a mínima justificativa para sua presença na capital tibetana, foram tratados com bondade, e os inúmeros subterfúgios que utilizaram contra os funcionários ao longo do caminho causaram divertimento e não indignação. Entretanto, tinham certeza de que seriam expulsos do país, e, apesar de a guerra ter terminado, Harrer supunha, sem fundamento, que a expulsão significaria voltar para o campo de prisioneiros na Índia. Naquela época, já falava tibetano quase fluentemente, apesar do sotaque do interior que divertia a alta classe de Lhasa, e nunca deixava de pedir permissão para ficar onde estava e para fazer trabalhos úteis para o governo.

Não conheço Herr Harrer, mas, das páginas que se seguem, ele surge como um homem sensato, despretensioso e muito corajoso, de gostos simples e padrões firmes. Fica claro que os tibetanos gostaram dele de saída e, acho, deve ter sido a integridade de seu caráter que levou as autoridades a ficarem coniventes, mesmo sem autorizar, formalmente, sua permanência por cinco anos em Lhasa. Durante esse período, progrediu – sempre, parece, devido à confiança que inspirava e não porque buscava privilégios –, deixando de ser um miserável e vagabundo estrangeiro para receber um cargo bem remunerado como professor e confidente do jovem Dalai Lama. Com certeza, Harrer, que foi mais íntimo deste potentado que qualquer outro estrangeiro (com possível exceção de Sir Charles Bell) fora de seus predecessores, nos faz um relato fascinante e humano. Quando os comunistas chineses invadiram o Tibet em 1950, a separação de Harrer deste jovem solitário, capaz e afetuoso, causou muito sofrimento a ambos.

É improvável que os conquistadores consigam mudar o caráter tibetano, composto tão curiosamente de misticismo e jovialidade, de argúcia e superstição, de tolerância e convenções rígidas; mas a antiga e arruinada estrutura da sociedade tibetana, sobre a qual o Dalai Lama preside em suas sucessivas encarnações, é cheia de falhas e anacronismos, e dificilmente vai sobreviver, na forma tradicional, às pressões ideológicas às quais está sendo submetida. Foi uma grande sorte Herr Harrer ter tido, e ter feito um uso tão admirável, da oportunidade de estudar tão de perto um povo a quem hoje são negados mesmo os contatos mínimos que antes tivera com o Ocidente. A história do que ele fez e do que viu é tão estranha quanto o relato de Mr. Heyerdahl de sua viagem no *Kon-Tiki*; e é contada, fico feliz em dizer, no mesmo estilo simples e despretensioso.

PETER FLEMING

PREFÁCIO

Todos nossos sonhos começam na juventude. Quando criança, os feitos dos heróis de nossos dias me inspiravam muito mais do que ficar estudando nos livros. Homens que partiam para explorar novas terras ou que, com muito esforço e sacrifício pessoal, treinavam para tornar-se campeões nos esportes, conquistadores das grandes montanhas – imitá-los era o objeto da minha ambição.

Mas faltavam-me o conselho e a orientação de pessoas experientes, por isso desperdicei muitos anos até me dar conta de que não se devem perseguir muitos objetivos ao mesmo tempo. Experimentara diversos tipos de esporte sem alcançar o sucesso que satisfizesse. Então, finalmente, resolvi concentrar-me nos dois esportes que mais amava pela sua íntima associação com a natureza – o esqui e a escalada de montanhas.

Passei a maior parte de minha infância nos Alpes, e, durante quase todo o tempo que não estava na escola, escalava montanhas no verão e esquiava no inverno. Minha ambição era estimulada por pequenos sucessos e, em 1936, depois de muito treinamento, consegui um lugar na equipe olímpica austríaca. Um ano mais tarde, venci a Descida de Montanha no Campeonato Mundial Estudantil.

Nessas competições, experimentei o prazer da velocidade e a gloriosa satisfação da vitória na qual investi tudo o que tinha. Mas a vitória sobre rivais humanos e o reconhecimento público do sucesso não me satisfaziam. Comecei a sentir que a única ambição que valia a pena era medir minhas forças com as montanhas. Então, por meses inteiros, treinei escalada no gelo e na rocha até tornar-me tão habilidoso que nenhum precipício parecia inexpugnável. Entretanto, tinha de lidar com as minhas próprias dificuldades e tive de pagar pela minha experiência. Certa vez, despenquei cinquenta metros e só por milagre não perdi a vida – e, obviamente, acidentes menores aconteciam constantemente.

O retorno à vida universitária sempre significava uma grande tristeza. Mas não posso reclamar; tive a oportunidade de estudar todo tipo de livro sobre montanhismo e viagens, e, ao devorar esses livros, crescia em mim, através da reunião de desejos vagos, a ambição de realizar o sonho de todos os montanhistas – participar de uma expedição ao Himalaia.

Mas como um jovem desconhecido como eu ousava brincar com sonhos tão ambiciosos? Para chegar ao Himalaia, era necessário ser muito rico ou pertencer à nação cujos filhos, naquela época, ainda tinham a chance de ser mandados à Índia para o serviço militar. Para quem não era britânico e tampouco rico, havia apenas uma maneira. Era necessário aproveitar uma daquelas raras oportunidades que se abrem até mesmo para estrangeiros e fazer alguma coisa que me tornasse insubstituível. Mas que façanha seria necessária? Todos os grandes picos dos Alpes já haviam sido escalados há muito, até mesmo os piores picos e paredões rochosos haviam sucumbido à inacreditável habilidade e ousadia dos montanhistas. Mas, um momento! Ainda existia um precipício não conquistado – o maior e mais perigoso de todos – a Face Norte do Eiger.

Este íngreme paredão rochoso de 2 mil metros jamais fora escalado até o topo. Todas as tentativas falharam e muitos homens perderam a vida nessas escaladas. Uma série de feitos legendários foram realizados naquela monstruosa muralha montanhosa até que finalmente o governo suíço proibiu que os alpinistas o escalassem.

Não havia dúvida de que aquela era a aventura que eu estava procurando. Se rompesse as defesas virgens da Face Norte, eu teria o direito legítimo de ser selecionado para a expedição ao Himalaia. Cultivei por muito tempo a ideia de tentar essa façanha quase impossível. Diversos livros descrevem como, em 1938, eu e meus amigos Fritz Kasparek, Anderl Heckmeier e Wiggerl Vörg, conseguimos escalar a temível montanha.

Depois dessa aventura segui, durante o outono, com a esperança de ser convidado para juntar-me à expedição Nanga Parbat, planejada para o verão de 1939. Pelo visto, eu teria de continuar esperando, pois o inverno chegou e nada aconteceu. Outras pessoas foram selecionadas para explorar a fatídica montanha na Caxemira. Portanto, nada me restou a não ser assinar, desconsolado, um contrato para participar de um filme de esqui.

Os ensaios já estavam bem adiantados quando fui surpreendido por um telefonema. Finalmente, fora convocado para participar da Expedição Himalaia, que começaria em quatro dias. Não hesitei. Rompi meu contrato, viajei de volta para casa em Graz, passei um dia arrumando minhas coisas e, no dia seguinte, estava a caminho da Antuérpia com Peter Aufschnaiter, líder da expedição alemã Nanga Parbat, Lutz Chicken e Hans Lobenhoffer, os outros membros do grupo.

Até então, tinham sido feitas quatro tentativas de escalar aquela montanha de 7.600 metros. Todas falharam. Custaram muitas vidas e, por isso, decidimos procurar outro caminho para a escalada. Este seria o nosso trabalho, e o ataque ao pico estava planejado para o ano seguinte.

Nesta expedição ao Nanga Parbat, sucumbi à magia do Himalaia. A beleza dessas montanhas gigantescas, a imensidão das terras por sobre as quais se debruçam, a singularidade do povo da Índia – tudo isso me enfeitiçava.

Desde então, muitos anos se passaram, mas nunca pude me desligar da Ásia. Como tudo isso aconteceu e ao que levou eu tentarei narrar neste livro e, como não tenho nenhuma experiência como escritor, me contentarei em descrever os fatos.

1. Campo de Prisioneiros

Estoura a guerra e somos presos – Dehradun – Junto-me a Marchese – Fuga – Marchese me abraça – Marchamos à noite e cavalgamos de dia – Truta e cigarros – A Estrada dos Peregrinos e do Ganges – Recapturado – Escapo novamente, sozinho – Recapturado mais uma vez

Pelo final de agosto de 1939 havíamos completado o reconhecimento. Na realidade, encontramos um novo caminho para subir a montanha, e agora esperávamos em Karachi pelo cargueiro que nos levaria de volta à Europa. Nosso navio estava muito atrasado e as nuvens da guerra estavam cada vez mais pesadas. Chicken, Lobenhoffer e eu, de comum acordo, decidimos nos livrar da teia em que a polícia secreta já começara a nos envolver e fugir – quando houvesse uma chance. Só Aufschnaiter queria ficar em Karachi. Ele havia lutado na Primeira Guerra e não conseguia acreditar que houvesse uma Segunda.

Planejamos fugir para a Pérsia e encontrar um caminho para casa a partir de lá. Não tivemos dificuldade em despistar o homem que nos seguia e, depois de cruzar algumas centenas de quilômetros pelo deserto no nosso carro caindo aos pedaços, conseguimos chegar a Las Bela, um pequeno principado a noroeste de Karachi. Porém, o destino nos pegou de surpresa e fomos escoltados por oito soldados, sob o pretexto de que precisávamos de proteção. Na realidade, estávamos presos, embora as Comunidades Germânica e Britânica ainda não estivessem em guerra.

Com nossa fiel escolta, voltamos a Karachi, onde encontramos Peter Aufschnaiter. Dois dias depois a Inglaterra declarou guerra à Alemanha. Depois disso, tudo aconteceu exatamente como previsto. Poucos minutos depois da declaração de guerra, 25 soldados indianos armados até os dentes marcharam jardim adentro no restaurante onde estávamos sentados, para nos buscar. Seguimos num carro da polícia para um campo de prisioneiros previamente preparado e cercado com arame farpado. Entretanto, aquele era apenas um campo de trânsito e quinze dias depois fomos transferidos para o grande campo de prisioneiros de Ahmednagar, perto de Bombaim. Lá fomos colocados em tendas e galpões superlotados, em meio a uma babel de opiniões divergentes e conversas emocionadas. "Não", pensei, "esta atmosfera é muito diferente das altitudes solitárias e ensolaradas do Himalaia. Isto não é vida para homens que amam a liberdade." Então, comecei a me dedicar a encontrar formas de escapar.

É claro, eu não era a única pessoa que estava planejando escapar. Com a ajuda de companheiros com a mesma ideia, consegui obter bússolas, dinheiro e mapas que haviam sido passados clandestinamente através dos controles. Conseguimos até mesmo nos apropriar de luvas de couro e um alicate para cortar arame farpado, cujo sumiço dos galpões da intendência provocou uma investigação rigorosa, porém infrutífera.

Como acreditávamos que logo a guerra acabaria, adiávamos constantemente nossos planos de fuga. Entretanto, um dia fomos subitamente transferidos para outro acampamento. Fomos embarcados em um comboio que seguia para Deolali. Éramos dezoito prisioneiros sentados em cada caminhão, com um único soldado indiano para nos vigiar. O rifle do guarda estava preso ao seu cinto por uma corrente, de modo que ninguém pudesse furtá-lo. Um caminhão cheio de soldados seguia à frente da coluna e outro na retaguarda.

Enquanto estávamos no campo em Ahmednagar, Lobenhoffer e eu decidimos escapar antes de sermos transferidos para um novo campo, onde novas dificuldades poderiam ameaçar nossas chances de fuga. Assim, sentamos nos últimos lugares de um caminhão. Felizmente para nós, a estrada era cheia de curvas e estávamos sempre cobertos por espessas nuvens de poeira – vimos nisso a chance de saltar despercebidos e desaparecer na selva. Não esperávamos que o guarda do caminhão nos descobrisse, pois estava claramente ocupado em vigiar o caminhão da frente. Apenas ocasionalmente dava uma olhada em nós. De qualquer forma, não nos pareceu que seria muito difícil escapar e adiamos a tentativa até o último momento possível, com a intenção de chegar a um enclave português neutro[1], situado bem próximo à rota do nosso comboio.

Finalmente o momento chegou. Saltamos, corri uns vinte metros para fora da estrada e me atirei para dentro de um pequeno buraco atrás de uns arbustos. Então, para meu pavor, todo o comboio parou – ouvi apitos e tiros e, em seguida, vendo o guarda correr para o outro lado da estrada, não tive dúvida do que acontecera. Lobenhoffer devia ter sido descoberto e, como ele estava com a mochila com todas nossas coisas, não havia nada que eu pudesse fazer a não ser também desistir de minhas esperanças de fuga. Felizmente, consegui, na confusão, retornar ao meu lugar sem ser percebido por qualquer dos soldados. Só meus camaradas sabiam que eu havia saído e naturalmente não falaram nada.

Então vi Lobenhoffer: ele estava parado com as mãos para cima encarando uma fila de baionetas. Fiquei arrasado com o nosso total fracasso. Mas não era culpa do meu companheiro. Carregava nossa pesada mochila nas mãos quando saltou para fora do caminhão e parece que ela fez um ruído que chamou a atenção do guarda. Assim, foi pego antes de chegar ao abrigo da selva. Aprendemos com essa aventura uma lição dura, mas útil: em qualquer plano de fuga, cada um dos fugitivos deve carregar consigo tudo de que precisa.

No mesmo ano, fomos transferidos de novo para outro campo de prisioneiros. Dessa vez, fomos transportados de trem até o maior campo de prisioneiros da Índia, distante alguns quilômetros de Dehradun. Ao norte daí ficava a estação de veraneio de Mussoorie, a residência de verão dos

---

1. Território de Goa, anexado à Índia em 1961. (N.T.)

britânicos e dos indianos ricos. Nosso acampamento consistia de sete grandes seções, cada uma cercada por uma dupla cerca de arame farpado. O campo todo era cercado por duas outras cercas de arame farpado, entre as quais as patrulhas passavam constantemente.

As condições do novo campo alteraram completamente nossa situação. Enquanto estávamos na região de planície, almejávamos sempre escapar para um dos territórios portugueses neutros. Aqui, tínhamos o Himalaia bem na nossa frente. E, para um montanhista, como era tentadora a ideia de chegar ao Tibet através de passagens pelas montanhas! Como objetivo final, pensava-se nas linhas japonesas em Burma ou na China.

Qualquer plano para escapar nessas condições e com esses objetivos exigia preparativos cuidadosos. A essa altura, já havíamos perdido a esperança de que a guerra terminasse logo e, portanto, não havia nada a fazer – se quiséssemos escapar – a não ser nos organizarmos de modo sistemático. Uma fuga através das regiões densamente povoadas da Índia estava fora de questão. Para isso, precisaríamos de muito dinheiro e um perfeito conhecimento de inglês – eu não tinha nenhum dos dois. Logo, é fácil imaginar que minha preferência era pelos espaços vazios do Tibet. E eu queria ir para o Himalaia – e sentia que, mesmo que meu plano falhasse, teria valido a pena sentir a liberdade das altas montanhas.

Eu começara a aprender um pouco de hindustani, tibetano e japonês, e devorava qualquer tipo de livro de viagem pela Ásia que encontrasse na biblioteca, especialmente os que tratassem das regiões por onde eu passaria numa provável fuga. Tomei notas a partir desses trabalhos e fiz cópias dos mapas mais importantes. Peter Aufschnaiter, que também havia sido mandado para Dehradun, tinha vários livros e mapas sobre expedições na Ásia. Trabalhava sobre esse material com incansável energia e colocou todas suas notas e rascunhos à minha disposição. Fiz duas cópias de tudo, guardando uma para levar comigo e deixando outra guardada como reserva no caso de os originais serem perdidos.

Era muito importante, diante da rota pela qual me propunha a fugir, que me mantivesse com o melhor preparo físico possível. Por isso, todos os dias, dedicava algumas horas a exercícios ao ar livre, independentemente do bom ou mau tempo, enquanto à noite eu descansava na rua, estudando os hábitos dos guardas.

Minha principal preocupação era ter pouco dinheiro, pois, embora tivesse vendido tudo o que não precisava, minhas economias não eram suficientes para garantir o suprimento das necessidades vitais no Tibet, sem contar subornos e presentes, lugares-comuns no dia a dia da Ásia. Contudo, continuei trabalhando sistematicamente no meu plano e recebi ajuda de alguns amigos que não tinham intenção de fugir.

Originalmente, pretendia fugir sozinho, a fim de não ser atrapalhado por um companheiro que pudesse prejudicar minhas chances. Entretanto, um dia, meu amigo Rolf Magener contou-me que um general italiano tinha intenções idênticas às minhas. Já tinha ouvido falar sobre esse homem, e então, certa noite, Magener e eu escalamos uma das cercas de arame e atravessamos para a ala vizinha onde quarenta generais italianos estavam aprisionados. Meu futuro companheiro chamava-se Marchese. Sua aparência era tipicamente italiana. Tinha pouco mais de quarenta anos, era uma figura esbelta de modos bem-educados e vestia-se distintamente; fiquei particularmente impressionado com seu físico. No começo, tivemos dificuldade em entender um ao outro. Ele não falava alemão e eu, nada de italiano. Ambos sabíamos um mínimo de inglês, então conversávamos, com ajuda de um amigo, em um trôpego francês. Marchese falou-me sobre a guerra na Abissínia e sobre uma tentativa anterior de fuga de um campo de prisioneiros.

Felizmente, ele recebia o soldo de general inglês e dinheiro não era problema. Poderia conseguir as coisas que necessitássemos para a fuga, coisas que eu jamais teria conseguido. O que precisava era um parceiro que conhecesse o Himalaia – consequentemente, unimos nossas forças, sendo eu o responsável por todo o planejamento e ele, pelo dinheiro e equipamento.

Várias vezes por semana, eu dava uma fugida para discutir detalhes com Marchese e, com a prática, acabei me tornando um especialista em passar por arames farpados. É claro, havia várias possibilidades de fuga, mas a que parecia ser mais promissora baseava-se em um fato importante: a cada sete metros ao longo da tela de arame que circundava o acampamento havia um telhado íngreme de palha que havia sido construído para proteger os sentinelas do sol tropical. Se conseguíssemos escalar um desses telhados, teríamos atravessado as duas cercas de arame farpado de uma só vez. Em maio de 1943, já havíamos completado todos os preparativos. Dinheiro, mantimentos, bússola, relógios, calçados e uma pequena barraca de montanhismo, estava tudo pronto.

Certa noite, decidimos fazer uma tentativa. Como de costume, escalei a cerca, passando para a ala de Marchese. Lá encontrei a escada pronta. Nós a havíamos roubado e escondido após um pequeno incêndio no campo. Colocamos a escada contra a parede de um galpão e esperamos à sombra. Já era quase meia-noite e logo mudaria o turno da guarda. Os sentinelas, esperando para serem rendidos, caminhavam negligentemente para cima e para baixo. Alguns minutos se passaram até que chegassem ao ponto em que queríamos. Naquele momento, a lua apareceu sobre a plantação de chá.

Chegara a hora. Era agora ou nunca.

Ambos sentinelas haviam alcançado o ponto mais distante de nós. Eu estava agachado. Levantei-me e corri rapidamente até a cerca com a escada. Encostei-a contra a parte de cima da cerca, que era curvada para dentro, subi e cortei os arames que impediam o acesso ao telhado. Marchese puxou a ponta dos arames para um lado com uma longa vara forcada, permitindo que eu escapulisse pelo telhado. Estava combinado que o italiano deveria seguir-me imediatamente enquanto eu segurava o arame com as mãos, mas ele não veio. Ele hesitou por alguns terríveis segundos, pensando que era tarde demais e que os guardas já estavam voltando – e, de fato, eu ouvia seus passos. Não lhe dei tempo para maiores reflexões, peguei-o por baixo dos braços e puxei-o para cima do telhado. Ele então rastejou e caiu pesadamente para a liberdade.

Porém, isso tudo não aconteceu no mais absoluto silêncio. A guarda foi avisada e começou a atirar, mas, quando o tiroteio rompeu o silêncio da noite, já tínhamos sido engolidos pela selva.

A primeira coisa que Marchese fez, demonstrando seu caloroso temperamento meridional, foi abraçar-me e beijar-me, embora esse não fosse o momento mais apropriado para dar vazão a demonstrações de alegria. Foguetes de sinalização foram lançados e apitos soavam por perto, mostrando que os perseguidores estavam em nosso encalço. Corremos por nossas vidas e nos movíamos muito rápido usando os atalhos que eu aprendera em minhas saídas do campo. Pouco utilizamos as estradas e passamos ao largo dos poucos vilarejos com que nos deparamos pelo caminho. No início mal sentíamos nossas mochilas, mas depois começaram a ficar mais pesadas.

Em um vilarejo, os nativos, quando nos viram, começaram a tocar os tambores e na mesma hora percebemos que estavam dando alarme. Essa era uma das dificuldades que alguém criado no meio de brancos não poderia imaginar. Na Ásia, o "Sahib" invariavelmente viaja com um séquito de criados e jamais carrega o menor pacote que seja. O que então poderiam pensar os nativos, ao ver dois europeus pesadamente carregados, andando a pé pelo campo?

Decidimos caminhar à noite, sabendo que os indianos têm medo de ir à selva no escuro por causa dos animais selvagens. Nós mesmos não gostávamos muito da ideia, pois havíamos lido muitas histórias sobre tigres e leopardos comedores de homens nos jornais que havia no campo de prisioneiros.

Quando amanheceu nos escondemos exaustos num rio seco, e lá passamos o resto do tempo, dormindo e comendo no calor escaldante. Só vimos uma pessoa durante o dia, um vaqueiro, que felizmente não nos viu. O pior é que só tínhamos um cantil para cada um, e que deveria durar o dia inteiro. Pode-se entender por que, ao cair da noite, mal podíamos controlar nossos nervos. Queríamos seguir adiante o mais rápido possível e as noites pareciam curtas demais para o nosso progresso. Tínhamos de encontrar o caminho mais curto através do Himalaia até o Tibet, e isso significava semanas de marcha extenuante até que pudéssemos nos sentir seguros.

Atravessamos a primeira montanha ainda na noite de nossa fuga. No topo, descansamos por alguns momentos e vimos, novecentos metros abaixo de nós, as incontáveis luzes piscando no campo de prisioneiros. Às 22:15, todas as luzes se apagaram ao mesmo tempo, só os holofotes dos sentinelas ao redor do campo davam uma noção da sua enorme extensão.

Essa foi a primeira vez na minha vida que realmente entendi o que significava ser livre. Degustamos esse maravilhoso sentimento e pensamos solidariamente nos 2 mil prisioneiros forçados a viver lá embaixo, atrás dos muros de arame.

Mas não havia muito tempo para reflexões. Tínhamos de encontrar o caminho de descida pelo vale do Jumna, que nos era completamente desconhecido. Em um dos vales menores, entramos por uma ravina tão estreita que não pudemos continuar e tivemos de esperar até a manhã seguinte. O lugar era tão isolado e protegido que pude, sem hesitar, tingir de preto meus cabelos loiros e minha barba. Também pintei o rosto e as mãos com uma mistura de permanganato, tinta marrom e graxa, o que produziu uma tonalidade escura na pele. Assim fiquei mais parecido com um indiano, o que era importante, já que havíamos decidido que, se fôssemos interrogados, diríamos que estávamos em peregrinação ao sagrado rio Ganges. Quanto ao meu companheiro, ele era moreno o suficiente para não ser percebido a distância. Naturalmente, não esperávamos enganar ninguém muito de perto.

Naquela noite partimos antes de escurecer totalmente, mas logo nos arrependemos da pressa, pois, ao passar uma colina, nos deparamos com vários camponeses plantando arroz. Eles caminhavam seminus pela água lamacenta e pararam atônitos ao avistar dois homens com mochilas às costas. Apontaram para uma encosta íngreme ao final da qual se via um vilarejo, o que parecia significar que estávamos no final da ravina. A fim de evitar perguntas indiscretas, seguimos o mais rápido possível pelo caminho indicado. Depois de horas de subidas e descidas, finalmente alcançamos o rio Jumna.

Enquanto isso, a noite havia caído. Nosso plano era seguir o curso do Jumna até chegarmos a um de seus afluentes, o Aglar, e então seguir esse rio até chegarmos à foz. Não deveria ser muito distante do Ganges, que por sua vez nos levaria à grande cordilheira do Himalaia. A maior parte da nossa rota até este ponto havia sido percorrida fora das estradas e só de vez em quando, perto dos cursos d'água, é que encontrávamos trilhas usadas por pescadores. Naquela manhã, Marchese estava exausto. Preparei flocos de milho com água e açúcar que, somente após minha insistência, ele comeu. Infelizmente, o lugar onde nos encontrávamos não era adequado para acampar. Estava tomado por grandes formigas, que mordiam profundamente nossa pele e não nos deixavam dormir. O dia parecia interminável.

Ao aproximar-se a noite, diminuiu o cansaço de meu companheiro e comecei a acreditar que sua condição física tivesse melhorado. Até ele estava confiante de que conseguiria aguentar a fadiga da próxima noite. Entretanto, logo depois da meia-noite, já estava exausto. Simplesmente não suportava o enorme esforço físico que precisávamos despender. Meu árduo treinamento e minha condição física provaram ser uma dádiva para nós dois – frequentemente eu carregava sua mochila amarrada sobre a minha própria. Além disso, cobríamos nossas mochilas com sacos de juta indiana para não levantar suspeitas.

Vagamos rio acima durante as duas noites seguintes, frequentemente tendo de atravessar o Aglar quando nosso caminho pelas margens era bloqueado por mato ou por pedras. Certa vez, enquanto descansávamos no leito do rio, entre dois paredões de pedra, alguns pescadores passaram sem nos perceber. Outra vez, quando não pudemos evitar dar de cara com alguns pescadores, pedimos alguns peixes em nosso trôpego hindustani. Nosso disfarce pareceu bastante convincente para que os homens nos vendessem peixes sem desconfiar – na verdade, eles cozinharam os peixes para nós enquanto conversavam e fumavam aqueles pequenos cigarros indianos que os europeus acham tão desagradáveis. Marchese (que antes de nossa fuga era um fumante inveterado) não conseguiu resistir à tentação de pedir um. Mas mal deu um par de tragadas e caiu inconsciente como se tivesse tido um colapso. Por sorte, se recuperou rapidamente e pudemos prosseguir a jornada.

Mais adiante, encontramos alguns camponeses levando manteiga para a cidade. Nesse meio-tempo, estávamos ficando mais confiantes e perguntamos se poderiam nos vender um pouco. Um deles concordou, mas quando ele passou a manteiga quase derretida, com suas mãos escuras de sujeira, de sua tigela para a nossa, quase vomitamos de nojo.

Finalmente, o vale alargou-se e nosso caminho agora percorria plantações de arroz e milharais. Tornou-se cada vez mais difícil encontrar um bom esconderijo durante o dia. Uma vez, fomos descobertos durante a manhã e, como os camponeses ficaram nos fazendo todo tipo de perguntas indiscretas, arrumamos nossas coisas e nos apressamos em prosseguir caminho. Ainda não tínhamos achado outro refúgio quando encontramos oito homens que gritaram para que parássemos. Nossa sorte parecia ter finalmente nos abandonado. Fizeram-nos inúmeras perguntas e fiquei dando sempre as mesmas respostas, basicamente, que éramos peregrinos de uma província distante. Para nossa grande surpresa, conseguimos de alguma forma passar no teste, pois em pouco tempo nos deixaram ir.

Mal podíamos acreditar que os havíamos enganado e, por muito tempo, pensamos estar ouvindo seus passos atrás de nós.

Naquele dia, tudo parecia estar enfeitiçado e tivemos problemas constantes. Finalmente chegamos à conclusão desencorajadora de que havíamos, de fato, cruzado a foz, mas que ainda estávamos no vale do Jumna, o que significava que estávamos pelo menos dois dias atrasados em relação ao nosso plano.

Então, tivemos de começar a subir novamente e logo nos encontramos em meio a densas florestas de rododendros que, aparentemente, eram desertas. Parecia possível passar um dia calmo e dormir bastante, mas um rebanho de gado aproximou-se e tivemos de mudar o acampamento, dando adeus à perspectiva de um bom dia de descanso.

Durante as noites seguintes, caminhamos por uma área relativamente despovoada. Mas logo descobrimos, para nossa desgraça, o motivo para a ausência de seres humanos. Praticamente não havia água. Sentimos tanta sede que uma vez cometi um erro que poderia ter tido consequências desastrosas. Ao encontrar uma pequena poça, atirei-me e, sem qualquer hesitação, comecei a beber a água em grandes goles. O resultado foi terrível. Acontece que aquela era uma dessas poças em que os búfalos costumam chafurdar quando o tempo está quente e que têm mais lama do que água. Tive um violento ataque de tosse seguido de vômitos e passou-se muito tempo até que eu me recuperasse daquele péssimo refresco.

Pouco depois desse acidente estávamos tão sedentos que simplesmente não podíamos mais caminhar e tivemos de parar, embora ainda faltasse muito para a madrugada. Quando amanheceu, desci sozinho pela íngreme encosta em busca de água, que acabei encontrando. Os três dias e noites seguintes foram um pouco melhores, nossa trilha passava por uma floresta de abetos tão despovoada que raramente encontrávamos indianos, e portanto não havia muito risco de sermos descobertos.

No vigésimo dia de nossa fuga chegou o grande momento. Alcançamos as barrancas do Ganges. O hindu mais fervoroso não poderia ter ficado mais comovido com a vista do rio sagrado do que nós. Podíamos agora seguir a estrada dos peregrinos, subindo o Ganges até suas nascentes, e isso diminuiria muito as fadigas da nossa viagem, pelo menos era o que imaginávamos. Decidimos que, por termos chegado tão longe e com tanta segurança com nosso sistema de viagem noturna, não arriscaríamos uma mudança, e assim continuamos dormindo de dia e nos deslocando somente à noite.

Nesse meio-tempo, precisávamos desesperadamente de suprimentos. Nossa comida estava praticamente no fim, mas, embora o pobre Marchese não passasse de pele e osso, não desistiu. Felizmente, eu ainda estava me sentindo bem, comparado a ele, e possuía uma boa reserva de forças.

Todas as nossas esperanças estavam centradas no chá e nos armazéns que deviam existir por todo o Caminho dos Peregrinos. Alguns permaneciam abertos até tarde da noite e podiam ser reconhecidos pela luz fraca e trêmula das lamparinas a óleo. Depois de retocar minha maquiagem entrei no primeiro armazém que encontramos, mas fui posto para fora a gritos e insultos. Obviamente, haviam me tomado por um ladrão. Apesar da experiência desagradável, uma coisa foi positiva: ficou claro que meu disfarce era convincente.

Chegando ao próximo armazém, entrei segurando meu dinheiro tão ostensivamente quanto possível. Aquilo causou boa impressão. Disse ao dono que precisava comprar provisões para dez pessoas, para que uma compra de quinze quilos de farinha, açúcar e cebolas fosse plausível.

As pessoas do armazém estavam mais interessadas em examinar minhas notas de dinheiro do que a mim, e, um tempo depois, deixei o armazém com uma pesada carga de provisões. O dia seguinte foi um dia feliz. Pelo menos tínhamos o que comer e o Caminho dos Peregrinos nos parecia um mero passeio depois da longa marcha por terrenos acidentados.

Mas nossa felicidade não durou muito. Na parada seguinte, fomos perturbados por homens à procura de lenha. Encontraram Marchese deitado seminu por causa do calor intenso. Ele estava tão magro que se podiam contar suas costelas e parecia realmente muito doente. Éramos, é claro, suspeitos, já que não estávamos nas costumeiras estalagens dos peregrinos. Os indianos nos convidaram para ir com eles para suas casas, mas nós não queríamos fazer isso e usamos a saúde debilitada de Marchese como desculpa para não aceitar. Eles foram embora, mas logo voltaram e ficou claro que nos tomavam por fugitivos. Tentaram nos chantagear dizendo que havia um inglês com oito soldados nas redondezas, procurando por uma dupla de prisioneiros fugitivos e que lhes havia prometido uma recompensa por qualquer informação. Mas prometeram não contar nada se lhes déssemos dinheiro. Fiquei firme e insisti em ser um médico da Caxemira, mostrando como prova minha maleta de remédios.

Não sei se foi pelos gemidos totalmente genuínos de Marchese ou pela minha atuação, mas os indianos foram-se novamente. Passamos a noite seguinte inteira com medo de que eles retornassem e que o fizessem acompanhados de alguma autoridade, mas não fomos incomodados.

Do jeito que as coisas estavam, os dias não contribuíam muito para que recuperássemos nossas forças e, na verdade, eles nos cansavam mais do que as noites. Obviamente não era estafa muscular, mas nervosa, já que estávamos em tensão permanente. Perto do meio-dia, nossos cantis geralmente já estavam vazios e o restante do dia parecia interminável. Toda noite, Marchese seguia em frente heroicamente e, apesar da exaustão causada pela perda de peso, conseguia aguentar até a meia-noite. Depois, precisava de pelo menos duas horas de sono para poder retomar caminho. Ao amanhecer, acampávamos e de nossa barraca podíamos ver o Caminho dos Peregrinos, com seu quase ininterrupto fluxo de fiéis. Apesar de estarem estranhamente vestidos, nós os invejávamos. Sortudos! Não tinham motivo algum para esconder-se. Ouvíramos no campo de prisioneiros que ao redor de 60 mil peregrinos percorriam este caminho durante os meses de verão e nesse momento acreditamos nisso.

NOSSA PRÓXIMA CAMINHADA era longa, mas à meia-noite chegamos a Uttar Kashi, a cidade-templo. Logo nos perdemos nas ruas estreitas e Marchese sentou-se com nossas coisas em uma esquina escura enquanto fui tentar descobrir por onde ir. Pelas portas abertas dos templos, viam-se as lamparinas queimando diante de ídolos de mirada fixa e, frequentemente, tinha que me esconder nas sombras para não ser percebido pelos monges que passavam de um lugar sagrado a outro. Levei mais de uma hora para encontrar novamente o Caminho dos Peregrinos, que seguia pelo outro lado da cidade. Graças à leitura de vários livros de viagem, eu sabia que agora teríamos de atravessar a "Fronteira Interna". Esta linha corre paralela à verdadeira fronteira, a uma distância de aproximadamente cem a duzentos quilômetros. Todos os que passam por essa região, com exceção dos residentes, devem ter uma autorização. Como nós não tínhamos, seria necessário ter muito cuidado a fim de evitar postos policiais e patrulhas.

O vale por onde subíamos tornava-se progressivamente menos habitado. Durante o dia, não tínhamos problemas para encontrar abrigos adequados, e frequentemente eu deixava nosso esconderijo em busca de água. Certa vez, até acendemos uma pequena fogueira e fizemos um mingau – nossa primeira refeição quente em quinze dias.

Já estávamos a uma altitude de 2.135 metros, e durante a noite seguidamente passávamos por acampamentos dos *bhutias*, mercadores tibetanos que negociam no sul do Tibet no verão e vêm para a Índia no inverno. Muitos deles, durante a estação quente, moram em pequenas aldeias situadas a mais de 3 mil metros, onde cultivam cevada. Esses acampamentos tinham uma característica muito desagradável, na forma de fortes e selvagens cães tibetanos, uma raça peluda e de porte médio. Foi a primeira vez que os vimos.

Uma noite chegamos a um desses vilarejos *bhutias* que são habitados somente no verão. Pareciam muito acolhedores, com seus telhados cobertos de telhas de madeira e pedra. Porém, além da vila, uma desagradável surpresa nos aguardava. Uma corredeira tinha transbordado e transformado o terreno ao lado em banhado. Era absolutamente impossível atravessar. Pelo menos, desistimos de tentar encontrar uma forma de fazê-lo e resolvemos esperar o clarear do dia e verificar o terreno em busca de um abrigo, pois não acreditávamos que o Caminho dos Peregrinos se interrompesse bem nesse ponto. Para nossa maior surpresa, na manhã seguinte, observamos que a procissão de peregrinos continuava, e atravessava o rio exatamente no local onde havíamos passado horas da noite anterior em busca de uma passagem. Infelizmente, não conseguíamos ver como eles faziam, pois as árvores atrapalhavam a visão de onde estávamos. Mas outra coisa igualmente inexplicável aconteceu. Verificamos que, mais tarde naquela manhã, o fluxo de peregrinos havia parado. Na manhã seguinte, tentamos atravessar novamente pelo mesmo trecho e mais uma vez não conseguimos. Finalmente, me dei conta de que devíamos ter diante de nós um rio alimentado por neve e gelo derretidos e que tinha sua maior vazão do meio-dia até tarde da noite. De manhã cedo o nível da água deveria ser bem menor.

E, de fato, era como eu tinha deduzido. Às primeiras luzes da manhã, já estávamos de pé à beira do rio e podíamos ver uma velha ponte de troncos meio submersa. Nos equilibramos cuidadosamente, conseguimos chegar ao outro lado. Infelizmente, havia outros rios que devíamos atravessar da mesma maneira. Eu recém tinha atravessado o último deles quando Marchese escorregou e caiu na água, felizmente em cima dos troncos, pois de outro modo teria sido arrastado pela correnteza. Molhado até os ossos e completamente exausto, não consegui convencê-lo a continuar. Supliquei que pelo menos fôssemos até algum lugar protegido, mas ele já havia estendido suas coisas para secar e acendido uma fogueira. Então, pela primeira vez, comecei a me arrepender de não ter dado ouvidos aos seus repetidos apelos para que o deixasse para trás e continuasse sozinho. Eu achava que, já que havíamos começado juntos, prosseguiríamos juntos.

Enquanto discutíamos, um indiano parou diante de nós e, depois de ver nossos vários objetos de óbvia origem europeia espalhados pelo chão, começou a nos fazer perguntas. Só então Marchese se deu conta do perigo que corríamos. Rapidamente juntou suas coisas, mas, mal havíamos dado alguns passos quando fomos parados por outro indiano, um homem de aparência distinta liderando um grupo de dez robustos soldados. Em inglês perfeito, pediu nossos passes. Nós acenamos como se não entendêssemos e dissemos que éramos peregrinos da Caxemira. Ele pensou por alguns instantes e encontrou uma solução que significava o fim de nossas esperanças de fuga. Havia, ele disse, dois nativos da Caxemira em uma casa das redondezas. Se pudéssemos nos entender com eles, poderíamos seguir nosso caminho. Que azar que dois nativos da Caxemira estivessem aqui, justo nesse momento! Eu só tinha usado esse álibi porque a coisa mais improvável seria encontrar nativos da Caxemira nesta região.

Estes dois homens eram especialistas em danos causados por enchentes e haviam sido chamados da Caxemira. Assim que ficamos diante deles, sentimos que chegara o momento de cair a máscara. Como havíamos combinado fazer numa situação dessas, comecei a falar com Marchese em francês. Imediatamente o indiano nos interrompeu, também em francês, e mandou-nos abrir as mochilas. Quando viu minha gramática inglês-tibetano, ordenou que disséssemos quem realmente éramos. Admitimos então que éramos prisioneiros foragidos, mas não revelamos nossa nacionalidade.

Pouco depois, estávamos sentados em uma sala confortável bebendo chá, mas mesmo assim eu me sentia profundamente frustrado. Esse era o décimo oitavo dia de fuga e todos os nossos esforços e privações haviam sido em vão. O homem que nos havia interrogado era o chefe do Departamento Florestal do estado de Tehri-Garwhal. Estudara engenharia florestal em instituições inglesas, francesas e alemãs, e conhecia bem as três línguas. Foi por causa das cheias, que haviam causado a pior catástrofe dos últimos cem anos, que ele viera fazer uma inspeção na região. Ele, sorrindo, desculpou-se e disse que, como nossa fuga lhe havia sido comunicada, tinha de cumprir seu dever.

Hoje, quando penso na sequência de circunstâncias que levaram à nossa captura, concluo que fomos vítimas de algo pior do que uma simples falta de sorte e que não poderíamos ter evitado aquele destino. Ao mesmo tempo, não duvidei sequer por um minuto de que tentaria fugir novamente. Marchese, no entanto, estava num estado de exaustão tão absoluta que desistira de qualquer ideia de uma nova tentativa. De forma muito solidária, deu-me a maior parte do seu dinheiro, pois sabia que eu praticamente não tinha nenhum. Aproveitei aqueles momentos de ócio forçado para fazer boas refeições, já que praticamente não havíamos comido nos últimos dias. O cozinheiro do engenheiro florestal nos dava comida constantemente, metade da qual eu escondia em minha mochila. No início da noite, demos a desculpa de que estávamos cansados e queríamos dormir. A porta do nosso quarto ficava trancada por fora e o engenheiro florestal colocara sua cama no terraço em frente à nossa janela para evitar qualquer tentativa de fuga por ali. Mas, como ele tinha dado uma saída, Marchese e eu aproveitamos para simular uma discussão. Marchese fazia as duas partes, gritando e ofendendo alternadamente com vozes diferentes, enquanto eu escapava pela janela com a mochila, passando pela cama do engenheiro e correndo até o fim do terraço. A noite havia caído e, depois de esperar alguns segundos até que os sentinelas tivessem desaparecido pelo outro lado da casa, pulei de uma altura de 3,5 metros até o chão. O chão não era duro, por isso não fiz muito barulho e em poucos instantes estava de pé. Pulei a cerca do jardim e desapareci na floresta escura como breu.

Estava livre!

Tudo estava quieto. Apesar de minha excitação não conseguia deixar de rir ao pensar que Marchese ainda estava discutindo comigo, segundo o plano, enquanto o engenheiro nos vigiava de sua cama em frente a nossa janela.

Mas eu tinha de prosseguir e, afoito, corri para o meio de um rebanho de ovelhas. Antes que pudesse dar meia-volta, um cão ovelheiro atracou-se nos meus fundilhos e não soltou até arrancar um pedaço das minhas calças. Aterrorizado disparei, mas descobri que o caminho que escolhera era muito íngreme. Tive de voltar e contornar o rebanho até encontrar outro caminho. Logo após a meia-noite, me dei conta de que mais uma vez tinha seguido pelo lado errado. Novamente, retornei alguns quilômetros, desperdiçando meu fôlego. Minhas andanças sem rumo me custaram algumas horas, e o dia já estava raiando. Depois de uma curva, dei de cara com um urso a cerca de dois metros. Felizmente, ele se afastou sem tomar conhecimento da minha presença.

Quando ficou completamente claro escondi-me, embora o lugar não aparentasse qualquer sinal de presença humana. Sabia que, antes de chegar à fronteira com o Tibet, deveria passar por uma aldeia. Depois, era a liberdade. Caminhei por toda a noite seguinte e aos poucos cheguei à conclusão de que ainda não havia chegado ao tal vilarejo. De acordo com minhas anotações, ficava do outro lado do rio, mas era conectado a este lado por uma ponte. Fiquei pensando se já não havia passado por ela, mas me consolei ao concluir que dificilmente alguém passa por uma aldeia sem percebê-la. Então, prossegui despreocupadamente mesmo após o amanhecer.

Esse foi meu erro. Ao circundar um monte de pedras, encontrei-me justamente abaixo das casas de uma aldeia, na frente das quais havia uma aglomeração de pessoas gesticulando. O lugar estava mal-indicado em meu mapa e, como me perdera duas vezes durante a noite, meus perseguidores haviam tido tempo de me alcançar. Imediatamente fui cercado e obrigado a render-me, depois do que fui levado a uma casa onde deram-me algo para matar a sede.

Aqui encontrei pela primeira vez com os verdadeiros nômades tibetanos que perambulam pela Índia com seus rebanhos de ovelhas e carregamentos de sal, retornando ao Tibet abarrotados de cevada. Ofereceram-me chá tibetano com manteiga e *tsampa*, o alimento básico desse povo e do qual me nutri por muitos anos mais tarde. Meu primeiro contato com essa comida afetou meu estômago de forma extremamente desagradável.

Passei duas noites nesta aldeia, que se chamava Nelang, brincando vagamente com a ideia de uma outra fuga, mas estava muito cansado e mentalmente muito desanimado para traduzir meus pensamentos em ação.

A viagem de volta, em comparação com minhas andanças anteriores, foi como um passeio de lazer. Não precisava carregar nada e estava muito bem vigiado. No caminho encontrei Marchese, que era hóspede no bangalô particular do engenheiro. Fui convidado a juntar-me a eles. Qual não foi minha surpresa quando, alguns dias mais tarde, foram trazidos dois outros fugitivos: Peter Aufschnaiter, meu companheiro da expedição Nanga Parbat, e um certo padre Calenberg.

Nesse meio-tempo, já tinha começado a me ocupar dos planos para a próxima tentativa de fuga. Fiquei amigo do guarda indiano que cozinhava para nós e que parecia inspirar confiança. Deixei com ele meus mapas, bússola e dinheiro, pois sabia que seria revistado antes de ser readmitido no campo de prisioneiros e que seria impossível passar essas coisas. Disse então ao indiano que voltaria na próxima primavera para buscar as minhas coisas com ele. Ele deveria pedir folga em maio e esperar por mim. Solenemente, prometeu fazê-lo. Agora tínhamos de retornar ao campo, e foi apenas a minha determinação para uma nova fuga que me permitiu aguentar a amargura da frustração.

Marchese ainda estava doente e não podia caminhar, por isso deram-lhe um cavalo. Tivemos ainda outra agradável parada e fomos recebidos com grande hospitalidade pelo marajá de Tehri-Garwhal. Depois, voltamos às nossas cercas de arame farpado.

O episódio da fuga deixou marcas visíveis, que apareceram no caminho, ao banhar-me em uma fonte de águas termais. Descobri que meu cabelo caía aos tufos. Parece que a tinta que tínhamos usado para o disfarce de indianos tinha efeitos colaterais.

Como resultado de minha depilação involuntária e de todas as experiências fatigantes por que havia passado, meus companheiros de prisão mal conseguiram me reconhecer quando cheguei.

2. Fuga

Um disfarce arriscado – Sigo a mesma rota – Tibet não quer estrangeiros – Voltamos por onde viemos – De volta à Índia

"Você fez uma fuga ousada. Desculpe-me, devo dar-lhe 28 dias", disse o coronel inglês quando voltamos ao campo de prisioneiros. Eu havia desfrutado 38 dias de liberdade e agora teria de passar 28 na solitária. Era a punição normal para quem tentasse escapar. Entretanto, como os ingleses tomaram nossa audaciosa tentativa com espírito esportivo, fui tratado com menos rigor que de costume.

Quando cumpri minha sentença de punição, descobri que Marchese teve o mesmo destino em outra parte do campo. Mais tarde, tivemos oportunidade de conversar sobre nossas experiências. Marchese prometeu ajudar-me na próxima tentativa de fuga, mas não pensava juntar-se a mim. Sem perda de tempo, comecei a fazer novos mapas e a tirar conclusões a partir da experiência de fuga anterior. Fiquei convencido de que minha próxima tentativa seria bem-sucedida e, dessa vez, estava determinado a ir sozinho.

Ocupado com meus preparativos, não percebi o inverno passar e, na época da próxima "temporada de fuga", eu já estava bem equipado. Dessa vez, eu queria partir mais cedo a fim de passar pela aldeia de Nelang enquanto ainda estivesse desabitada. Não contava em reaver as coisas que havia deixado com o indiano. Por isso, tentei conseguir tudo o que fosse mais necessário. Uma prova tocante de camaradagem foi a generosidade de meus companheiros; mesmo com o pouco dinheiro que tinham, contribuíram para que eu conseguisse o equipamento de que precisava.

Eu não era o único prisioneiro que planejava escapar. Meus dois melhores amigos, Rolf Magener e Heinz von Have, também estavam envolvidos com preparativos para uma fuga. Ambos falavam inglês fluentemente e planejavam atravessar a Índia até a fronteira com Burma. Von Have já havia fugido uma vez dois anos antes, com um companheiro, e quase alcançaram Burma, mas foram capturados pouco antes da fronteira. Durante uma segunda tentativa, seu amigo sofreu um acidente fatal. Me disseram que três ou quatro outros prisioneiros planejavam escapar. Finalmente, nós sete conseguimos nos reunir e decidimos fazer uma fuga simultânea, pois tentativas individuais sucessivas aumentariam a vigilância da guarda, tornando mais difícil a fuga ao longo do tempo. Se a fuga em massa funcionasse, cada um de nós, uma vez fora do campo, poderia seguir sua própria rota. Peter Aufschnaiter, que dessa vez tinha como parceiros Bruno Treipel, de Salzburgo, e dois caras de Berlim, Hans Kopp e Sattler, queria, como eu, escapar pelo Tibet.

Nossa hora "zero" foi fixada para às duas da tarde do dia 29 de abril de 1944. O plano era nos disfarçarmos de equipe de conserto de arame farpado. Tais grupos de trabalho eram comuns no campo, pois os cupins estavam sempre comendo os numerosos postes que sustentavam o arame e os postes tinham de ser constantemente substituídos. Esses pelotões eram formados por indianos com um supervisor inglês.

Na hora marcada, nos encontramos em um pequeno galpão nas proximidades de uma das passagens de arame menos vigiadas. Aqui, os entendidos em maquiagem do campo nos transformaram rapidamente em indianos. Have e Magener ficaram com uniformes de oficiais ingleses. Nós "indianos" raspamos o cabelo e colocamos turbantes. Apesar de a situação ser tão séria, não conseguimos deixar de rir uns dos outros quando nos olhávamos. Parecia que íamos a um baile à fantasia. Dois de nós carregaram uma escada que havia sido escondida, na noite anterior, em um local não vigiado da cerca de arame. Também conseguimos um grande rolo de arame farpado, que penduramos em um poste. Nossos pertences estavam arrumados embaixo de nossas túnicas brancas e em fardos, o que não era estranho, já que os indianos sempre carregavam coisas com eles. Nossos dois "oficiais britânicos" se comportaram de forma bem realista.

Carregavam rolos de plantas sob os braços e balançavam suas bengalas de cana. Já havíamos aberto um buraco na cerca, pelo qual agora escorregávamos um após o outro, para a passagem não vigiada que separava as diferentes seções do campo. Dali eram cerca de 250 metros até o portão principal. Não atraímos qualquer atenção e paramos apenas uma vez, quando o sargento passou pelo portão de bicicleta. Nossos "oficiais" escolheram aquele momento para inspecionar a cerca mais de perto. Depois disso, atravessamos o portão sem que os guardas sequer piscassem. Foi um alívio vê-los nos saudar, obviamente sem suspeitar de ninguém. Nosso sétimo homem, Sattler, que deixara seu galpão consideravelmente atrasado, vinha depois de nós. Sua cara estava preta e ele agitava energicamente um pote de alcatrão. Os sentinelas deixaram-no passar e ele só nos alcançou do lado de fora do portão.

Assim que saímos da vista dos guardas, desaparecemos na mata e nos livramos dos disfarces. Sob nossas túnicas indianas vestíamos roupas cáqui, o traje normal das nossas saídas. Com poucas palavras, nos despedimos. Have, Magener e eu corremos juntos por alguns quilômetros e depois nossos caminhos se separaram. Escolhi a mesma rota da vez anterior e me deslocava muito rápido para distanciar-me o máximo possível do acampamento até o amanhecer. Dessa vez estava determinado a não me desviar da resolução de viajar somente à noite e descansar durante o dia. Não! Dessa vez não correria qualquer risco. Meus quatro camaradas, para quem o Tibet também era o objetivo, andavam em grupo e tiveram a audácia de usar a estrada principal que seguia via Mussoorie até o vale do Ganges. Achei isso muito arriscado e segui minha rota anterior pelos vales do Jumna e do Aglar. Durante a primeira noite, devo ter atravessado o Aglar pelo menos umas quarenta vezes. Assim, quando a manhã chegou, me escondi exatamente no mesmo local ao qual havia levado quatro dias para alcançar no ano anterior. Feliz por estar livre, fiquei satisfeito com a minha performance, embora estivesse coberto de arranhões e machucados e, devido ao peso de minha carga, tivesse acabado em apenas uma noite com as solas das minhas botas novas.

Estabeleci meu primeiro acampamento entre duas grandes rochas que ficavam no meio do rio, mas mal havia descarregado as coisas quando apareceu um bando de macacos. Quando me avistaram, começaram a bombardear-me com torrões de terra. Distraído pela algazarra, não percebi um grupo de trinta indianos que vinha subindo pelo rio. Só os enxerguei quando já estavam perigosamente próximos do meu esconderijo. Até hoje não sei se eram pescadores ou se estavam à procura de fugitivos. De qualquer modo, mal posso acreditar que não tenham me visto, pois passaram a apenas alguns metros de mim. Respirei aliviado, mas considerei aquilo um alerta e permaneci em meu esconderijo até a noite, não me mexendo antes que ficasse escuro.

Segui pelo Aglar a noite inteira, progredindo bastante. Meu próximo acampamento não teve nenhum percalço, assim pude descansar e dormir bem. Ao anoitecer, fiquei impaciente e levantei acampamento cedo demais. Havia caminhado apenas algumas centenas de metros quando deparei com uma indiana em uma fonte de água. Ela gritou amedrontada, deixou cair sua vasilha de água e correu para as casas próximas. Fiquei tão amedrontado quanto ela e pulei fora da trilha seguindo por um córrego. Aqui, eu tinha de subir uma encosta íngreme e, embora soubesse estar indo na direção certa, esse desvio representava um doloroso atraso que me faria perder várias horas. Eu devia escalar o Nag Tibba, uma montanha de mais de 3 mil metros de altitude, cujas partes mais altas são completamente desertas e cobertas por densas florestas.

Enquanto eu perambulava na madrugada cinzenta, vi pela primeira vez um leopardo. Meu coração quase parou de bater, pois estava completamente indefeso. Minha única arma era uma longa faca que o ferreiro do campo havia feito expressamente para mim. Eu a carregava embainhada numa vara. O leopardo estava sentado em um grande galho a cinco metros ou mais do chão, pronto para dar o bote. Como um raio, pensei na melhor coisa a fazer, e então, escondendo meu medo, segui firmemente no meu caminho. Nada aconteceu, mas, por um longo tempo, senti uma estranha sensação às minhas costas.

Até agora, eu vinha percorrendo a parte alta do Nag Tibba e finalmente desci outra vez até a estrada. Não tinha ido muito longe quando tive outra surpresa. No meio da trilha havia alguns homens – roncando! Eram Peter Aufschnaiter e seus três companheiros. Acordei-os e fomos para um local mais protegido, onde relatamos o que nos havia acontecido em nossos respectivos percursos. Estávamos todos em excelente forma e convencidos de que chegaríamos ao Tibet. Depois de passar o dia na companhia de meus amigos, achei difícil prosseguir sozinho à noite, mas me mantive fiel à minha resolução inicial. Na mesma noite, cheguei ao Ganges. Já estava em fuga há cinco dias.

Em Uttar Kashi, a cidade-templo que eu mencionei em minha primeira fuga, tive de correr para salvar a vida. Eu recém tinha passado por uma casa quando dois homens saíram e começaram a correr atrás de mim. Voei em direção aos arrozais e escorreguei por um barranco até o Ganges, onde me escondi entre dois grandes blocos de pedra. Ficou tudo calmo e estava claro que eu escapara dos meus perseguidores, mas só depois de um longo tempo ousei sair à clara luz do luar. Era um prazer para mim, a essa altura, viajar por uma rota conhecida, e minha alegria com o rápido progresso da fuga me fez esquecer a pesada mochila que carregava. É verdade que meus pés estavam muito machucados, mas eles pareciam se recuperar durante minhas paradas diurnas. Frequentemente, dormia por dez horas seguidas.

Por fim, cheguei à fazenda do amigo indiano a quem havia confiado meu dinheiro e minhas coisas no ano anterior. Estávamos em maio e combináramos que ele deveria me esperar à meia-noite em qualquer dia durante esse mês. Propositadamente, não fui direto à casa e, por precaução, escondi minha mochila, já que traição não era algo impossível.

A lua brilhava sobre a casa. Por isso, escondi-me na escuridão do estábulo e por duas vezes chamei meu amigo em voz baixa. A porta abriu-se e meu amigo correu, atirando-se ao chão e beijando meus pés. Lágrimas de alegria lhe escorreram pelo rosto. Levou-me a um quarto separado da casa, trancado por um enorme cadeado. Acendeu uma tocha de pinheiro e abriu um baú de madeira. Lá dentro estavam todos os meus pertences, cuidadosamente costurados em sacos de algodão. Profundamente tocado pela sua lealdade, abri tudo e dei-lhe uma recompensa. Podem imaginar como me deliciei com a refeição que ele me serviu. Pedi que me conseguisse provisões e um cobertor de lã antes da noite seguinte. Ele prometeu arranjar e, além disso, deu-me de presente um par de ceroulas de lã tecidas à mão e um xale.

No dia seguinte, dormi em uma floresta ali perto e voltei à noite para pegar minhas coisas. Meu amigo me ofereceu uma gostosa refeição e me acompanhou parte do caminho. Insistiu em carregar parte de minha bagagem, subnutrido como estava e mal conseguindo seguir meus passos. Logo mandei que voltasse para casa e, depois de um encontro tão amigável, eu estava novamente sozinho.

Devia ser pouco mais de meia-noite quando dei de cara com um urso, de pé sobre suas patas traseiras, bem no meu caminho, urrando para mim. Nesse lugar, o som das rápidas corredeiras do Ganges era tão alto que eu não o tinha ouvido aproximar-se nem ele a mim. Apontando minha lança primitiva para o seu coração, voltei passo a passo sem tirar os olhos dele. Passando a primeira curva da trilha, acendi apressadamente uma fogueira e, pegando um galho em chamas, brandi-o à minha frente e saí ao encontro do inimigo. Mas, ao passar a curva, o caminho estava livre e o urso desaparecera. Camponeses tibetanos me disseram mais tarde que os ursos só são agressivos durante o dia. Têm medo de atacar à noite.

Eu já estava em marcha há dez dias quando cheguei à aldeia de Nelang, onde, no último ano, minhas esperanças haviam sido frustradas. Dessa vez, eu estava um mês adiantado e a vila estava deserta. Mas qual não foi minha alegria ao encontrar lá meus quatro camaradas do campo! Eles haviam me ultrapassado enquanto estava com meu amigo indiano. Nos instalamos em uma casa aberta e dormimos a noite inteira. Sattler infelizmente sofreu um ataque de "mal das alturas", sentiu-se péssimo e declarou-se sem condições de seguir adiante. Decidiu retornar, mas prometeu não se render até que se passassem dois dias, a fim de não comprometer nossa fuga. Kopp, que no ano anterior já tinha penetrado no Tibet por essa rota em companhia do lutador Krämer, juntou-se a mim.

No entanto, caminhamos sete longos dias até chegar à passagem na fronteira entre a Índia e o Tibet. Nosso atraso deveu-se a um grave erro de cálculo. Depois de deixar Tirpani, um conhecido acampamento de caravanas, seguimos o mais oriental dentre três vales, mas finalmente tivemos de admitir que estávamos perdidos. A fim de reencontrar nosso caminho, Aufschnaiter e eu subimos até o topo de uma montanha de onde esperávamos ter uma boa visão da região que ficava do outro lado. Dali, vimos o Tibet pela primeira vez, mas estávamos cansados demais para aproveitar a paisagem e a uma altitude que nos fazia sofrer com a falta de oxigênio. Para nossa grande tristeza, tínhamos de voltar a Tirpani. Lá, descobrimos que a passagem que procurávamos estava a uma curta distância de nós. Nosso erro nos custou três dias e nos deixou muito desanimados. Tivemos de cortar nossas rações e ficamos extremamente apreensivos quanto à nossa capacidade de resistir até que alcançássemos o próximo lugar habitado.

De Tirpani, nosso caminho subia suavemente por pastagens verdes através das quais fluía um dos pequenos riachos que formam o Ganges. Esse riacho, que conhecêramos há uma semana como uma violenta e ensurdecedora torrente correndo vale abaixo, agora fluía vagarosamente pelos campos. Em poucas semanas, toda a região estaria verde, e os diversos locais de acampamento, reconhecíveis pelas pedras escurecidas das fogueiras, nos fizeram imaginar as caravanas que atravessam as pastagens da Índia para o Tibet durante o verão. Um rebanho de ovelhas montesas passou à nossa frente. Ágeis como gazelas, rapidamente desapareceram sem termos notado. Que pena! Nossos estômagos reclamaram. Teria sido ótimo ver uma delas cozinhando em nossa panela e nos dando assim a chance de, pelo menos uma vez, comer até não poder mais.

No fundo do pasto, acampamos na Índia pela última vez. Em vez daquele saboroso jantar com carne que estivéramos sonhando, assamos alguns magros bolos com o resto da nossa farinha misturada com água e colocada sobre pedras quentes. Estava extremamente frio e nossa única proteção contra o vento gelado da montanha, que soprava fortemente sobre o vale, era um paredão de pedra.

Por fim, em 17 de maio de 1944, estávamos no topo da passagem de Tsangchokla. Sabíamos por nossos mapas que estávamos a uma altitude de 5.200 metros.

Aqui estávamos nós, na fronteira entre a Índia e o Tibet, que há tanto tempo era o objeto de nossos maiores desejos.

Pela primeira vez, tivemos a sensação de segurança, pois nenhum inglês nos poderia prender aqui. Não sabíamos como os tibetanos nos tratariam, mas, como nosso país não estava em guerra contra o Tibet, confiávamos em uma recepção hospitaleira.

No topo da passagem havia pilhas de pedras e estandartes religiosos dedicados aos deuses pelos crentes budistas. Estava muito frio, mas fizemos um longo descanso e refletimos sobre nossa situação. Praticamente não tínhamos conhecimento da língua e muito pouco dinheiro. Além de tudo, estávamos famintos e necessitávamos encontrar uma aldeia o mais rapidamente possível. Mas, até onde podíamos ver, havia apenas as alturas vazias da montanha e vales desertos. Nossos mapas mostravam apenas vagamente a presença de vilas nessa região. Nosso objetivo final, como já mencionei, eram as linhas japonesas a milhares de quilômetros de distância. A rota que planejávamos seguir levava primeiro à montanha de Kailas e daí ao longo do curso do rio Brahmaputra até chegar ao Tibet Oriental. Kopp, que estivera no Tibet um ano antes e fora expulso do país, achava que as indicações de nosso mapa eram razoavelmente precisas.

Depois de uma descida íngreme, alcançamos o curso do rio Optchu e descansamos lá ao meio-dia. Enormes paredes de pedra flanqueavam o vale como um cânion. O vale era absolutamente desabitado e apenas um poste de madeira indicava que o homem de vez em quando aparecia lá. O outro lado do vale consistia de encostas de xisto, que tínhamos de escalar. Anoiteceu antes de alcançarmos o platô e acampamos sob um frio gelado. Nossa lenha durante os últimos poucos dias eram galhos de arbustos espinhosos que encontrávamos nas encostas. Aqui, nada crescia e então tivemos de usar estrume seco de vaca, penosamente coletado.

No dia seguinte, antes do meio-dia, chegamos à primeira aldeia tibetana, Kasapuling, que consistia de seis casas. O lugar parecia estar completamente deserto, e, quando batemos às portas, ninguém atendeu. Descobrimos então que todos os aldeões estavam ocupados semeando cevada nos campos das redondezas. Acocorados, eles colocavam cada grão de semente individualmente no solo com a regularidade e a velocidade de máquinas. Olhamos para eles com uma sensação que se deve comparar à que Colombo sentiu ao encontrar os primeiros índios. Será que eles nos receberiam como amigos ou inimigos? Por enquanto, não haviam nem tomado conhecimento de nós. Os gritos de uma mulher idosa parecendo uma bruxa eram o único som que ouvíamos. Não se dirigiam a nós, mas aos bandos de pombos selvagens que mergulhavam para pegar as sementes recém-plantadas. Até a noite, os aldeões mal se dignaram a nos olhar. Nós quatro montamos acampamento perto de uma das casas e quando, ao escurecer, as pessoas voltaram dos campos, tentamos negociar com elas. Oferecemos dinheiro por uma de suas ovelhas ou cabras, mas eles não se mostraram muito inclinados a fazer negócio. Como o Tibet não tem postos de fronteira, toda a população é incentivada a ser hostil com estrangeiros e existem muitas penalidades para qualquer tibetano que negocie qualquer coisa com um estrangeiro. Estávamos famintos e não tivemos outra escolha a não ser intimidá-los. Ameaçamos tomar um de seus animais à força, se eles não nos vendessem por bem, e como nenhum de nós quatro tinha uma aparência muito fraca, esse método de argumentação funcionou. Estava escuro como breu quando eles nos venderam por um preço descaradamente alto o bode mais velho que encontraram. Sabíamos que estávamos sendo enganados, mas deixamos por isso mesmo, pois queríamos ser acolhidos por esse país.

Carneamos o bode num estábulo e, antes da meia-noite, nos atiramos sobre a carne meio cozida.

Passamos o dia seguinte descansando e observando as casas mais de perto. Eram feitas de pedra com telhados chatos, onde era colocado combustível[2] para secar. Os tibetanos que

---

2. No Tibet, o combustível mais usado para fazer fogo era o estrume seco. (N.T.)

moram aqui não podem ser comparados com os que moram no interior, que viemos a conhecer mais tarde. O rápido tráfego das caravanas de verão para a Índia os influenciara. Nos pareceram sujos, tinham pele escura e eram astutos, sem traços daquela alegria tranquila, tão característica do seu povo. Saíam carrancudos para o trabalho diário e parecia que haviam se estabelecido naquela região estéril apenas para ganhar um bom dinheiro das caravanas, em troca do que produziam na terra. Essas seis casas na fronteira formavam, como mais tarde confirmamos, praticamente a única aldeia sem um mosteiro.

Na manhã seguinte, deixamos esse lugar inóspito sem maiores contratempos. Estávamos agora relativamente descansados, e parece que o bom humor berlinense de Kopp nos fazia rir novamente. Atravessamos os campos para descer até um pequeno vale. Na subida pela encosta oposta até o próximo platô, sentimos mais do que nunca o peso de nossas mochilas. Essa fadiga era causada principalmente por uma reação à frustração que esse tão sonhado país tinha nos causado até agora. Tivemos de passar a noite no chão, em uma depressão inóspita que mal nos protegia do vento.

No início de nossa jornada, havíamos designado a cada membro do grupo algumas tarefas especiais. Buscar água, acender o fogo e fazer chá representavam um trabalho duro. À noite, esvaziávamos nossas mochilas para cobrir os pés contra o frio. Naquela noite, quando sacudi minha mochila, houve uma pequena explosão. Meus fósforos haviam incendiado por fricção: uma prova de como o ar era seco no alto platô do Tibet. Às primeiras luzes do dia, examinamos o lugar em que havíamos acampado. Observamos que a depressão na qual montamos acampamento deve ter sido feita pelo homem, pois era relativamente circular e tinha paredes perpendiculares. Talvez tenha sido originalmente feita como armadilha para animais selvagens. Atrás de nós ficam as montanhas do Himalaia, com a perfeita pirâmide de neve do Camet; à frente, uma inóspita região montanhosa. Descemos por uma espécie de formação de loesse[3] e, perto do meio-dia, chegamos à aldeia de Dushang. Novamente encontramos poucas casas e a recepção foi tão fria quanto em Kasapuling. Peter Aufschnaiter em vão exibiu todo seu conhecimento da língua adquirido por anos de estudo e as nossas gesticulações foram igualmente malsucedidas.

Porém, vimos aqui pela primeira vez um típico mosteiro tibetano. Buracos negros apareciam nos muros enterrados e, de uma elevação, enxergamos as gigantescas edificações. Centenas de monges devem ter vivido ali um dia. Agora, havia uns poucos, vivendo em casas mais modernas, mas eles nunca apareceram. Em um terraço em frente do mosteiro, havia linhas ordenadas de tumbas pintadas de vermelho.

Um pouco deprimidos, retornamos às nossas barracas, que para nós eram um pequeno lar em meio a um mundo interessante mas estranhamente hostil.

Quando chegamos em Dushang, também não havia autoridades a quem pudéssemos solicitar permissão de residência ou de viagem. Mas essa omissão foi logo retificada, pois as autoridades já estavam a caminho para nos encontrar. No dia seguinte, retomamos nossa marcha. Eu ia à frente com Kopp, e Aufschnaiter e Treipel um pouco mais atrás. De repente, ouvimos o soar de sinos e dois homens montados em pôneis cavalgaram até nós e nos intimaram em dialeto local a retornar para a Índia pelo mesmo caminho por onde tínhamos vindo. Nós sabíamos que não adiantaria nada conversar e então, para sua surpresa, nós apenas os afastamos. Por sorte, não utilizaram suas armas, achando sem dúvida que nós também estávamos armados. Depois de algumas débeis tentativas de nos fazer parar, foram embora e chegamos sem obstáculos ao próximo vilarejo, onde sabíamos que morava o governador local.

A região pela qual passamos nesse dia de marcha não tinha água e era deserta, sem sinal de vida em qualquer lugar. Seu ponto central, a cidade de Tsaparang, era habitada apenas

---

3. Tipo de rocha, formada por sedimentos de quartzo. (N.T.)

durante os meses de inverno e, quando saímos à procura do governador, ficamos sabendo que ele estava arrumando suas coisas a fim de mudar-se para Xangzê, sua residência de verão. Ficamos atônitos ao descobrir que ele era um dos dois homens armados que haviam nos encontrado no caminho e ordenado que retornássemos. Sua atitude, naturalmente, não foi amistosa e mal conseguimos persuadi-lo a nos dar um pouco de farinha em troca de alguns remédios. A pequena maleta de remédios que eu carregava em minha mochila foi então nossa salvação, e ainda seria muito útil para nós no futuro.

Finalmente, o governador mostrou-nos uma caverna onde poderíamos passar a noite, dizendo mais uma vez que deveríamos deixar o Tibet usando a mesma estrada por onde havíamos chegado. Nos recusamos a aceitar essa ordem e tentamos explicar a ele que o Tibet era um país neutro e que deveria nos oferecer asilo. Mas isso não entrava em sua cabeça e ele não tinha competência para tomar uma decisão mesmo que pudesse entender. Então lhe propusemos que deixássemos a decisão para uma autoridade mais elevada, um monge cuja residência oficial era em Thuling, a apenas oito quilômetros de distância.

Tsaparang era realmente uma cidade singular. Descobri nos livros que havia estudado no campo de prisioneiros que a primeira missão católica no Tibet tinha sido fundada aqui em 1624. O jesuíta português Antônio de Andrade formou uma comunidade católica e diz-se também que construiu uma igreja. Procuramos por sinais dela, mas não conseguimos encontrar nenhum traço de edificações cristãs. Nossa própria experiência fez com que nos déssemos conta de como deve ter sido difícil para o padre Antônio estabelecer uma missão aqui.

No dia seguinte, fomos para Thuling expor nosso caso ao monge. Lá encontramos Aufschnaiter e Treipel, que haviam seguido um caminho diferente. Visitamos juntos o prior do mosteiro, que era a autoridade que procurávamos, mas ele ficou insensível aos nossos pedidos de permissão para prosseguir nossa viagem para o leste. Ele só concordou em nos vender provisões se prometêssemos voltar a Xangzê, que ficava na estrada para a Índia. Não havia nada a fazer a não ser concordar, pois estávamos sem comida.

Havia também uma autoridade leiga em Thuling, mas ela estava ainda menos sensível. Irritado, recusou todas nossas tentativas de entrevista e chegou a incentivar a hostilidade das pessoas contra nós. Tivemos de pagar caro por um pouco de manteiga rançosa e carne bichada. Alguns pedaços de carne nos custaram uma rupia. A única lembrança agradável que levamos de Thuling foi o cenário do mosteiro com seus terraços e com seu telhado de torres douradas brilhando à luz do sol e as águas do Sutlej correndo mais abaixo. Esse é o maior mosteiro do Tibet ocidental, mas ele tem uma aparência muito desolada, e ouvimos falar que apenas vinte dos 260 monges ainda vivem aqui.

Quando finalmente prometemos voltar a Xangzê, nos deram quatro burros para carregar a bagagem. No início, ficamos desconfiados por terem nos deixado partir sem guardas, apenas acompanhados pelo guia dos burros, mas logo chegamos à conclusão de que no Tibet o método mais simples de supervisão é proibir a venda de provisões a estrangeiros que não tenham passe.

A presença dos burros não contribuiu para que a jornada fosse mais agradável. Levamos uma hora inteira para atravessar o Sutlej porque os animais eram muito lerdos. Tivemos de apressá-los o tempo todo para que pudéssemos chegar ao próximo vilarejo antes de escurecer. O lugar chamava-se Phywang e tinha poucos habitantes, mas olhando para cima das montanhas, assim como em Tsaparang, existiam centenas de cavernas.

Passamos a noite ali. Xangzê estava a um dia de marcha. Em nosso caminho para lá, no dia seguinte, vimos maravilhosas paisagens do Himalaia para compensar de alguma maneira o caminho barrento através do qual guiávamos nossos burros. A essa altura, encontramos pela primeira vez o *kyang*, um tipo de burro selvagem que vive na Ásia Central e que encanta os viajantes pela graciosidade de seus movimentos. Esse animal é mais ou menos do tamanho de uma mula. Frequentemente, mostra-se curioso e aproxima-se para observar os viajantes – e então se vira e sai trotando de forma muito elegante. O kyang alimenta-se de pasto e não é importunado pelos habitantes. Seu único inimigo é o lobo. Desde a primeira vez que vi essas lindas criaturas selvagens, me pareceram o símbolo da liberdade.

Xangzê era outra aldeia com apenas meia dúzia de casas construídas com tijolo seco ao sol e cubos de turfa. Não era um vilarejo mais hospitaleiro que os outros. Aqui encontramos o hostil oficial de Tsaparang, que se havia mudado para a residência de verão. Não iria, sob hipótese alguma, deixar que entrássemos mais no interior do Tibet, mas deu-nos a opção de viajar via Tsaparang ou tomar a rota oeste pelo passo do Shipki até a Índia. Só nos concederia a venda de provisões se concordássemos com um desses dois caminhos.

Escolhemos o caminho de Shipki, primeiro porque era novo para nós e também porque tínhamos esperança de encontrar alguma saída. Agora, pelo menos, poderíamos comprar toda a manteiga, carne e farinha que quiséssemos. Mesmo assim, estávamos deprimidos diante da perspectiva desanimadora de acabar novamente atrás da cerca de arame farpado. Treipel, que não vira nada de agradável no Tibet, estava pronto para jogar a toalha e desistir de ficar nessa terra estéril.

Passamos o dia seguinte satisfazendo nossa fome. Também atualizei meu diário e cuidei de meus tendões inflamados devido às marchas forçadas à noite. Estava determinado a correr qualquer risco para evitar uma volta à prisão, e Aufschnaiter também pensava como eu. Na manhã seguinte viemos a conhecer o verdadeiro caráter do governador local. Havíamos cozinhado carne numa panela de cobre e Aufschnaiter deve ter ficado levemente intoxicado pois sentiu-se muito mal. Quando pediu ao governador que nos deixasse ficar um pouco mais, ele mostrou mais má vontade do que nunca. Discuti violentamente com ele, com algum resultado, pois finalmente consentiu em dar um cavalo a Aufschnaiter, assim como colocar à disposição dois iaques para carregar nossa bagagem.

Esse foi o meu primeiro encontro com um iaque. É o animal de carga tibetano usual e só pode viver em grandes altitudes. Essa espécie de boi de pelos longos exige muito treinamento antes que se possa usá-lo. As vacas são bem menores que os touros e dão um leite excelente.

O soldado que nos acompanhava desde Xangzê levava uma carta de salvo-conduto, o que nos dava direito de comprar as provisões necessárias. Essa carta também nos dava direito a trocar nossos iaques a cada local de parada.

Durante o dia, o tempo era agradável e relativamente quente, mas as noites eram muito frias. Passamos por diversos vilarejos e cavernas habitadas, mas as pessoas não tomavam conhecimento de nós. Nosso guia, que era de Lhasa, era simpático e amigável conosco e gostava de ir aos vilarejos e ficar se exibindo. Achamos o povo menos desconfiado, sem dúvida por influência de nosso passe. Enquanto atravessávamos o distrito de Rongchung, descobrimos que estávamos seguindo a rota de Sven Hedin há alguns dias. E como eu era um grande admirador desse explorador, vívidas lembranças de suas descrições surgiram em minha mente. O terreno que percorríamos continuava o mesmo. Continuamos a atravessar platôs, a descer vales íngremes, subindo penosamente pela encosta do outro lado. Frequentemente, as ravinas eram tão estreitas que era possível falar de uma encosta para outra, mas levávamos horas para atravessá-las. Essas constantes subidas e descidas que duplicavam a extensão de nossa jornada nos enervava e ficávamos cada um com seus pensamentos, em silêncio. No entanto, progredíamos e não tivemos de nos preocupar com comida. A certa altura, tivemos a ideia de mudar o cardápio e tentamos a sorte pescando. Não tendo sorte com o anzol, nos despimos, entramos dentro dos claros riachos de montanha e tentamos pegar os peixes com as mãos. Mas eles pareciam ter mais o que fazer do que acabar em nossas panelas.

Assim, gradualmente nos aproximamos da cordilheira do Himalaia e, infelizmente, da fronteira indiana. A temperatura ficou mais alta e já não estávamos a uma altitude tão grande. É exatamente aqui que o Sutlej muda seu curso através do Himalaia. As aldeias nessa região pareciam pequenos oásis e ao redor das casas havia pomares de damasco e hortas.

A onze dias de Changtse, chegamos à aldeia fronteiriça de Shipki. A data era 9 de junho. Vagáramos pelo Tibet por mais de três semanas. Tínhamos visto muitas coisas e aprendemos pela dura experiência que a vida no Tibet sem um visto de residência não é possível.

Passamos mais uma noite no Tibet acampados romanticamente sob árvores de damasco, cujas frutas, infelizmente, ainda não estavam maduras. Consegui comprar aqui um burro por oitenta rupias com a desculpa de que precisaria de um animal de carga para levar minhas coisas até a Índia. No interior do Tibet, eu jamais teria conseguido isso, mas perto da fronteira era diferente e senti que um animal de carga seria absolutamente essencial para que nossos planos fossem bem-sucedidos.

Nosso guia nos deixou aqui e levou consigo seus animais. "Talvez nos encontremos novamente em Lhasa", disse ele com um sorriso. Ele havia nos falado com entusiasmo sobre as lindas mulheres e a boa cerveja que eram encontradas na capital. Nosso caminho serpenteava para cima em direção ao passo que levava à fronteira, mas não existiam postos fronteiriços, nem tibetano nem indiano. Nada, a não ser as tradicionais pilhas de pedras e estandartes religiosos e o primeiro sinal de civilização representado por um marco que dizia: SIMLA, 320 quilômetros.

Estávamos na Índia outra vez, mas nenhum de nós tinha intenção de ficar muito tempo nessa terra que tinha um campo de prisioneiros com arame farpado à nossa espera.

3. Entrando no Tibet

Atravessando a fronteira outra vez – Uma
recepção melhor – Gartok, a residência de um
vice-rei – Outra difícil jornada – Um mosteiro
vermelho com telhados dourados, Tradün – Kopp
parte para o Nepal

Meu plano era aproveitar a primeira oportunidade e atravessar a fronteira novamente para o Tibet. Estávamos todos convencidos de que as autoridades subalternas, que havíamos encontrado até agora, simplesmente não tinham competência para decidir sobre nosso caso. Dessa vez, tínhamos de contatar alguma autoridade maior. Para obter o que queríamos, teríamos de ir a Gartok, a capital do Tibet Ocidental, residência do governador da região.

Seguimos pela grande e movimentada estrada de comércio durante alguns quilômetros até a primeira vila indiana. Era Namgya. Podíamos ficar ali sem levantar suspeitas, já que tínhamos chegado do Tibet e não das planícies da Índia. Passamos por soldados americanos, compramos novas provisões e dormimos em uma estalagem. Então nos separamos. Aufschnaiter e Treipel desceram a estrada de comércio que flanqueava o Sutlej, enquanto Kopp e eu levávamos nosso burro pelo vale que seguia em direção ao norte, para o passo que conduzia ao Tibet. Como sabíamos pelos mapas, tínhamos primeiro de atravessar o vale do rio Spiti, que era habitado. Eu estava feliz por Kopp ter vindo comigo, pois era inteligente, pragmático, uma companhia alegre e nunca perdia seu senso de humor berlinense. Por dois dias, marchamos duramente subindo pelas margens do rio Spiti, então seguimos um dos vales próximos, que certamente nos levaria até o Himalaia. Essa região não estava bem marcada em nossos mapas e soubemos pelos nativos que já havíamos passado a fronteira quando cruzamos uma ponte conhecida como Sangsam. Durante toda essa parte do caminho, tínhamos à nossa direita a Riwo Phargyue, uma linda montanha de mais de 6.700 metros de altitude, na crista do Himalaia. Tínhamos alcançado o Tibet em um dos poucos lugares em que o território tibetano se estende ao longo da cordilheira do Himalaia. Obviamente, começamos a ficar apreensivos, imaginando a que distância chegaríamos dessa vez. Felizmente, aqui ninguém nos conhecia e nenhum funcionário mal-educado tinha advertido as pessoas contra nós. Quando nos perguntavam, dizíamos que éramos peregrinos em busca das montanhas sagradas de Kailas.

A primeira vila tibetana por onde passamos chamava-se Kyurik. Eram apenas duas casas. A seguinte, Dotso, era consideravelmente maior. Aqui encontramos vários monges, mais de cem, que buscavam troncos de álamo que iriam carregar pelo passo até Trashigang, onde seriam utilizados para construir prédios de um mosteiro. Esse mosteiro é o maior da província de Tsurubyn e o prior é também a maior autoridade leiga. Começamos a temer que nossa jornada pudesse ter um fim prematuro quando encontramos este dignitário. Entretanto, quando ele nos interrogou, dissemos que éramos a vanguarda de um grande exército europeu que havia obtido permissão oficial do governo central em Lhasa para entrar no Tibet. Ele pareceu acreditar em nós e, muito aliviados, continuamos nossa viagem. Fizemos uma árdua escalada até o topo onde ficava o passo chamado pelos tibetanos de Büd-büd La. Essa passagem deve estar a 5.500 metros de altitude. O ar era desagradavelmente rarefeito e as línguas de gelo da geleira próxima podiam ser vistas da trilha.

No caminho, encontramos alguns bhutias, que também queriam ir para o interior. Eram simpáticos e amistosos e nos convidaram para compartilhar sua fogueira e tomar uma xícara de chá de manteiga rançosa com eles. Armamos nosso acampamento próximo ao deles, e, à noite, nos trouxeram um delicioso prato de espinafre selvagem.

A região por onde viajávamos era completamente desabitada e durante os próximos oito dias de marcha encontramos apenas uma pequena caravana. Tenho uma vívida lembrança de uma pessoa que encontrei nesse trecho do caminho. Era um jovem nômade entrouxado em um longo casaco de pele de ovelha e usando uma trança como fazem todos os tibetanos que não são monges. Nos levou até sua tenda negra, feita de couro de iaque, onde sua esposa nos esperava. Era uma criatura alegre e estava sempre rindo. Dentro da tenda encontramos um tesouro que nos encheu a boca de água, um pernil de veado. Nosso anfitrião gentilmente nos vendeu um pedaço da carne por um preço absurdamente baixo. Implorou que não disséssemos nada sobre sua caça ou ele ficaria em maus lençóis. Tirar uma vida, seja humana ou animal, é contrário aos mandamentos do budismo e, consequentemente, a caça é proibida. O Tibet é governado em um sistema feudal segundo o qual homens, animais e a terra pertencem ao Dalai Lama, cujas ordens têm força de lei.

Descobri que era capaz de me fazer entender por esses agradáveis companheiros, e ver que o meu conhecimento da língua estava melhorando foi muito gratificante. Combinamos sair para caçar juntos no dia seguinte, e, enquanto isso, nos instalamos na tenda do jovem casal. O nômade e sua esposa foram os primeiros tibetanos simpáticos e agradáveis que encontramos, e não os esquecerei. O ponto alto da hospitalidade do nosso anfitrião foi nos oferecer uma cerveja em garrafa de madeira. Era um líquido leitoso, que em nada se parecia com o que chamamos de cerveja, mas tinha o mesmo efeito.

Na manhã seguinte, saímos os três para caçar. Nosso jovem amigo tinha uma arma de antecarga antediluviana e num saquinho pendurado no pescoço carregava balas de chumbo, pólvora e um estopim. Quando vimos o primeiro rebanho de ovelhas selvagens, ele conseguiu a muito custo acender o estopim utilizando uma pederneira. Estávamos ansiosos para saber se aquela peça de museu funcionaria. Houve um estrondo como de trovão e, quando consegui me ver livre da fumaça, não havia um sinal de ovelha à vista. Então, avistamos o rebanho galopando ao longe. Antes de desaparecer atrás de um monte de rochas, algumas delas viraram-se e nos olharam com desprezo. Só podíamos rir de nós mesmos, mas, para não voltar de mãos vazias, colhemos cebolas selvagens que crescem pelas montanhas e que caíam muito bem com carne de veado. A esposa do nosso amigo estava, aparentemente, acostumada com a má sorte do marido na caça. Quando nos viu retornando sem caça nos recebeu com gargalhadas, e seus olhos puxados quase desapareceram com sua risada. Ela havia preparado uma refeição esmerada com a caça que seu marido havia capturado alguns dias antes, e agora estava cozinhando entusiasmada. Enquanto a observávamos, ficamos surpresos quando tirou a parte de cima de seu grande manto de pele sem pudor. O peso da pele atrapalhava seus movimentos, então ela despiu a parte de cima da roupa e continuou alegremente. Posteriormente, encontramos com frequência exemplos similares dessa simplicidade natural. Foi com verdadeiro pesar que deixamos esse casal de amigos. Depois de termos descansado bastante e com nossas barrigas cheias de carne fresca, retomamos nosso caminho. Enquanto viajávamos, sempre víamos a silhueta escura dos iaques pastando ao longe na montanha. Essa visão fez com que nosso burro tentasse obter sua independência: disparou por um riacho mais largo e, antes que pudéssemos alcançá-lo, já havia sacudido nossa bagagem das suas costas. Fomos atrás dele xingando e praguejando e afinal conseguimos pegá-lo. Então, enquanto estávamos ocupados secando as coisas do outro lado do rio, apareceram subitamente duas figuras. Reconhecemos a primeira de imediato pelos passos largos, lentos e regulares de montanhista – era Peter Aufschnaiter, com um carregador contratado. Tal encontro pode parecer improvável naquele lugar, mas uma cordilheira só pode ser atravessada por certos vales e passos, e Peter e nós havíamos escolhido a rota mais percorrida.

Depois de calorosas saudações, Aufschnaiter começou a contar o que lhe havia sucedido. Em 17 de julho, se separara de Treipel, que tinha ido para Índia a cavalo, planejando passar-se por inglês. Havia comprado o cavalo com o que restava de seu dinheiro. Aufschnaiter ficara doente, mas ao recuperar-se partiu atrás de nós. No caminho, ouvira algumas das últimas notícias sobre a guerra, às quais, embora estivéssemos vivendo em outro mundo, ouvimos atentamente.

Primeiro, Aufschnaiter não queria nos acompanhar até Gartok, pois acreditava que seríamos expulsos do país novamente. Achava que seria mais prudente ir diretamente para o Tibet Central e lá reunir-se aos nômades. Finalmente, fomos todos juntos, e Aufschnaiter e eu não nos separaríamos mais por vários anos. Sabíamos que, se tudo corresse bem, precisaríamos de cinco dias para chegar a Gartok. Tínhamos de atravessar outro passo num local alto, o Bongrü La. Acampar naqueles dias não era brincadeira. À noite, a 5.200 metros, fazia muito frio.

Pequenos incidentes quebravam a rotina. Certa vez foi o espetáculo da luta entre dois burros selvagens. Os combatentes eram dois garanhões, provavelmente lutando pela posse das éguas da manada. Tufos de grama voavam e a terra tremia sob seus cascos. Os desafiantes estavam tão absortos em sua luta que não perceberam a presença de observadores. Enquanto isso, as éguas, ansiosas por emoção, dançavam ao redor, e a arena frequentemente ficava escondida por uma densa nuvem de poeira.

Depois de atravessar dois passos, o Himalaia estava novamente às nossas costas, e eu estava feliz por estar longe dele, pois pelo menos estávamos nos aproximando de regiões mais quentes. Descendo o vale do Indo encontramos uma coluna de iaques carregando lã para a Índia.

Ficamos impressionados com o tamanho e a força desses animais. Seus guias também eram jovens bem constituídos que apesar do frio intenso estavam nus até a cintura. Tanto homens quanto mulheres vestiam seus casacos de pele do avesso com o pelo contra seus corpos nus. Deixavam os braços de fora das mangas para não ficarem com a liberdade de movimentos tolhida. Os guias faziam os iaques caminhar lhes atirando pedras e os mantinham na trilha pelo mesmo método. Não pareciam de modo algum interessados em nós, estrangeiros, e seguimos nosso caminho sem sermos perturbados.

Marchamos por cinco dias consecutivos ao longo das águas do Indo antes de chegar a Gartok. O cenário foi inesquecível. Eram cores de encantar os olhos e eu raramente tinha visto todas as tonalidades da paleta de um pintor tão harmoniosamente combinadas. Ao longo das águas claras do Indo, estavam os depósitos amarelo-claros de bórax, com os verdes brotos da primavera surgindo ao seu redor (a primavera nessas regiões não chega antes de junho). Ao fundo, bem ao longe, viam-se os picos nevados.

A primeira aldeia do outro lado do Himalaia é Trashigang, formada apenas por algumas casas agrupadas ao redor de um mosteiro parecido com uma fortaleza, rodeado por um fosso. Aqui, de novo, encontramos um povo hostil, mas pareciam não estar surpresos conosco e não nos causaram nenhum problema sério. Dessa vez, havíamos chegado justamente na época em que os mercadores indianos vinham ao país para comprar lã. Não tivemos dificuldade para comprar provisões. Aufschnaiter tentou em vão trocar sua pulseira de ouro por dinheiro. Se tivesse conseguido, poderia ter ido diretamente até o Tibet Interior sem passar por Gartok. Durante toda nossa marcha, fomos repetidamente detidos por tibetanos a cavalo, de aparência próspera, que nos perguntavam o que tínhamos para vender. Como não tínhamos criados e estávamos com um burro de carga, só podiam imaginar que fôssemos mercadores. Nos convencemos de que todo tibetano, pobre ou rico, é comerciante de nascença e que trocar e negociar são suas grandes paixões.

PELAS NOSSAS LEITURAS, sabíamos que Gartok era a capital do Tibet Ocidental e a residência do vice-rei. Nossos livros de geografia informavam que era a cidade mais alta do mundo. Entretanto, quando finalmente colocamos nossos olhos nesse famoso lugar, não pudemos deixar de rir. A primeira coisa que vimos foram algumas tendas de nômades distribuídas pela planície imensa, depois avistamos algumas choupanas feitas com tijolo de barro. Aquilo era Gartok. Exceto por alguns cachorros vira-latas, não havia sinal de vida.

Armamos nossa pequena barraca às margens do Gartang-Chu, um afluente do Indo. Finalmente, alguns curiosos apareceram e soubemos por eles que nenhuma das duas altas autoridades estava na cidade e apenas o representante do segundo "vice-rei" poderia nos receber. Decidimos submeter nossa petição a esse personagem imediatamente. Para entrar em seu escritório, tivemos de nos curvar, pois não havia porta, apenas uma abertura na qual estava pendurada uma cortina engordurada. Era uma sala mal-iluminada e com papel grudado nas janelas. Quando nossos olhos se acostumaram à pouca luminosidade, distinguimos um homem que parecia inteligente e estava distintamente sentado, como um Buda, no chão à nossa frente. Em sua orelha esquerda trazia um brinco de pelo menos quinze centímetros como sinal da importância de sua posição. Havia também uma mulher presente, a esposa da autoridade ausente. Atrás de nós, amontoava-se uma multidão de crianças e criados querendo ver esses exóticos estrangeiros mais de perto.

Nos pediram educadamente que nos sentássemos, e em seguida nos ofereceram carne-seca, queijo, manteiga e chá. A atmosfera era cordial e nos comoveu. A conversa fluía relativamente solta com a ajuda de um dicionário inglês-tibetano e das gesticulações complementares. Nossas esperanças aumentaram rapidamente, mas nos abstivemos de revelar todas nossas preocupações nessa primeira entrevista. Dissemos que éramos alemães fugitivos e imploramos pela hospitalidade do Tibet neutro.

No dia seguinte, eu levei alguns remédios como presente ao representante. Ficou muito agradecido, perguntou-me como deveria usá-los e então escrevi as instruções. Nesse momento, nos aventuramos a perguntar-lhe se não poderia nos dar uma permissão de viagem. Ele não recusou diretamente, mas disse-nos para esperar a volta de seu chefe, que estava em peregrinação às montanhas Kailas, mas que deveria retornar em poucos dias.

Nesse meio-tempo, nos tornamos amigos do representante. Dei-lhe uma lente para fazer fogo, objeto que pode ser muito útil no Tibet. A costumeira retribuição não demorou a chegar. Uma tarde, alguns carregadores trouxeram um presente de manteiga, carne e farinha às nossas barracas. E, não muito depois, veio o representante em pessoa acompanhado de um séquito de criados para retribuir a visita. Quando viu que estávamos alojados de forma tão primitiva em nossas barracas, ficou muito admirado que europeus levassem uma vida tão simples.

Porém, quando começou a se aproximar a época da chegada de seu chefe, sua amizade começou a esfriar e ele praticamente se retirou de nosso convívio. A responsabilidade começou a oprimi-lo. De fato, ele chegou a se recusar a nos vender provisões, mas felizmente havia mercadores indianos dispostos a nos ajudar em troca de algum dinheiro.

Certa manhã, ouvimos o som de sinos a distância, enquanto uma grande caravana de mulas aproximava-se do vilarejo. Os soldados vinham a cavalo na frente, seguidos por uma multidão de criados, homens e mulheres e, depois destes, membros da nobreza tibetana, também a cavalo, que víamos pela primeira vez. O mais importante dos dois vice-reis, que no Tibet são chamados *garpöns*, estava chegando. Ele e sua esposa vestiam esplêndidas túnicas de seda e levavam pistolas na cintura. Todo o vilarejo reuniu-se para ver o espetáculo. Logo depois de chegar, o garpön deslocou-se em procissão solene até o mosteiro para agradecer aos deuses por seu retorno seguro da peregrinação.

Aufschnaiter escreveu uma breve carta pedindo uma audiência. Como não recebemos resposta, no final da tarde fomos fazer uma visita ao garpön. Sua casa não era essencialmente diferente da casa de seu representante, mas era mais limpa e de melhor qualidade. O garpön, como alto oficial, está investido, durante todo o seu mandato, da quarta posição mais alta da hierarquia dos nobres. Está encarregado de cinco distritos que são administrados por nobres do quinto, sexto e sétimo escalões. Durante o seu período de mandato, o garpön usa um amuleto de ouro no cabelo, que é enrolado em um coque, mas só pode utilizar esse ornamento quando está de serviço em Gartok. Em Lhasa, é rebaixado para o quinto escalão. Todos os nobres no Tibet são distribuídos em cinco classes, sendo que o Dalai Lama pertence à primeira delas. Todas as autoridades leigas usam o cabelo em coque, os monges têm o cabelo raspado e as pessoas comuns usam rabos de cavalo.

Finalmente, chegamos à presença do potentado. Explicamos a ele nosso caso com todos os detalhes e ele nos ouviu com uma paciência amistosa. Seguidamente, não conseguia deixar de sorrir ao ouvir nosso tibetano trôpego, enquanto seus servos riam a altos brados. Essa situação descontraída deu um tempero à conversa e criou uma atmosfera agradável. O garpön prometeu considerar nosso caso cuidadosamente e falar sobre ele com o representante do seu colega. Ao final da audiência, fomos hospitaleiramente entretidos e recebemos chá feito à moda europeia. Depois, o garpön enviou presentes para nossas barracas e começamos a ter esperança de um bom desfecho.

Nossa próxima audiência foi bem mais formal, mas ainda cordial. Era um encontro oficial de rotina. O garpön sentou-se em um tipo de trono e, próximo a ele, numa cadeira mais baixa, ficava o representante de seu colega. Em uma mesa baixa havia uma pilha de cartas escritas em papel tibetano. O garpön nos informou que poderia apenas nos dar passes e transporte para a província de Ngari. Em nenhuma circunstância teríamos autorização para entrar nas províncias mais interiores do Tibet. Mas rapidamente confabulamos e sugerimos que ele poderia nos dar uma permissão de viagem até a fronteira do Nepal. Depois de alguma hesitação, ele prometeu comunicar nosso pedido ao governo em Lhasa, mas explicou que a resposta só chegaria dentro de alguns meses. Não queríamos esperar todo esse tempo em Gartok. Não tínhamos desistido da ideia de ir para o leste, e estávamos ansiosos para continuar nossa viagem a qualquer custo. Como o Nepal era um país neutro, situado na direção em que queríamos ir, achamos que poderíamos nos dar por satisfeitos com o resultado das negociações.

O garpön então pediu gentilmente que permanecêssemos mais alguns dias como seus convidados, pois animais de carga e os guias tinham de ser providenciados. Depois de três dias, nossa autorização de viagem nos foi entregue. Nela estipulava-se que nossa rota deveria passar pelos seguintes lugares: Ngakhyu, Sersok, Möntse, Barkha, Tokchen, Lhölung, Shamtsang, Truksum e Gyabnak. Também estava escrito que tínhamos o direito de requisitar dois iaques. Uma cláusula muito importante requeria que os habitantes nos vendessem provisões a preços locais, e que nos fornecessem combustível de graça e criados para passarmos a noite.

Estávamos muito satisfeitos por termos conseguido tantas coisas. O garpön nos convidou para um jantar de despedida durante o qual consegui vender-lhe meu relógio. Depois, nos fez dar nossa palavra de honra de que não iríamos a Lhasa a partir de seu território.

Finalmente, a 13 de julho, dissemos adeus a Gartok e recomeçamos nossa viagem. Nossa pequena caravana, agora de proporções decentes, era formada por dois iaques com seu guia, e meu pequeno burro tinha recuperado a boa forma e não carregava mais do que uma chaleira de chá. Também tínhamos um guia a cavalo, um jovem tibetano chamado Norbu, enquanto nós três europeus íamos na retaguarda a pé.

Estávamos viajando novamente já há várias semanas. Durante todo o mês seguinte não passamos por qualquer lugar habitado, apenas por acampamentos nômades e *tasam* isolados. Esses tasam são caravançarás onde se podem trocar os iaques e encontrar acomodações.

Em um desses tasams, consegui trocar meu burro por um iaque. Fiquei muito orgulhoso por esse negócio, que aumentou muito minhas posses, mas minha satisfação teve vida curta: o animal mostrou-se tão intratável que eu teria ficado contente se pudesse me livrar dele. Mais tarde, consegui trocá-lo por um animal mais jovem e menor. Essa criatura também deu trabalho e somente após ter colocado em seu nariz um anel de madeira de zimbro amarrado a uma corda é que consegui mantê-lo na trilha. Demos a ele o nome de Armin.

A região pela qual viajávamos há vários dias tinha uma beleza original. As planícies amplas eram diversificadas por trechos montanhosos com vales baixos. Frequentemente, tínhamos de atravessar corredeiras formadas por água derretida das geleiras. Enquanto estávamos em Gartok, houve algumas chuvas de granizo ocasionais, mas agora o tempo estava bom e quente. A essa altura, tínhamos barbas cerradas, que ajudavam a proteger do sol. Fazia tempo que víramos a última geleira, mas, à medida que nos aproximávamos do tasam em Barkha, surgiu uma cadeia de geleiras brilhando à luz do sol. A paisagem era dominada pelo pico de Gurla Mandhata, de 7.600 metros. Menos impressionante, mas bem mais famoso, é o monte Kailas, novecentos metros mais baixo, e que se situa majestosamente isolado da cordilheira do Himalaia. Na primeira vez que o avistamos, nossos tibetanos se prostraram e oraram. Para os budistas e os hindus, essa montanha é a morada dos seus deuses, e o maior desejo de todos os fiéis é visitá-lo em peregrinação pelo menos uma vez na vida. Os fiéis muitas vezes viajam milhares de quilômetros para vê-la e passam anos em peregrinação. Durante a jornada, vivem de donativos e têm esperança de que, como recompensa, viverão uma reencarnação mais elevada na vida futura. Aqui convergem rotas vindas de todas as direções. Nos lugares onde se pode ter a primeira vista da montanha existem pilhas de pedras feitas ao longo dos séculos, que chegam a proporções gigantescas e expressam a devoção infantil dos peregrinos. Cada um deles, seguindo preceitos antigos, acrescenta novas pedras à pilha. Também gostaríamos de ter feito a volta na montanha como fazem os peregrinos, mas o hostil dono do caravançará em Barkha nos impediu, ameaçando cortar nossas futuras facilidades de transporte se não seguíssemos em frente.

Por dois dias inteiros, viajamos com as geleiras ao fundo. A majestosa montanha Gurla Mandhata espelhada nas águas do lago Manasarovar nos atraía mais, por sermos montanhistas, do que a Montanha Sagrada. Montamos acampamento às margens do lago e enchemos nossos olhos com a beleza indescritível dessa fabulosa montanha, que parecia sair de dentro do lago. Com certeza, esse é um dos lugares mais lindos do mundo. Acredita-se que o lago é sagrado e ao seu redor existem muitos mosteiros pequenos onde os peregrinos se alojam e realizam seus rituais de devoção. Muitos se arrastam de joelhos ao redor do lago e levam para casa jarros de água sagrada. Todos os peregrinos banham-se na água gelada do lago. Nós também tomamos banho, embora não por devoção. Nesse caso, quase me arrependi. Depois de nadar um pouquinho para longe das margens, fui parar num lodaçal de onde só consegui sair depois de um esforço tremendo. Meus camaradas não haviam percebido minha luta para me livrar da lama.

Como nessa época do ano estávamos um pouco adiantados com relação aos peregrinos, a maioria das pessoas que encontrávamos eram mercadores. Vimos também muitas pessoas de aparência suspeita, pois essa região é famosa por ser o Eldorado dos ladrões, que acham difícil resistir à tentação de atacar os negociantes que frequentam os mercados. O maior mercado da região é o de Gyanyima. Aqui, centenas de tendas formam um grande acampamento destinado à compra e venda. As tendas dos indianos são feitas de algodão barato, enquanto as dos tibetanos são tecidas de pelos de iaque e são tão pesadas que são necessários um ou dois iaques para carregá-las.

Vagamos por algumas horas em direção ao leste, ao longo do lago, e parecia que estávamos caminhando à beira-mar. Nosso prazer com a beleza do lugar era perturbado apenas por mosquitos-pólvora, dos quais não nos livramos até nos afastarmos do lago.

Prosseguindo em direção a Tokchen, encontramos uma caravana que parecia importante. Era o novo governador do distrito de Tsaparang a caminho do seu posto em Lhasa.

Paramos ao lado da estrada e nosso guia, com quem nunca havíamos nos dado muito bem, fez uma profunda e cerimoniosa reverência e mostrou sua língua em saudação – o perfeito quadro da submissão. Ele explicou nossa presença: as armas que nos ameaçavam foram postas de lado e recebemos frutas secas e nozes.

Em nossa aparência não havia mais qualquer sinal de superioridade europeia. Vivíamos como nômades, nos últimos três meses dormíramos principalmente a céu aberto, e nosso padrão de conforto era mais baixo do que o da população nativa. Acampávamos, cozinhávamos e fazíamos fogueiras ao ar livre qualquer que fosse o tempo, enquanto os nômades podiam encontrar abrigo e calor em suas pesadas tendas. Embora nossa situação não parecesse boa, nosso ânimo não cedera e nossa mente estava continuamente ocupada. Pouquíssimos europeus estiveram nessa região e sabíamos que tudo o que observávamos podia ser de valor mais tarde. Naquela época, ainda pensávamos que voltaríamos à civilização dentro de um tempo mensurável. Os perigos e lutas em comum nos uniram em um forte companheirismo; cada um sabia as virtudes e defeitos dos outros e por isso éramos capazes de nos ajudar mutuamente nos momentos de depressão.

Continuamos em frente por vales profundos até chegar à nascente do Brahmaputra, que os tibetanos chamam de Tsangpo. Essa região não tem apenas um significado religioso para os peregrinos asiáticos. Também é muito interessante geograficamente, pois aí estão as nascentes do Indo, do Sutlej, do Karnali e do Brahmaputra. Para os tibetanos, que estão acostumados a dar um sentido simbólico religioso a todas as coisas, o nome desses rios está associado aos animais sagrados: o leão, o elefante, o pavão e o cavalo.

Durante os próximos quinze dias, seguimos pelo Tsangpo. Alimentado por numerosos riachos vindos do Himalaia, esse rio fica cada vez maior e, à medida que cresce, mais tranquilo fica o seu curso. Agora o tempo mudava continuamente. Em questão de minutos, podia-se estar alternadamente congelando ou suando à luz do sol. Chuvas de granizo, chuva e sol sucediam-se rapidamente. Uma manhã, acordamos e encontramos nossa barraca enterrada na neve, que derreteu com poucas horas de sol quente. Nossas roupas europeias não eram adequadas a essas mudanças contínuas de temperatura, e invejávamos os tibetanos pelos seus práticos mantos de pele de ovelha presos à altura do peito, com mangas grandes e largas que faziam o papel de luvas.

Apesar dos inconvenientes, progredimos bastante parando sempre que encontrávamos alguma habitação. De tempos a tempos, avistávamos o Himalaia, que supera em beleza natural qualquer coisa que eu já tinha visto. Encontrávamos cada vez menos nômades, e as únicas criaturas vivas que víamos ao lado direito do Brahmaputra eram gazelas e burros selvagens. Estávamos agora nos aproximando de Gyabnak, o último dos lugares mencionados na lista que constava em nossa permissão de viagem. A autoridade do nosso amigo em Gartok não se estendia além desse local. A decisão sobre a próxima coisa a fazer já não estava em nossas mãos, pois, no terceiro dia de nossa estada em Gyabnak, um mensageiro chegou esbaforido de Tradün e nos intimou a ir imediatamente para lá. Duas altas autoridades queriam nos ver. Não nos arrependíamos por deixar Gyabnak, que era tão pequena que mal merecia ter um nome. Consistia de uma única casa pertencente à autoridade monástica da província de Bongpa. A tenda nômade mais próxima ficava a uma distância de uma hora a pé. Partimos imediatamente e passamos a noite em um local solitário, habitado apenas por burros selvagens.

Nunca me esquecerei do dia seguinte, quando tive uma das experiências mais maravilhosas de minha vida. Depois de algum tempo de marcha, avistamos ao longe as brilhantes torres douradas de um mosteiro. Acima delas, brilhando soberbamente à luz do sol da manhã, estavam as monumentais paredes de gelo, e, gradualmente, nos demos conta de que estávamos olhando o trio gigantesco das montanhas de Dhaulagiri, Annapurna e Manashe. Como Tradün e as torres de filigrana do mosteiro ficavam do outro lado da planície, tivemos muitas horas para admirar a paisagem dessas montanhas encantadas. Nem mesmo a necessidade de atravessar as águas geladas do Tsashu diminuiu o nosso deleite.

Já ERA NOITE quando entramos em Tradün. Aos últimos raios do sol poente, o mosteiro vermelho, com seu telhado dourado, parecia um palácio de contos de fadas sobre a montanha. As casas dos habitantes, aquelas habitações feitas de tijolos de barro, eram construídas atrás da encosta para protegê-las do vento. Encontramos toda a população reunida e nos esperando em silêncio. Fomos imediatamente levados a uma casa que havia sido preparada para nós. Mal havíamos descarregado nossa bagagem, quando vários criados chegaram e nos convidaram de forma muito cortês a segui-los até seus patrões. Nós os acompanhamos, cheios de expectativa, até a casa das duas altas autoridades.

Passamos por uma multidão murmurante de criados e entramos em uma sala espaçosa onde, nos assentos mais altos, estavam um monge sorridente e bem alimentado e, ao seu lado, no mesmo nível, seu colega leigo. Sentados um pouco mais abaixo estavam o prior, uma autoridade monástica de Gyabnak e um mercador do Nepal. O mercador falava um pouco de inglês e atuou como intérprete. Haviam preparado um banco com almofadas para que não tivéssemos de sentar de pernas cruzadas no chão, como os tibetanos. Nos serviram chá e bolo, e o interrogatório foi educadamente postergado. Finalmente, pediram que mostrássemos nossa permissão de viagem, que passou de mão em mão e foi criteriosamente estudada por todos os presentes. Houve um período de silêncio opressivo. As duas autoridades, aos poucos, expuseram suas dúvidas. Éramos realmente alemães? Era simplesmente inacreditável que fôssemos prisioneiros de guerra fugitivos e era muito mais provável que fôssemos britânicos ou russos. Fizeram-nos buscar nossa bagagem, que foi desfeita e espalhada pelo chão e cuidadosamente examinada. A sua principal preocupação era a ideia de que podíamos ter armas ou aparelhos de transmissão, e foi difícil persuadi-los de que não possuíamos nenhum dos dois. As únicas coisas, entre as nossas posses, que levantaram suspeitas foram uma gramática tibetana e um livro de história.

Estava escrito em nossa permissão de viagem que queríamos ir para o Nepal. A ideia pareceu agradar nossos interrogadores e prometeram nos ajudar no que fosse possível. Disseram que poderíamos partir na manhã seguinte e, depois de atravessarmos o passo de Korela, estaríamos no Nepal em dois dias. Isso não nos agradava nem um pouco. Queríamos a todo custo permanecer no Tibet e estávamos determinados a não desistir dessa ideia sem lutar. Imploramos pelo direito de asilo, insistimos no tema da neutralidade do Tibet e comparamos a situação do Tibet com a da Suíça. As autoridades, irredutíveis mas corteses, insistiram nas condições que constavam em nosso documento de viagem. Entretanto, durante os meses de nossa estada no Tibet, ficamos mais familiarizados com a mentalidade dos asiáticos e sabíamos que ceder imediatamente era contra as regras. O resto da discussão deu-se em perfeita calma. Bebemos intermináveis xícaras de chá e nossos anfitriões nos informaram modestamente que estavam em Tradün em uma viagem para recolhimento de impostos, e que em Lhasa não eram pessoas tão importantes quanto pareciam ali. Viajavam com vinte criados e um grande número de animais de carga, o que podia dar a impressão de que eles eram pelo menos ministros.

Antes de sair, deixamos claro que desejávamos permanecer em Tradün por mais alguns dias. No dia seguinte, um criado trouxe-nos um convite para almoçar com os *bönpos*, como são chamadas todas as pessoas importantes do Tibet. Tivemos uma maravilhosa refeição de massa chinesa, e acho que parecíamos estar famintos, a julgar pela quantidade de comida que empilharam em nossos pratos. Ficamos muito impressionados com a habilidade com que os tibetanos manuseavam seus palitos, e nossa surpresa foi grande ao vê-los catar grãos de arroz individuais com eles. O deslumbramento ajudou muito a criar uma atmosfera amistosa e ria-se com muita espontaneidade. Ao final da refeição, serviu-se cerveja, o que aumentou a alegria da reunião. Percebi que os monges não bebiam.

Aos poucos, a conversa dirigiu-se para nossos problemas, e ouvimos que as autoridades haviam decidido mandar uma carta ao governo central em Lhasa comunicando nossa solicitação de permissão para permanecer no Tibet. Pediram que fizéssemos uma petição em inglês, que as autoridades desejavam enviar juntamente com sua carta. Fizemos isso na hora, e nossa petição foi anexada à carta oficial, que já havia sido preparada, à nossa frente. As cartas foram seladas com o devido cerimonial e entregues a um mensageiro, que partiu imediatamente para Lhasa.

Mal conseguíamos acreditar numa recepção tão amistosa e que poderíamos ficar em Tradün até que chegasse uma resposta de Lhasa. Nossa experiência com autoridades subalternas não fora satisfatória e por isso solicitamos uma confirmação por escrito da autorização verbal para nossa permanência em Tradün, o que obtivemos. Finalmente, retornamos aos nossos aposentos felizes por tudo ter ido tão bem. Mal havíamos chegado, quando a porta abriu-se e entrou uma procissão de criados pesadamente carregados. Trouxeram-nos sacos de farinha, arroz e tsampa, assim como quatro ovelhas carneadas. Não sabíamos de quem eram os presentes, até que o chefe que havia acompanhado os criados explicou-nos que tudo havia sido mandado pelas autoridades máximas. Tentamos agradecer, mas o homem modestamente declinou todos os agradecimentos e ninguém parecia querer assumir aquele gesto de generosidade. Ao nos despedirmos, o simpático tibetano disse algo que ainda muito me serviria. A pressa dos europeus não tinha lugar no Tibet. Devemos aprender a ter paciência, se quisermos atingir um objetivo.

Quando nos sentamos sozinhos em nossa casa, olhando todos os presentes, mal pudemos acreditar na nossa mudança de sorte. Nosso pedido de residência no Tibet estava a caminho de Lhasa e agora tínhamos suprimentos suficientes para vários meses. Como abrigo, tínhamos um telhado espesso, em vez de uma tenda frágil, e uma mulher como criada – mas nem jovem, nem bonita – para acender a lareira e buscar água. Ficamos com pena por não possuir nada de valor que pudéssemos mandar aos bönpos como demonstração de gratidão. Não tínhamos nada, a não ser um pouco de remédio para oferecer, mas esperávamos uma ocasião para expressarmos de forma adequada nossa gratidão. Assim como em Gartok, tivemos oportunidade de conhecer a cortesia dos nobres de Lhasa, a respeito dos quais eu tanto havia lido nos livros de Sir Charles Bell.

Como deveríamos ficar por vários meses aqui, fizemos planos para passar o tempo. Deveríamos sem dúvida fazer expedições à região de Annapurna e Dhaulagiri, e às planícies do norte. Mas, pouco mais tarde, o prior veio nos ver. Nos disse que nossa permanência em Tradün só havia sido aprovada sob a condição de que jamais nos afastaríamos da cidade por mais do que um dia de marcha. Poderíamos ir em excursões para onde quiséssemos, desde que estivéssemos de volta antes do anoitecer. Se não cumpríssemos estas exigências, ele teria de relatar a Lhasa e isso sem dúvida prejudicaria nossa situação.

A aldeia consistia de cerca de vinte casas dominadas pela montanha na qual ficava o mosteiro. Este abrigava apenas sete monges. As casas da aldeia eram pequenas e todas amontoadas, mas, entretanto, cada casa tinha seu próprio pátio, no qual tudo era armazenado. Todos os habitantes da vila estavam de alguma forma relacionados com comércio ou transporte; os nômades de verdade viviam espalhados pela planície. Tivemos oportunidade de assistir a vários festivais religiosos, o mais impressionante dos quais foi o do agradecimento pela colheita. Nos dávamos muito bem com todos os habitantes e costumávamos tratá-los quando ficavam doentes, sendo particularmente bem-sucedidos no tratamento de ferimentos e cólicas.

A monotonia da vida em Tradün era quebrada de vez em quando pelas visitas de altos funcionários e tenho uma vívida lembrança da chegada do segundo garpön a caminho de Gartok. Muito antes de qualquer sinal de sua caravana, soldados chegaram para anunciar que ele se aproximava. Depois veio o cozinheiro, que imediatamente começou a preparar sua comida, e só no dia seguinte o garpön em pessoa chegou com sua caravana e um séquito de trinta criados. Toda a população, inclusive nós, aglomerou-se para vê-lo chegar. O grande homem e sua família montavam esplêndidas mulas, e os mais velhos da aldeia, cada um conduzia um membro de sua família segurando nos arreios do animal até os aposentos para eles preparados. Estávamos menos impressionados com o garpön do que com sua filha. Era a primeira mulher jovem e elegante que víamos deste 1939, e nós a achamos muito bonita. Suas roupas eram de pura seda e suas unhas pintadas de vermelho. Talvez tivesse exagerado um pouco no ruge, no pó e no batom, mas exalava frescura e limpeza. Perguntamos a ela se era a garota mais bonita de Lhasa, mas modestamente disse não, e declarou que existiam garotas muito mais bonitas na capital. Ficamos muito tristes de perder sua encantadora companhia quando a caravana seguiu viagem no dia seguinte.

Logo depois tivemos um novo hóspede em Tradün, um oficial nepalês que veio para nos ver, mas que posava de peregrino. Percebemos que tentava nos convencer a vir para o Nepal contra a nossa vontade. Disse que seríamos bem recebidos em Kathmandu, a capital, e que encontraríamos trabalho lá. Nossa viagem seria organizada pela administração e trezentas rupias já haviam sido alocadas para nossas despesas. Aquilo tudo soava muito tentador, talvez tentador demais, pois sabíamos que era grande a influência britânica na Ásia. Não seguimos os seus conselhos.

Depois de três meses começamos a perder a paciência e ficar apreensivos. Kopp passava dizendo que aceitaria de bom grado a oferta de ir para o Nepal. Aufschnaiter, como sempre, seguiu seu próprio caminho. Comprou quatro ovelhas como animais de carga e queria ir para Changthang. É verdade que isso era contra nossa decisão original de esperar pela carta de Lhasa, mas tínhamos grandes dúvidas sobre se a resposta seria favorável.

Aufschnaiter, perdendo a paciência, partiu numa tarde com suas ovelhas carregadas e armou acampamento a algumas milhas de Tradün. Nós o ajudamos a carregar suas coisas até lá e pretendíamos visitá-lo no dia seguinte. Kopp também começou a preparar suas coisas, e as autoridades locais prometeram dar-lhe transporte. Estavam muito satisfeitos por ele ter decidido ir para o Nepal, mas desaprovavam o comportamento de Aufschnaiter. Daquele dia em diante, guardas dormiam à nossa porta. Mas, no dia seguinte, para nossa surpresa, Aufschnaiter voltara para nós com sua bagagem. Suas ovelhas foram atacadas por lobos, que comeram duas delas. Isso o obrigou a retornar e assim passamos mais uma noite juntos.

Na manhã seguinte, Kopp despediu-se. Toda a população reuniu-se para vê-lo partir. Agora, dos sete que haviam fugido do campo de prisioneiros, cinco dos quais para o Tibet, só restavam Aufschnaiter e eu. Éramos os únicos montanhistas do grupo e, consequentemente, éramos mais bem preparados física e mentalmente para a vida dura e solitária nessa terra deserta.

Agora era final de novembro e as rotas das caravanas já não eram muito percorridas. A autoridade monástica mandou-nos algumas ovelhas e doze fardos de estrume de iaque como combustível, que precisávamos muito, pois a temperatura já estava doze graus centígrados abaixo de zero.

4. A Aldeia da Felicidade

Somos mandados embora – Gyirong, a aldeia
feliz – Nosso primeiro ano no Tibet – Esquis
improvisados – Termina a guerra – O abominável
homem das neves?

Apesar do clima de inverno, estávamos mais determinados que nunca a deixar Tradün, com ou sem autorização. Começamos a juntar provisões e compramos um segundo iaque. Mas, justamente durante nossos preparativos, o prior chegou com notícias da tão esperada carta de Lhasa. O que secretamente receávamos era verdade. Estávamos proibidos de viajar para o Tibet Interior. A carta não nos foi entregue pessoalmente. Fomos simplesmente comunicados de que deveríamos nos dirigir pelo caminho mais curto até o Nepal, mas que poderíamos percorrer o território tibetano até Gyirong. Dali eram apenas dez quilômetros até a fronteira nepalesa e sete dias de caminhada até a capital Kathmandu. Receberíamos transporte e criados para a viagem. Concordamos imediatamente com essas ordens, pois esta rota nos levaria um pouco mais para dentro do Tibet e, quanto mais tempo permanecêssemos dentro da lei, melhor.

A 17 de dezembro, deixamos Tradün, que havia nos abrigado por quatro meses. Não guardamos rancor dos tibetanos por não nos permitirem ir a Lhasa. Todos sabem o quanto é difícil para estrangeiros sem passaportes transitarem em qualquer país. Dando-nos presentes e transporte, os tibetanos demonstravam uma hospitalidade muito maior do que a normalmente encontrada em outros países. Embora, na época, não me desse conta da nossa boa sorte como agora, Aufschnaiter e eu dávamos graças pelos oito meses que havíamos passado longe do arame farpado.

Agora estávamos novamente em marcha. Nosso comboio consistia de Aufschnaiter e eu, acompanhados por dois criados. Um deles levava, embalada como relíquia sagrada, a carta do governo à autoridade distrital de Gyirong. Estávamos todos a cavalo, e nossos dois iaques se mantinham em movimento tocados por um guia. Via-se de longe que nossa caravana pertencia a pessoas distintas, muito diferente dos três vagabundos que tinham cruzado o Himalaia para o Tibet alguns meses atrás.

Nossa trilha levava-nos outra vez para o Himalaia em direção sudoeste. O Tsangpo já estava congelado quando o atravessamos, e as noites na barraca eram extremamente frias. Depois de cavalgar por uma semana, chegamos a Zhongba, que era visível de longe devido a uma espessa nuvem de fumaça que pairava sobre as casas. Zhongba realmente merecia ser chamada de aldeia. Possuía cerca de cem casas feitas de tijolo de barro agrupadas ao redor de um mosteiro, e à sua volta havia campos cultivados. A aldeia situava-se na junção de dois riachos que formavam o rio Kosi e que, penetrando o Himalaia, flui para o Nepal. O lugar era circundado por uma fortificação de nove metros e dominado por uma montanha esplêndida, com cerca de 6.100 metros de altitude, chamada pelos nativos de Chogulhari. Era dia de Natal quando chegamos a Zhongba – nosso primeiro Natal após a fuga. Ficamos alojados em quartos surpreendentemente confortáveis. A floresta ficava apenas a três dias de distância e madeira já não era um luxo exorbitante; podia ser utilizada para construção e necessidades domésticas. Uma geringonça de lata servia de estufa, onde queimamos lenha de zimbro e logo todo o quarto ficou quente e agradável. Ao anoitecer, acendemos lamparinas de manteiga tibetanas e, para celebrar o dia, preparamos um pernil de carneiro cozido.

Assim como em qualquer outro lugar do Tibet, não havia hospedarias. Acomodações em casas particulares eram designadas aos viajantes pelas autoridades. Isso é feito em rodízio, de modo que a população não é excessivamente incomodada, e essa combinação é parte do sistema de impostos.

Não tínhamos planejado ficar muito tempo, mas fomos retidos em Zhongba por um mês inteiro devido às pesadas nevascas. Durante todo o dia, espessos flocos de neve caíam e as comunicações ficavam interrompidas. Estávamos felizes com nosso descanso aqui, nos interessamos pelas atividades dos monges e admiramos, como espectadores, as performances de um grupo de dançarinos de Nyenam.

Diversas autoridades aristocráticas viviam aqui e logo fizemos amizade com elas. A essa altura, falávamos bem o tibetano e conversávamos longamente, de modo que aprendemos muito sobre os usos e costumes do país. A noite de São Silvestre passou sem celebrações, mas nosso pensamento estava, mais do que nunca, em casa. Sempre que podíamos, durante esse período de espera, fazíamos pequenas excursões pelos arredores e descobrimos muitas cavernas de arenito, uma fonte de interesse para nós, pois continham ídolos de madeira ou barro e páginas de livros tibetanos sagrados – sem dúvida, oferendas aos santos que viviam nessas cavernas.

A 19 de janeiro, as estradas estavam suficientemente transitáveis para que partíssemos em companhia de uma grande caravana de iaques. À nossa frente, seguia uma manada de iaques sem carga, que funcionava como arados de neve e que parecia estar gostando muito do exercício. A região era entrecortada por vales e ravinas, e nos dois primeiros dias atravessamos não menos do que doze pontes sobre o rio Kosi. Meu iaque, que veio de Changthang, não estava acostumado com pontes e resistia vigorosamente quando tínhamos de atravessar uma. Só conseguíamos fazê-lo atravessar empurrando-o por trás e puxando pela frente – uma operação em que os guias nos auxiliavam com entusiasmo. Já tinham me alertado para não trazê-lo a Gyirong, pois ele não aguentaria o clima quente do verão, mas eu não queria deixá-lo para trás em vista de nossos planos de fuga, que ainda não havíamos abandonado. Ao longo de todo esse tempo, meu termômetro mostrava uma temperatura invariável de -30°C. Não havia escala mais baixa no instrumento!

Ficamos profundamente impressionados com um mosteiro de pedra nas proximidades da aldeia de Longda. Duzentos metros acima do vale, templos vermelhos e incontáveis celas estavam empoleiradas como ninhos de pássaros nas pedras. Apesar do perigo de avalanchas, Aufschnaiter e eu não pudemos deixar de escalar o paredão de pedra e ter outra maravilhosa visão do Himalaia. Também encontramos alguns monges e monjas e soubemos por eles que aquele era o mosteiro fundado por Milarepa, o famoso santo e poeta tibetano que viveu no século IX. Era fácil perceber por que a fabulosa região e o isolamento do lugar eram particularmente adaptados à meditação e à poesia. Deixamos esse lugar com pesar e determinados a revê-lo algum dia.

Cada dia encontrávamos menos neve e, depois de alcançar o limite da floresta, rapidamente chegamos a uma zona realmente tropical. Nesse clima, as roupas que recebemos do governo tibetano eram quentes demais para nós. Agora chegamos a Drothang, a última parada antes de Gyirong. Lembro que todos os habitantes desse lugar tinham um bócio muito desenvolvido, o que raramente se vê no Tibet. Levamos uma semana para chegar a Gyirong que, quando a estrada está boa, fica apenas a três dias de marcha de Zhongba e pode ser alcançada em apenas um dia por um mensageiro rápido.

O NOME GYIRONG significa "aldeia da felicidade" e o lugar realmente merece tal denominação. Sempre lembrarei dessa aldeia com saudade e, se puder escolher onde passar o final de minha vida, o lugar será Gyirong. Construiria lá uma casa de madeira de cedro vermelho, com um dos velozes riachos de montanha atravessando meu jardim, onde todos os tipos de frutas cresceriam, pois, embora a altitude seja de mais de 2.700 metros, Gyirong fica no paralelo 28. Quando chegamos, em janeiro, a temperatura ficava pouco abaixo do congelamento, raramente chegava a -10°C. As estações correspondem às dos Alpes, mas a vegetação é subtropical. Pode-se esquiar o ano inteiro e no verão há uma cadeia de montanhas de 6 mil metros para escalar.

Existem cerca de oitenta casas na aldeia, que é a residência de dois governadores distritais, administradores de trinta vilarejos. Disseram-nos que éramos, até então, os primeiros europeus a chegar a Gyirong e os habitantes observaram atônitos a nossa chegada. Dessa vez, ficamos alojados na casa de um fazendeiro que nos lembrou de nossas casas tirolesas. De fato, toda a aldeia poderia ter sido transplantada dos Alpes, exceto que em vez de ter chaminés, os telhados eram decorados com estandartes religiosos. Estes tinham sempre as cinco cores que representam diferentes aspectos da vida no Tibet.

No térreo ficavam os estábulos para vacas e cavalos. Eram separados por um telhado espesso dos quartos da família, aos quais se chegava por uma escada a partir do pátio. Acolchoados grossos e bem forrados serviam como camas e poltronas, e perto deles ficavam mesinhas baixas. Os membros da casa guardavam as roupas em armários bem pintados e, defronte ao inevitável altar esculpido em madeira, acendiam lamparinas de manteiga. No inverno, a família toda senta-se no assoalho de tábuas de pinho ao redor de uma grande lareira e beberica seu chá.

O quarto em que Aufschnaiter e eu estávamos era bem pequeno e por isso eu logo me mudei para o celeiro de feno que ficava em frente. Aufschnaiter encarregava-se da nossa luta incessante contra ratos e percevejos, enquanto eu me ocupava das pulgas e camundongos. Nunca consegui vencer essas pragas, mas a visão das geleiras e das florestas de rododentros compensava meu desconforto. Tínhamos um criado ao nosso dispor, mas preferíamos nós mesmos cozinhar. Tínhamos uma lareira no quarto e recebíamos lenha para queimar. Gastávamos muito pouco dinheiro, nossos mantimentos não custavam mais do que duas libras e dez xelins por mês para cada um. Mandei fazer uma calça pela qual o alfaiate cobrou meia coroa.

O alimento básico nessa região é o *tsampa*, que é preparado da seguinte forma: aquece-se areia a temperatura alta dentro de uma panela de ferro e depois derramam-se grãos de cevada dentro. Eles se rompem com um estalido e então devem-se colocá-los juntamente com a areia em uma peneira, por onde a areia escorre. Depois disso os grãos são moídos até ficarem bem finos. O resultado é misturado em uma massa com chá com manteiga, leite ou cerveja, e depois comido. Os tibetanos fazem um culto muito especial ao tsampa e têm muitas maneiras de prepará-lo. Logo nos acostumamos a ele, mas nunca fizemos muita questão de chá com manteiga, que geralmente é preparado com manteiga rançosa, uma bebida repugnante para os europeus. Porém, é universalmente bebido e apreciado pelos tibetanos, que frequentemente bebem até sessenta taças em um dia. Os tibetanos de Gyirong, além de tsampa e chá com manteiga, comem arroz, trigo sarraceno, milho, batatas, nabo, cebolas, feijão e rabanete. Carne é uma raridade, pois, como Gyirong é um lugar particularmente sagrado, nenhum animal jamais é abatido lá. Carne só aparecia na mesa quando trazida de outro distrito ou, mais frequentemente, quando ursos ou leopardos deixavam parte de suas presas sem comer. Nunca entendi como essa doutrina podia conciliar-se com o fato de que todo outono cerca de 15 mil ovelhas são levadas via Gyirong para os matadouros no Nepal e que os tibetanos recolhem taxas de exportação sobre elas.

Bem no início de nossa estadia, fizemos uma visita às autoridades locais. Nosso documento de viagem já havia sido entregue por um criado e os bönpos pensavam que iríamos direto para o Nepal. Essa não era absolutamente nossa intenção e dissemos a ele que gostaríamos de ficar algum tempo em Gyirong. Nos ouviu muito calmamente e prometeu, a nosso pedido, avisar Lhasa. Também visitamos o representante do Nepal, que descreveu seu país de forma muito cativante. Nesse meio-tempo ficamos sabendo que Kopp, após ficar alguns dias na capital, havia sido mandado para um campo de prisioneiros na Índia. A sedução dos automóveis, bicicletas e do cinema que nos disseram que havia em Kathmandu não nos atraiu.

Na realidade, não podíamos esperar conseguir um visto de residência de Lhasa e, se fôssemos para o Nepal, seríamos expulsos para a Índia. Portanto, decidimos recuperar nossas forças naquela aldeia de contos de fadas e ficar lá até formular um novo plano de fuga. Não podíamos prever então que permaneceríamos nove meses em Gyirong.

Não estávamos nem um pouco entediados. Enchemos cadernos com anotações sobre os usos e costumes dos tibetanos. Na maioria dos dias, saíamos para explorar os arredores. Aufschnaiter, que havia sido secretário da Fundação Himalaia, em Munique, aproveitou a oportunidade para fazer mapas. Havia apenas três nomes no mapa da região que trouxéramos conosco, mas agora havíamos colocado mais de duzentos. Na verdade, não só desfrutávamos de nossa liberdade como também dávamos um sentido prático a ela.

Nossas excursões, que de início estavam limitadas às cercanias da aldeia, gradualmente estenderam-se cada vez mais para longe. Os habitantes estavam muito acostumados conosco e ninguém jamais nos incomodava. É claro que as montanhas eram o que mais nos atraía e em segundo lugar as fontes termais ao redor de Gyirong. Havia muitas delas, a mais quente ficava em uma floresta de bambus às margens do gelado rio Kosi. A água brotava do chão quase em ponto de fervura e corria para uma lagoa artificial onde ainda mantinha uma temperatura de 40°C. Eu costumava mergulhar alternadamente na piscina de água quente e nas águas glaciais do Kosi.

Na primavera, há uma estação de banhos nesse local. Vinham multidões de tibetanos e cabanas de bambu espalhavam-se por todo esse lugar normalmente solitário, há duas horas de Gyirong. Homens e mulheres caíam na piscina nus e qualquer sinal de pudor provocava muitas gargalhadas. Muitas famílias tiram férias nesse *spa*. Saem de suas casas com sacos de mantimentos e barris de cerveja e acomodam-se por onze dias nas cabanas de bambu. As classes mais altas também costumam visitar as fontes e chegam em caravanas com um séquito de criados. Mas a estação de férias dura pouco tempo, pois o rio enche pelo derretimento da neve e inunda as fontes.

Em Gyirong, conheci um monge que havia estudado na escola de medicina em Lhasa. Era muito respeitado e vivia muito bem com as provisões que recebia como pagamento por seus serviços. Seus métodos de tratamento eram variados. Um deles era apertar um selo de prece no local afetado, o que parecia funcionar com pacientes histéricos. Em casos piores, ele marcava o paciente com um ferro em brasa. Sou testemunha de que dessa forma ele recuperava a consciência de casos aparentemente perdidos, mas esse tratamento afetava adversamente muitos de seus pacientes. Também empregava esse tratamento drástico em animais domésticos. Como me consideravam "meio-médico" e como me interesso muito por qualquer coisa relacionada à medicina, costumava conversar longamente com o monge. Ele me confessou que seu conhecimento era limitado, mas não se preocupava muito com isso, e conseguia evitar incidentes desagradáveis mudando frequentemente de residência. Aliviava sua consciência pelo fato de que os pagamentos feitos por suas curas duvidosas serviam para financiar suas peregrinações.

NA METADE DE FEVEREIRO, passamos nosso primeiro ano-novo tibetano. O ano é reconhecido pelo calendário lunar e tem dois nomes, um de um animal e outro de um elemento. O festival de ano-novo é, depois dos dias de nascimento e morte do Buda, o maior evento do ano. Durante a noite anterior, já ouvimos as vozes dos pobres cantando e dos monges perambulando de casa em casa em busca de esmolas. Pela manhã, pinheiros recém-cortados, decorados com estandartes, eram colocados nos telhados. Textos religiosos eram solenemente recitados e tsampa oferecida aos deuses. As pessoas trazem oferendas de manteiga aos templos e logo os grandes caldeirões de cobre começam a transbordar. Só então os deuses ficam satisfeitos e prontos para conceder grandes favores no ano-novo. Véus de seda branca são enrolados em estátuas douradas como demonstração especial de respeito e os adoradores curvam-se reverentemente encostando nelas suas cabeças.

Ricos ou pobres, todos vêm cheios de devoção, sem qualquer dúvida interior, trazer suas oferendas aos deuses e pedir suas bênçãos. Haverá algum povo tão uniformemente apegado à sua religião e tão observador de sua vida cotidiana? Sempre invejei os tibetanos por sua fé simples, pois por toda minha vida fui um cético. Embora tenha aprendido a meditar enquanto estive na Ásia, a resposta final ao enigma da vida não me foi concedida. Mas pelo menos aprendi a contemplar os eventos da vida com tranquilidade e a não me deixar ser jogado de lá para cá pelas circunstâncias em um mar de dúvidas. As pessoas não só rezaram na virada do ano. Por sete dias, dançaram, cantaram e beberam sob os olhares benevolentes dos monges. Em cada casa havia uma festa e nós também fomos convidados.

É triste recordar que as celebrações em nossa casa foram ofuscadas por uma tragédia. Um dia, fui chamado ao quarto da irmã de uma de nossas anfitriãs. O quarto estava escuro, e apenas quando mãos quentes seguraram a minha foi que me dei conta de que estava ao lado dela. Quando meus olhos se acostumaram ao escuro, olhei para a cama e recuei diante de um horror que mal pude esconder. Lá estava deitada, completamente transformada pela doença, alguém que dois dias atrás era uma menina bonita e saudável. Embora leigo, imediatamente percebi que estava com varíola. Sua laringe e a língua já tinham sido atacadas, e ela só conseguia gemer e dizer com dificuldade que estava morrendo. Tentei dizer a ela que não e depois saí do quarto assim que pude para lavar-me bem. Não havia nada a fazer e só podíamos torcer para que não iniciasse uma epidemia. Aufschnaiter também visitou a menina e concordou com meu diagnóstico. Dois dias depois ela morreu.

Assim, depois dos prazeres do festival, aquele triste evento nos permitiu conhecer as cerimônias de um enterro tibetano. O pinheiro decorado que estava no telhado foi retirado e, de madrugada, o corpo foi envolvido em roupas brancas e levado para fora da casa às costas de um carregador de defuntos profissional. Seguimos o grupo de carpideiros que consistia de apenas três homens. Perto da aldeia, em um lugar alto, reconhecido de longe como o local de enterro pela quantidade de abutres e corvos que voavam sobre ele, um dos homens cortou o corpo em pedaços com um machado. Um segundo homem sentou-se próximo murmurando preces e tocando um pequeno tambor. O terceiro espantava os pássaros e, de vez em quando, alcançava cerveja ou chá aos outros dois para que brindassem. Os ossos da menina morta foram quebrados em pedaços para que também pudessem ser consumidos pelos pássaros e para que não sobrasse qualquer traço do corpo.

Essa cerimônia, que parece bárbara, tem suas origens em profundas razões religiosas. Os tibetanos não querem deixar vestígios depois da morte de seus corpos, que, sem alma, nada significam. Os corpos de nobres e de lamas importantes são queimados, mas entre o povo o costume é o desmembramento, e somente os corpos de pessoas muito pobres, para quem essa cerimônia é muito cara, são jogados no rio, onde os peixes fazem o papel dos abutres. Quando pessoas pobres morrem por doenças contagiosas, são "sepultadas" por pessoas especialmente pagas pelo governo.

Felizmente, os casos de varíola foram poucos e apenas alguns foram fatais. Em nossa casa houve luto por 49 dias e então uma árvore com estandartes religiosos foi colocada no telhado. A essa cerimônia compareceram muitos monges, que rezavam com acompanhamento de sua música peculiar. Tudo isso naturalmente custa dinheiro, e quando ocorrem mortes na família os tibetanos geralmente vendem algumas de suas joias ou os pertences do defunto e, com o lucro, pagam os ritos cerimoniais feitos pelos monges e o óleo utilizado em suas incontáveis lamparinas.

Durante todo esse tempo, continuamos com as nossas caminhadas, e a neve excelente nos deu a ideia de fazer esquis. Aufschnaiter conseguiu dois troncos de bétula, dos quais retiramos a casca, e que depois colocamos para secar em frente à lareira de nosso quarto. Comecei fazendo os bastões e as tiras de couro e com a ajuda de um carpinteiro conseguimos fabricar dois pares decentes de esquis. Ficamos muito satisfeitos com a aparência artesanal de nossos esquis e ansiávamos, entusiasmados, pela oportunidade de experimentá-los. Então, como um relâmpago em céu azul, chegou uma ordem dos bönpos proibindo-nos de deixar Gyirong, exceto para caminharmos nos arredores. Protestamos energicamente, mas disseram-nos que a Alemanha era um país poderoso, e que, se qualquer coisa nos acontecesse nas montanhas, Lhasa receberia reclamações e Gyirong seria responsabilizada. Os bönpos permaneceram inabaláveis ante nossos protestos e fizeram o melhor que puderam para nos convencer de que nas montanhas correríamos grande perigo de ataques de ursos, leopardos e cães selvagens. Sabíamos que a preocupação com nossa segurança era uma farsa, mas conjeturamos que tinham tomado aquela atitude em deferência aos pedidos da população supersticiosa, que possivelmente acreditava que nossas visitas às montanhas poderiam desgostar os deuses. Por enquanto, não podíamos fazer nada a não ser nos submeter.

Durante algumas semanas obedecemos às ordens, mas depois não conseguimos resistir à tentação de esquiar. A atração da neve e das encostas geladas era demais para nós, e um dia recorremos a um estratagema. Me mudei provisoriamente para uma das fontes termais a cerca de meia hora da aldeia. Alguns dias mais tarde, quando as pessoas já tinham se acostumado à minha ausência, busquei nossos esquis e levei-os à luz do luar encosta acima. Logo cedo, na manhã seguinte, Aufschnaiter e eu subimos acima da linha de floresta e nos divertimos em uma esplêndida pista de neve. Estávamos ambos surpresos por conseguir esquiar tão bem depois de tanto tempo. Como não havíamos sido vistos, fomos novamente no outro dia, mas dessa vez quebramos nossos esquis e escondemos os restos desses estranhos instrumentos. O povo de Gyirong nunca descobriu que estivéramos cavalgando na neve, como eles diziam.

A primavera chegou, o trabalho nos campos começou e o milho de inverno surgiu em lindos brotos verdes. Aqui, como nos países católicos, as plantações de milho são abençoadas pelos sacerdotes. Uma longa procissão de monges, seguida pelos aldeões, carregou os 108 volumes da bíblia tibetana ao redor da aldeia, acompanhada por preces e música sacra.

À medida que o tempo ficava mais quente, meu iaque começou a ficar doente. Teve febre e o veterinário local declarou que apenas a bile de urso poderia curá-lo. Comprei a bile, que me custou os olhos da cara, mais para dar um crédito ao "doutor" do que por acreditar nos seus efeitos. Não fiquei surpreso com a falta de resultados. Fui então aconselhado a tentar bile de bode e almíscar, e torci, no meu subconsciente, para que a longa experiência tibetana no tratamento de iaques doentes salvasse meu precioso animal. Porém, depois de alguns dias fui obrigado a sacrificar o pobre Armin, pois queria pelo menos salvar sua carne.

Em tais casos, é utilizado um tipo de açougueiro, que é um homem obrigado a viver como proscrito na periferia da aldeia, assim como o ferreiro, e cujo trabalho está entre os de mais baixa categoria no Tibet. O açougueiro recebe como pagamento os pés, a cabeça e os intestinos do iaque. Achei o método com que ele abateu o animal mais rápido e mais humano que os métodos dos nossos abatedouros. Com um golpe rápido, ele abre um corte no corpo, enfia sua mão e arranca a aorta, causando morte instantânea. Levamos a carne e a defumamos em uma fogueira, formando a base do estoque de comida que precisaríamos na nossa próxima fuga.

Nessa época, havia irrompido uma epidemia em Zhongba causando várias mortes. O oficial do distrito com sua jovem e formosa esposa e quatro filhos vieram para Gyirong, fugindo do perigo. Infelizmente, as crianças trouxeram com elas os germes da doença, um tipo de disenteria, e uma a uma adoeceram. Naquela época, eu ainda tinha um pouco de Yatren, reconhecidamente o melhor remédio contra a disenteria, e ofereci-o à família. Isso foi um sacrifício considerável para nós, pois tínhamos economizado as últimas poucas doses para nós, em caso de necessidade. Infelizmente, não adiantou e três das crianças morreram. Não havia Yatren para a quarta, a mais jovem, que morreu logo depois das outras. Estávamos desesperadamente angustiados para salvá-la e aconselhamos os pais a mandarem um mensageiro a toda velocidade para Kathmandu com uma amostra das fezes para descobrir qual o remédio mais apropriado. Aufschnaiter escreveu uma carta em inglês para esse fim, mas ela jamais foi mandada. A criança foi tratada pelos monges, que chegaram até a chamar de um lugar distante um lama reencarnado. Todos os esforços foram infrutíferos, e depois de dez dias a criança morreu. Apesar de ser um acontecimento tão triste, livrou-nos de certo modo da culpa que nos seria impingida, caso a criança tivesse se recuperado, pois seríamos responsabilizados pela morte das outras três.

Depois nos tornamos muito amigos dos pais que, apesar de sentirem profundamente as perdas, consolaram-se um pouco pela sua fé na reencarnação. Ficaram por algum tempo em Gyirong em um retiro e nós os visitávamos com frequência. O pai chamava-se Wangdüla e era um homem progressista e de mente aberta. Tinha sede de novos conhecimentos e nos fez contar-lhe muitas coisas sobre a vida fora do Tibet. Aufschnaiter, a seu pedido, desenhou de cabeça um mapa-múndi. Sua esposa era uma linda tibetana de 22 anos, falava hindi fluentemente, pois tinha ido à escola na Índia. Eles formavam um casal muito feliz.

Muitos anos depois soubemos deles outra vez. Haviam tido um destino trágico. Outro bebê nasceu e a mãe morreu no parto. Wangdüla enlouqueceu com o sofrimento. Ele foi um dos tibetanos de quem eu mais gostara e sua triste história comoveu-me profundamente.

Durante o verão, as autoridades nos procuraram novamente e nos intimaram a deixar Gyirong. Nesse meio-tempo, soubemos por mercadores e pelos jornais que a guerra terminara.

Sabíamos que na I Guerra Mundial haviam mantido os campos de prisioneiros na Índia até dois anos depois de a guerra ter terminado. Obviamente, não tínhamos a menor intenção de perder a liberdade agora e estávamos determinados a fazer uma nova tentativa de penetrar no Tibet Interior. O fascínio do país aumentava e estávamos dispostos a arriscar tudo para satisfazer nosso desejo de conhecê-lo melhor. Nosso conhecimento da língua já era razoável e tínhamos muito mais experiência. O que nos impediria de prosseguir? Éramos ambos montanhistas, e aqui tínhamos uma oportunidade única de viajar pelo Himalaia e pelas regiões dos nômades. Há muito perdêramos a esperança de retornar logo para casa, e agora queríamos ir até a China pelas planícies setentrionais do Tibet. E, quem sabe, encontrar trabalho por lá. O final da guerra tornara sem sentido nosso projeto original de chegar às linhas japonesas.

Prometemos aos bönpos que partiríamos no outono se em troca nos dessem liberdade de movimentos. Aceitaram nossa proposta e daquele momento em diante o principal objetivo de nossas excursões passou a ser encontrar uma passagem que nos levasse ao platô tibetano sem passar por Zhongba.

Durante essas expedições de verão, ficamos conhecendo bem a fauna da região. Encontramos uma grande variedade de animais, incluindo espécies de macacos que devem ter migrado para cá através do vale profundo do rio Kosi. Por algum tempo, houve ataques de leopardos, que matavam gado e iaques à noite e os aldeões tentavam pegá-los com armadilhas. Como precaução contra ursos, eu costumava carregar no bolso uma caixinha de rapé cheia de pimenta vermelha. Os ursos, como já mencionei, só são perigosos durante o dia, quando podem atacar um homem. Muitos dos lenhadores têm feios ferimentos no rosto como resultado de encontros com ursos e um deles ficara cego devido a uma patada. À noite podiam-se espantar os ursos com uma tocha de lenha.

Uma vez, na entrada da floresta, encontrei pegadas na neve fresca, que não pude identificar. Poderiam ter sido feitas por um ser humano. Pessoas com mais imaginação do que eu poderiam tê-las atribuído ao Abominável Homem das Neves.

Eu fazia questão de me manter sempre em forma e jamais ficar sem atividade física. Ajudava nos campos ou na debulha. Derrubava árvores e fazia tochas com a madeira resinosa dos pinheiros. A resistência física dos tibetanos deve-se ao clima revigorante e ao trabalho árduo que fazem.

Também são viciados em esportes competitivos. Todos os anos, acontece um encontro oficial de atletismo em Gyirong, que dura vários dias. Os principais eventos são as corridas de cavalo, arco e flecha (distância e altura), corridas a pé, saltos em distância e em altura. Há também um evento para homens fortes, que devem levantar e carregar uma pedra pesada por uma certa distância.

Eu contribuí para o divertimento do público competindo em algumas provas. Quase venci a corrida a pé, tendo, após a largada com uma multidão, liderado quase toda a prova. Mas eu não conhecia os métodos locais. Na última e mais inclinada parte da pista, um dos corredores segurou-me pela traseira das calças. Fiquei tão surpreso que parei e olhei para trás. Era justamente isso que o velhaco esperava. Ultrapassou-me e chegou ao final na minha frente. Eu não estava preparado para aquele tipo de coisa e em meio a gargalhadas gerais, recebi a medalha de segundo colocado.

Havia muita diversidade na vida de Gyirong. No verão, as caravanas chegavam todos os dias. Após a colheita de arroz no Nepal, homens e mulheres traziam o arroz em cestos e trocavam-no por sal, um dos produtos de exportação mais importantes do Tibet, que é trazido dos lagos isolados de Changthang.

O transporte de Gyirong até o Nepal é feito por cules[4], pois a estrada passa por desfiladeiros estreitos e é seguidamente intercalada por escadarias. A maior parte dos carregadores são mulheres nepalesas, que vestem roupas baratas mostrando suas fortes pernas musculosas por baixo das saias curtas.

---

4. Carregadores. (N.T.)

Testemunhamos uma cena interessante quando os nepaleses vieram colher mel. O governo proibiu oficialmente que os tibetanos colhessem mel, pois sua religião não permite que privem os animais de seu alimento. Entretanto, aqui, como na maioria dos lugares, as pessoas driblam as leis. Os tibetanos, inclusive os bönpos, permitem que os nepaleses fiquem com o mel que colhem e depois o compram.

A coleta de mel é uma aventura muito arriscada, pois as abelhas fazem as colmeias sob projeções rochosas em desfiladeiros profundos. Longas escadas de bambu são utilizadas e por elas descem os homens, balançando livremente no ar, às vezes a cinquenta ou cem metros de altura. Abaixo deles corre o rio Kosi e, se a corda que segura a escada se rompe, a é morte certa. Utilizam fumaça para espantar as abelhas furiosas enquanto retiram o mel da colmeia e o colocam em recipientes presos a uma segunda corda. Para o sucesso dessa operação é essencial haver um entrosamento perfeito e bem treinado, pois os sons de assobios ou apitos perdem-se no rugir do rio que corre abaixo. Nessa ocasião, onze homens trabalharam por uma semana no desfiladeiro, e o preço que cobraram pelo mel não tinha qualquer relação com os riscos que corriam. Muito me arrependo por não ter uma câmara para filmar aquela cena dramática.

Quando as chuvas intensas do verão cessaram, começamos a explorar sistematicamente os extensos vales. Frequentemente, ficávamos fora por vários dias, levando conosco provisões, material de desenho e bússola. Naquelas oportunidades, acampávamos nas altas pastagens junto com os pastores que, como nos Alpes, passavam o verão com seus rebanhos nos faustos campos das montanhas. Havia centenas de vacas e iaques fêmeas alimentando-se nas verdes faixas de pasto em meio ao mar das geleiras. Seguidamente, eu ajudava a fazer manteiga e era um prazer para mim receber grandes pedaços de manteiga fresca como pagamento pelo meu esforço.

Em todas as cabanas habitadas havia cães ferozes e combativos. A maioria ficava acorrentada e protegia o gado dos leopardos, lobos e cães selvagens à noite com seus latidos. Têm forte constituição corporal, sua dieta normal de leite e carne de bezerro dá-lhes uma força enorme. São realmente perigosos e tive diversos encontros desagradáveis com eles. Certa vez, um desses cachorros soltou-se da corrente quando me aproximei e saltou na minha garganta. Bloqueei o ataque com o braço, mas ele afundou os dentes no meu braço e não o soltou até eu conseguir dominá-lo. Minhas roupas viraram farrapos, mas o cão estava imóvel no chão. Enrolei meus ferimentos com o que restava da minha camisa, mas ainda tenho fundas cicatrizes no braço. Meus ferimentos cicatrizaram bem rápido devido aos banhos prolongados nas águas termais, que naquela estação do ano são mais frequentadas por cobras do que por tibetanos. Os pastores me contaram mais tarde que eu não havia sido a única vítima daquela batalha. O cachorro deitou-se no seu canto e recusou-se a comer por uma semana.

Durante nossas excursões, encontramos grandes quantidades de morangos silvestres, mas onde achávamos os melhores também achávamos sanguessugas. Eu sabia pelos livros que essas criaturas são a praga de muitos vales no Himalaia, e agora aprendia por experiência própria o quanto se é impotente contra elas. Caem das árvores sobre homens e animais e penetram por qualquer abertura das roupas, até pelos buracos dos sapatos. Se arranca-se uma delas, perde-se mais sangue do que se as deixarmos ficar sugando. Quando ficam cheias de sangue, soltam-se sozinhas. Alguns vales são tão infestados que é simplesmente impossível proteger-se contra elas. A melhor maneira de evitá-las é usar meias e roupas impregnadas de sal.

Nossas excursões permitiram que fizéssemos muitos mapas e esboços, mas não encontramos qualquer passagem que pudesse servir para a nossa fuga. Sem cordas ou outros aparatos mecânicos, não podíamos atravessar as cordilheiras mais altas, especialmente carregados como estaríamos. Tampouco nenhum de nós estava entusiasmado com a ideia de retornar pela estrada de Zhongba, que já conhecíamos. Enviamos uma carta ao Nepal para saber se, caso fôssemos para lá, seríamos entregues aos ingleses ou não, mas não recebemos resposta. A essa altura ainda nos restavam dois meses para deixar Gyirong e passávamos os dias preparando nossa viagem. A fim de aumentar meu capital, emprestei-o a um comerciante à taxa anual de 33 por cento de juros. Mais tarde me arrependeria disso, pois meu devedor atrasou o pagamento e isso quase impediu que partíssemos.

Nossos contatos com a população pacífica e trabalhadora tornaram-se cada vez mais íntimos. Não contavam seu trabalho pelas horas, mas aproveitavam cada minuto de luz do dia. Como havia escassez de mão de obra nas regiões agrícolas, a fome e a pobreza eram desconhecidas. Os numerosos monges, que não faziam trabalho manual e ocupavam-se apenas de assuntos espirituais, eram sustentados pela comunidade. Os camponeses têm um vida próspera e seus armários contêm roupas de festas para toda a família vestir em dias de celebração. As mulheres tecem seus próprios tecidos e todas as roupas são feitas em casa.

Não existe polícia, pelo menos não no sentido que conhecemos. Os bandidos são sentenciados publicamente. As punições são bem drásticas, mas aparentemente bem aceitas pela população. Contaram-me sobre um homem que roubara uma lamparina de ouro de um dos templos em Gyirong. Foi condenado a uma sentença que, para nós, é desumana. Suas mãos foram decepadas publicamente e ele foi amarrado com um couro molhado de iaque. Depois que o couro secou, foi atirado de um precipício. Nunca tínhamos visto punição tão cruel. Com o passar do tempo, os tibetanos parecem ter se tornado mais brandos em suas sentenças. Lembro de ter testemunhado um açoitamento público que, para mim, não foi suficientemente severo. As pessoas condenadas eram um monge e uma monja pertencentes à Igreja Budista reformada, que obriga ao celibato. A monja morava com o monge e teve um filho com ele, mas matou a criança ao nascer. Ambos foram denunciados e colocados no pelourinho. Sua culpa foi publicamente anunciada e eles foram condenados a cem chicotadas cada um. Durante o açoitamento, os habitantes imploraram às autoridades por clemência, oferecendo presentes e dinheiro. Isso causou uma redução na sentença e suspiros de alívio foram ouvidos da multidão de assistentes. O monge e a monja foram exilados e despojados de sua posição religiosa. A solidariedade demonstrada pela população para com eles era quase inconcebível para nossos padrões. Os pecadores receberam numerosos presentes em dinheiro e provisões e deixaram Gyirong para uma peregrinação com a bagagem cheia. A seita reformada a que eles pertenciam é dominante no Tibet, embora naquela região em particular houvesse vários mosteiros que seguiam outras doutrinas. Neles, monges e monjas podiam constituir família e as crianças permaneciam no mosteiro. Trabalhavam em suas áreas, mas jamais eram designados para postos oficiais, reservados aos membros da "Igreja Amarela" reformada.

A supremacia das ordens monásticas no Tibet é algo único. Pode ser comparada a uma severa ditadura. Os monges desconfiam de qualquer influência do mundo exterior que possa minar sua autoridade. São inteligentes o bastante para não acreditar que seu poder é ilimitado, mas punem qualquer um que sugira que não é. Por isso, alguns monges de Gyirong desaprovavam nosso contato íntimo com a população. Nosso comportamento, que permaneceu intocado por quaisquer das superstições tibetanas, deve ter feito as pessoas pensarem. Costumávamos ir à floresta à noite sem sermos molestados por demônios, subíamos montanhas sem acender fogueiras para sacrifícios e nada nos acontecia. Em alguns lugares, percebemos uma certa reserva que só poderia ser atribuída à influência dos lamas. Acho que devem ter atribuído a nós poderes sobrenaturais, pois estavam convencidos de que nossas excursões tinham algum propósito escondido. Ficavam nos perguntando por que estávamos sempre convivendo com os pássaros e os rios. Os tibetanos jamais dão um passo sem um objetivo determinado, e achavam que, quando perambulávamos pelas florestas ou sentávamos à margem dos riachos, não o fazíamos sem objetivo.

5. Seguindo em Frente

A dramática partida de Gyirong – Pelo passo de Chakhyungla – Para o lago Pelgu – Monte Everest, uma visão inesquecível – Uma jornada difícil – Entre nômades amistosos

Enquanto isso, chegara o outono e o prazo que tínhamos para residência estava no fim. Era difícil ter de deixar esse paraíso natural, mas não tínhamos conseguido o visto de residência e teríamos de partir obrigatoriamente. Sabendo por experiência prévia que precisaríamos de uma boa reserva de mantimentos, fizemos um esconderijo para provisões a vinte quilômetros da cidade, na estrada para Zhongba, onde guardávamos tsampa, manteiga, carne-seca, açúcar e alho. Assim como em nossa fuga do campo de prisioneiros, não tínhamos transporte e teríamos de carregar todos os mantimentos nas costas.

Pesadas nevascas anunciaram um inverno precoce e interferiram em nossos planos. Já tínhamos calculado qual o peso máximo que poderíamos carregar, e agora tínhamos de levar um cobertor extra para cada um. O inverno, é claro, é a estação mais desfavorável para cruzar o alto platô da Ásia Central, mas não podíamos ficar em Gyirong. Por algum tempo, pensamos em nos esconder em algum lugar do Nepal e passar lá o inverno, mas desistimos ao saber que a guarda fronteiriça nepalesa era altamente eficiente.

Quando nosso depósito ficou pronto, começamos a trabalhar para fabricar uma lamparina portátil. Era óbvio que as pessoas sabiam que estávamos planejando algo, pois éramos constantemente espionados. Assim, a fim de preparar nossa lamparina, fomos um dia caminhar nas montanhas, onde fabricamos uma lamparina com papel tibetano e a encadernação de um livro, dentro da qual colocamos uma cigarreira cheia de manteiga para manter a chama ardendo. Precisávamos de luz, mesmo que fraca, pois tínhamos decidido viajar à noite enquanto estivéssemos em região habitada. Eu agora esperava o reembolso do dinheiro que havia emprestado. Esperava recebê-lo no dia seguinte e ficamos prontos para agir.

Por razões táticas, combinamos que Aufschnaiter deveria partir primeiro, como se fosse a uma de nossas excursões corriqueiras. A 6 de novembro de 1945, ele orgulhosamente deixou a vila à luz do dia com sua mochila às costas. Com ele, foi meu peludo cachorro tibetano – um presente de um notável de Lhasa. Nesse meio-tempo, tentei conseguir meu dinheiro de volta, mas não tive sorte. Meu devedor estava desconfiado e não queria me pagar até que Aufschnaiter retornasse. Não admira que suspeitassem que planejávamos fugir. Se realmente quiséssemos ir para o Nepal, não haveria necessidade de segredos. As autoridades tinham medo de ficar em maus lençóis com o governo se conseguíssemos penetrar no Tibet Interior, e por isso incitaram a população contra nós. As pessoas tinham um medo constante das autoridades e por isso faziam o que lhes fosse mandado.

Foi organizada uma busca a Aufschnaiter e eu fui detido e interrogado. As autoridades não se impressionaram com minhas débeis tentativas de persuadi-los de que ele saíra para uma de suas excursões costumeiras. Quanto ao meu dinheiro, tive de esperar outro dia e só recebi uma parte dele. O restante não seria devolvido até que Aufschnaiter retornasse.

Na noite do dia 8 de novembro resolvi escapar, à força se necessário. Eu era seguido aonde quer que fosse. Havia vigias dentro e fora da casa. Aguardei até as dez horas, esperando que fossem dormir, mas não deram nem sinal de que fossem fazer isso. Então fiz um escândalo, fingindo estar furioso e dizendo que o comportamento das pessoas na casa havia tornado impossível que eu permanecesse ali e que sairia e dormiria na floresta. Enquanto me observavam, arrumei minhas coisas. Minha anfitriã e a filha entraram correndo e quando viram o que acontecia atiraram-se aos meus pés e me imploraram aos prantos que não partisse. Disseram que se eu fosse embora seriam expulsas da aldeia, perderiam a casa e seriam declaradas foras da lei. Não mereciam isso de mim. A velha mãe me deu um lenço branco como demonstração de seu respeito e, quando viu que meu coração não amolecia com seus pedidos, ofereceu-me dinheiro. Senti pena das duas mulheres e tentei convencê-las de que nada aconteceria se eu partisse. Infelizmente seu choro e seus gritos tinham acordado toda a aldeia e eu tinha de agir logo, antes que fosse tarde demais.

Ainda posso ver as faces mongóis untadas de manteiga olhando pela minha janela à luz das tochas que seguravam. Os dois prefeitos chegaram ofegantes com a mensagem dos bönpos para dizer que, se eu ficasse até a manhã seguinte poderia partir quando quisesse. Eu sabia que isso era um truque para manter-me lá e não respondi. Então eles correram para buscar seus chefes. Minha anfitriã agarrou-se em mim choramingando e dizendo que me considerava como um de seus próprios filhos e que eu não deveria lhe causar tanto sofrimento. Eu estava extremamente nervoso. Alguma coisa tinha de acontecer. Resoluto, coloquei minha mochila nas costas e saí da casa. Fiquei surpreso que o ajuntamento de pessoas que estava em volta da porta não me detivesse. Dois jovens mandavam um ao outro me impedir, mas não foram mais longe do que discutir entre si. Caminhei intocado através das pessoas, que abriam caminho para mim.

Fiquei aliviado quando me afastei das luzes, entrando na escuridão. Corri pela estrada que leva ao Nepal por algum tempo a fim de me afastar de possíveis perseguidores; depois fiz uma longa volta ao redor da aldeia e, pela manhã, alcancei nosso depósito. Aufschnaiter estava sentado à beira da estrada e meu cão pulou para me saudar. Caminhamos à procura de um bom esconderijo para aquele dia.

Pela última vez em anos acampamos em uma floresta. Na noite seguinte, subimos o vale e logo estávamos longe do limite da floresta. Conhecíamos bem a trilha da montanha devido às nossas excursões e nosso débil lampião cumpriu seu papel. Ainda assim, ocasionalmente, acabávamos saindo da trilha. Tínhamos de ter muito cuidado ao cruzar as estreitas pontes de madeira sobre o rio. Estavam cobertas de gelo e tínhamos de nos equilibrar como equilibristas numa corda bamba. Caminhamos bastante, embora cada um de nós estivesse carregando um peso de trinta quilos. Durante o dia sempre encontrávamos bons refúgios para descansar, mas acampar àquela temperatura era frio demais para ser um prazer.

Um belo dia, descobrimos que não poderíamos prosseguir. À nossa frente, havia um paredão rochoso impossível de ser escalado. Uma trilha levava até ele e terminava ali. O que fazer? Jamais conseguiríamos escalar com mochilas tão pesadas às costas, por isso decidimos dar meia-volta e tentar passar por dentro do rio, que nesse lugar se ramificava em vários riachos. O frio era intenso: quinze graus abaixo de zero. A terra e as pedras congelaram em nossos pés quando tiramos os sapatos para a travessia e foi muito doloroso tirar as meias na hora de calçar os sapatos novamente. E ainda por cima nos deparamos com novas corredeiras. Tinha de haver uma saída, pois as caravanas passavam por ali, mas não conseguíamos ver onde. Então decidimos passar a noite onde estávamos e no dia seguinte observar de nosso esconderijo para ver como as caravanas resolviam a situação. Logo após o nascer do sol, apareceu uma caravana, parou em frente ao paredão e então (mal podíamos acreditar em nossos olhos) os cules pesadamente carregados escalaram rapidamente a trilha rochosa, como se fossem cabras, um após o outro – uma aula para nós, montanhistas experientes –, enquanto os iaques seguiam pelo rio com os guias às costas.

Resolvemos tentar outra vez e, depois de um dia que nos pareceu interminável, anoiteceu e fizemos a árdua escalada. A luz do luar permitia que enxergássemos, sendo bem mais útil do que nossa pequena lamparina. Se não tivéssemos visto os cules escalando o paredão, teríamos desistido de novo, mas afinal conseguimos vencê-lo.

Depois de mais duas noites de marcha, passamos ao largo de Zhongba e chegamos a uma região desconhecida. Nosso próximo objetivo era o rio Brahmaputra, que representava o ponto de interrogação mais sério em nosso itinerário. Como o atravessaríamos? Esperávamos que já estivesse congelado. Tínhamos apenas uma vaga noção da estrada que levava até o rio, mas esperávamos que não oferecesse maiores obstáculos. A grande questão era avançar o mais rápido possível e evitar qualquer lugar onde pudéssemos encontrar autoridades. Logo depois de passar por Zhongba, acampamos em uma caverna onde encontramos milhares de pequenos ídolos de barro. O local deve ter sido algum tipo de retiro para ermitões. Na noite seguinte, subimos uma encosta muito íngreme, esperando vencer a passagem em uma só marcha. Mas superestimamos nossa força. Sem fôlego e exaustos por caminhar no ar rarefeito a 5 mil metros de altitude, tivemos de parar em um local gélido. Estávamos novamente nos aproximando do cume do Himalaia. A vista do topo do passo de Chakhyungla era frustrante; ficamos contentes ao pensar que, provavelmente, fomos os primeiros europeus a atravessá-lo, mas estava frio demais para sentirmos prazer ou orgulho.

Nos aventuramos a viajar durante o dia nessa região nevada e deserta. Avançámos bastante e, depois de passar a noite congelando no acampamento, fomos recompensados na manhã seguinte com a magnífica paisagem de um grande lago azul profundo, o Pelgu, situado abaixo de nós. O platô onde estávamos era circundado por uma cadeia de geleiras. Nos sentíamos orgulhosos por saber os nomes de dois dos picos, o Gosainthan (8 mil metros) e o Lapchi Kang. Nenhum dos dois havia sido conquistado, assim como a maioria das montanhas do Himalaia. Nossos dedos estavam enrijecidos pelo frio, mas tiramos nosso bloco de notas e, com uns poucos rabiscos, desenhamos um esboço das montanhas. Aufschnaiter tomou as coordenadas das montanhas mais importantes com uma bússola em suas mãos trêmulas de frio e anotou os valores. Afinal, poderiam ser úteis um dia. Seguimos, agora descendo, por essa paisagem invernal de sonhos até a beira do lago, onde encontramos apenas as ruínas de um caravançará e assim passamos mais uma noite na neve.

Na verdade, estávamos surpresos por ter aguentado tão bem a grande altitude e por termos andado tão rápido, apesar do peso que carregávamos. Mas nosso pobre cão estava acabado, faminto. À noite, deitou-se sobre nossos pés e ajudou a nos aquecer, e realmente precisávamos disso, pois a temperatura estava 22 graus abaixo de zero.

Como ficamos felizes ao encontrar um sinal de vida no dia seguinte! Um rebanho de ovelhas veio lentamente até nós seguido por alguns pastores entrouxados em pesados mantos. Mostraram para que lado ficavam as habitações mais próximas e na mesma noite chegamos à aldeia de Trakchen, que se situa um pouco fora da rota das caravanas. Era um grande momento para nós, estarmos com seres humanos novamente, pois nossas provisões tinham acabado. Mesmo que fôssemos presos!...

Esse pequeno vilarejo era quase uma cidadezinha. Tinha cerca de quarenta casas com um mosteiro construído acima delas, sobre a encosta da montanha. O lugar era mais bonito que Gartok e ficava várias centenas de metros mais alto. De fato, tínhamos descoberto aqui o lugar mais alto da Ásia habitado e talvez de todo o mundo.

Os nativos nos tomaram por indianos e nos venderam provisões sem restrições. Fomos amavelmente recebidos em uma casa, e como aproveitamos o luxo de estar no quentinho depois de longas marchas pela neve e pelo gelo! Descansamos aqui por um dia e uma noite, comendo bem e alimentando nosso cão. Evitamos encontrar as autoridades, já que o bönpo havia se trancado em casa e nos ignorado. Talvez estivesse evitando responsabilidades.

Querendo ou não, tivemos de comprar outro couro de ovelha, já que nossas roupas não eram feitas para o inverno tibetano. Além disso, depois de uma longa e divertida pechincha, compramos um iaque. Esse era o quarto em nossa linhagem de Armins e ele não diferia dos outros, exceto que talvez fosse mais desobediente.

Seguimos em frente e atravessamos o passo de Yagula sem encontrar ninguém pelo caminho. Depois de três dias, chegamos a terras cultivadas pertencentes à grande aldeia de Menkhap Me. Mais uma vez, nos apresentamos como indianos e compramos feno para o iaque e tsampa para nós. As pessoas daqui levavam uma vida muito difícil. Seus campos de cevada e lentilha são cheios de pedras e exigem muito trabalho para produzir uma colheita pobre. Porém, são pessoas alegres e amistosas e, à noite, sentávamos com eles e bebíamos cerveja. Nas encostas ao redor da aldeia existem alguns mosteiros pequenos, que os aldeões, apesar da vida dura que levam, sustentam com seu costumeiro espírito de piedade e sacrifício. Por todos os lados, encontrávamos ruínas de dimensões surpreendentes, testemunhas de que essa região já viu tempos melhores. Não conseguimos descobrir se o declínio foi devido a guerras ou a um acidente climático.

Marchávamos já há uma hora quando chegamos à grande planície de Tingri. Além dela – e seguramos a respiração – ficava a maior montanha do mundo, o Monte Evereste. Cheios de imaginação, entusiasmo e admiração, olhamos para o pico imponente e pensamos nas muitas expedições em que homens bravos haviam perdido a vida na vã tentativa de alcançar o cume. Fizemos alguns esboços da montanha, que com certeza nunca havia sido observada por um europeu do lugar onde estávamos.

Foi difícil deixar aquele espetáculo maravilhoso, mas tínhamos de andar para o nosso próximo objetivo, a passagem a 5.500 metros de altitude do Kora, que ficava mais ao norte. Antes de iniciar a subida, passamos uma noite em um pequeno vilarejo chamado Khangyu, aos pés da passagem. Dessa vez, não pudemos passar por indianos tão facilmente, pois os habitantes já tinham visto muitos europeus. Ali perto ficava a aldeia de Tinjri, onde todas as expedições britânicas ao Evereste costumavam contratar seus carregadores. Os habitantes pareciam estar nos testando e perguntaram primeiro se tínhamos falado com o bönpo em Sutso. Então nos demos conta que a casa grande que tínhamos visto lá devia ser a residência oficial. Tínhamos reparado a casa, pois ficava em uma colina onde todo o distrito podia ser observado. Felizmente passamos sem sermos vistos.

Agora, tínhamos de ter cuidado. Não puxamos o assunto, mas repetimos a história de que estávamos em peregrinação. Os aldeões pareceram ficar satisfeitos e disseram qual a estrada que deveríamos seguir, que, segundo eles, estava em boas condições.

Tarde da noite, chegamos ao topo da passagem. Finalmente começávamos a descer novamente. As subidas fatigantes tinham terminado por enquanto, e estávamos contentes por isso. Nosso iaque, por outro lado, não pensava da mesma forma. Fugiu e correu de volta montanha acima em direção à passagem. Com grande dificuldade conseguimos pegá-lo, mas não conseguimos fazer com que andasse e fomos obrigados a acampar em lugar extremamente inóspito, onde era impossível acender uma fogueira. Por isso, engolimos uma refeição de tsampa seca e carne crua. Nosso único consolo era ver ao longe o Monte Evereste ao pôr do sol rubro e incandescente.

No dia seguinte, Armin começou a "reinar" de novo. Amarramos uma corda em seus chifres e o guiamos pela passagem, mas ele continuou se comportando mal. Nos cansamos do Armin e decidimos trocá-lo por outro animal na primeira oportunidade. A chance veio logo. Na próxima aldeia fiz o que achei ser uma boa barganha e troquei-o por um cavalo meio trêmulo. Nos sentíamos muito bem e seguimos nosso caminho muito animados.

No mesmo dia, chegamos a um amplo vale por onde corria um rio de águas verdes levando pedaços de gelo flutuantes. Era o Tsangpo (Brahmaputra). Aquilo acabava com nosso sonho de encontrar o rio congelado. Mas não desanimamos.

Na margem oposta, vimos mosteiros e várias casas; tinha de haver algum meio de atravessar o rio. Pensamos em uma balsa, e quando procurávamos por uma encontrei os pilares de uma ponte pênsil feita de cordas. Quando chegamos à ponte, concluímos que ela estava em boas condições para que nós passássemos, mas não para o cavalo. Os animais devem nadar, embora os cules consigam às vezes carregar seus burros através das instáveis pontes de corda, em suas costas. Tentamos fazer o cavalo atravessar pela água, mas ele simplesmente não andava. A essa altura já estávamos acostumados a ter problemas com nossos animais, então, infelizmente, resolvi voltar à aldeia e desfazer a troca. Custou-me dinheiro e palavras ríspidas para conseguir Armin de volta, mas consegui. Ele não demonstrou o menor sinal de felicidade ou desagrado ao ver-me novamente.

Já estava escuro quando levei-o de volta à ponte. Já era muito tarde para fazê-lo atravessar, por isso amarrei-o a uma estaca. Enquanto isso, Aufschnaiter tinha encontrado um alojamento e passamos uma agradável noite aquecidos sob um teto. Os aldeões estavam acostumados com mercadores de passagem e não tomaram conhecimento de nós.

Na manhã seguinte, perdoei todas as desfeitas de Armin. Quando conseguimos persuadi-lo a entrar na água, demonstrou ser um esplêndido nadador. A todo momento era submergido pela água das corredeiras e carregado um pouco rio abaixo, mas isso não o perturbava. Nadou firmemente e, quando chegou ao outro lado, admiramos o modo corajoso como subiu o barranco íngreme e sacudiu a água de seus longos pelos. Passamos o resto do dia na aldeia que se chamava Chung Rivoche, um lugar muito interessante com um mosteiro famoso. Essa construção, que tinha vários templos com inscrições chinesas nas portas, elevava-se perpendicularmente às paredes rochosas que flanqueavam o rio. Uma das coisas mais notáveis acerca do mosteiro era um enorme *chörten* (uma espécie de totem), de talvez uns vinte metros de altura, prova da santidade do lugar. Ao seu redor, estavam agrupadas um grande número de rodas de preces (contei até oitocentas) que giravam continuamente seus cilindros contendo tiras de papel com inscrições de orações pedindo a bênção dos deuses. É importante que estejam em movimento contínuo, e observei que um monge circulava lubrificando os eixos. Nenhum devoto passa pelas rodas sem girá-las. Velhinhos e velhinhas frequentemente sentam perto desses cilindros gigantes durante todo o dia, girando-os com devoção e orando aos céus para que deem a eles e àqueles que os sustentam uma reencarnação em um estado mais elevado. Outros levam pequenas rodas portáteis consigo, quando saem em peregrinação. Essas rodas de preces e a mentalidade infantil que expressam são típicas do Tibet, como os marcos de pedra e os estandartes de preces que encontramos em todas as passagens pelas montanhas.

Como estávamos muito satisfeitos com o local do nosso acampamento e fascinados por todas as coisas interessantes que vimos ali, decidimos permanecer mais uma noite. Valeu a pena, pois recebemos um visitante muito interessante, um tibetano que viveu por 22 anos em uma missão cristã na Índia e que agora retornava com saudades do Tibet. Como nós, havia perambulado sozinho pelas passagens através da neve, e, quando podia, unia-se a caravanas. Mostrou-nos jornais ingleses e neles vimos pela primeira vez as fotos de cidades bombardeadas e lemos sobre o final da guerra. Foram momentos arrasadores para nós e ansiávamos por mais informações. Apesar das notícias desencorajadoras que ele nos trouxera, estávamos contentes por encontrar alguém que nos desse um sopro de ar do mundo exterior, do nosso mundo. O que ele nos contava reforçou nosso desejo de continuar nossa jornada pela Ásia Central. Ficaríamos muito felizes em tê-lo conosco como companheiro de viagem, mas não podíamos oferecer proteção ou conforto. Compramos dele alguns lápis e papel para que pudéssemos continuar escrevendo nossos diários e então nos despedimos e partimos sozinhos.

Nossa rota nos levava agora para longe do Brahmaputra. Seguimos o rio até outro passo e, em dois dias, alcançamos

Sangsang Gevu. Ali, tomamos mais uma vez a estrada das caravanas que vai de Gartok a Lhasa, onde tínhamos nos separado um ano antes, a caminho de Gyirong. O representante do bönpo em Sangsang Gevu nos fez muitas perguntas mas tratou-nos cordialmente. Achamos que o cavalheirismo com que fôramos tratados pelas duas autoridades em Tradün ficou conhecido na região até Sangsang e serviu como exemplo a outras autoridades. Felizmente, esse funcionário que nos interrogava não tinha ideia de que estávamos ali desobedecendo às ordens das autoridades.

Foi um milagre ele não colocar maiores dificuldades em nosso caminho, pois já tínhamos preocupações de sobra. De qualquer forma, tínhamos de tomar uma decisão. Só nos restavam oitenta rupias e uma moeda de ouro. O resto fora gasto na compra de provisões e do quinto iaque para substituir o último Armin. Os preços tornavam-se mais altos nas proximidades das aldeias e era impossível pensar em passar pela fronteira chinesa apenas com o dinheiro que sobrara. Ainda tínhamos de cobrir milhares de quilômetros antes de chegar à China. Porém, nosso dinheiro só seria suficiente para chegar a Lhasa. Mais uma vez, a sedução da "Cidade Proibida". E a possibilidade de conhecer o objeto de nossos sonhos estava quase a nosso alcance. De qualquer forma, não conseguiríamos controlar nossa vontade de ir para lá e isso parecia valer qualquer sacrifício.

Enquanto estávamos no campo de prisioneiros, lêramos avidamente todo livro que conseguíssemos sobre Lhasa. Eram poucos e todos escritos por ingleses. Descobrimos que, em 1904, uma expedição punitiva inglesa, constituída de um pequeno exército, marchou até a capital e que, nos últimos vinte anos, muitos europeus a haviam visitado. Desde então, o mundo possuía um conhecimento superficial sobre Lhasa, e que objetivo poderia ser mais tentador para um explorador que o lugar de origem de Dalai Lama? E nós, a tão pouca distância, não deveríamos tentar chegar até lá? Por que outro motivo teríamos superado todo tipo de adversidades com astúcia e esperteza, nos desgastado fisicamente até o limite da resistência e aprendido a falar a língua do país? Quanto mais pensávamos no assunto, mais firme ficava nossa decisão. "Para Lhasa" tornou-se nosso mote. Nossa experiência demonstrara que era muito mais fácil lidar com o alto escalão do que com subalternos. Achamos que tudo ficaria bem quando chegássemos a Lhasa. Sempre me lembrava do magnífico exemplo a ser seguido, do padre Johann Grüber, que se infiltrou em Lhasa em uma caravana há trezentos anos, e lá foi hospitaleiramente recebido.

Então, não havia dúvida sobre nosso objetivo, mas não tínhamos tanta certeza de como atingi-lo. Obviamente, éramos atraídos pela movimentada estrada e suas estalagens. Por ela, chegaríamos a Lhasa em poucas semanas. Mas arriscaríamos ser descobertos e presos. Mesmo que passássemos ao largo de Xigazê, a segunda maior cidade do Tibet, encontraríamos diversos outros centros administrativos pelo caminho, e cada um deles podia frustrar nossas chances. O risco de seguir por esta rota era muito grande. Portanto, decidimos viajar pelas planícies do norte, chamadas Changthang. Esta região é habitada somente por nômades, aos quais podíamos nos juntar em segurança. Assim, achamos que poderíamos nos aproximar de Lhasa a partir do noroeste. Ninguém esperava que estrangeiros viessem daquela direção e seria fácil para nós penetrar na cidade. Sven Hedin traçou um plano semelhante há quarenta anos, mas falhou devido à obstinação de alguns funcionários locais. Sua tentativa fracassada de chegar a Lhasa pode ter sido, aparentemente, um grande azar pessoal, mas possibilitou que ele explorasse regiões até então desconhecidas. Não havia mapas ou descrições da rota que pretendíamos seguir: tínhamos simplesmente de penetrar no desconhecido, sempre em direção a noroeste. Provavelmente deveríamos encontrar nômades aqui ou ali, durante o percurso, e poderíamos conseguir com eles informações sobre direções e distâncias.

Enquanto estávamos em Sangsang, não contamos nada sobre nossos planos, mas dissemos que desejávamos ir até os depósitos de sal no norte. As pessoas ficaram horrorizadas com a ideia e tentaram nos dissuadir a todo custo. A região era tão inóspita que só loucos tentariam ir até lá. Entretanto, nosso despiste teve o efeito esperado, eliminando qualquer suspeita de que pretendêssemos ir a Lhasa. Na verdade, nossa intenção envolvia riscos consideráveis e as nevascas geladas que encontramos em Sangsang nos deram uma amostra do que esperar.

Mesmo assim, partimos a 2 de dezembro de 1945. Durante nossa estadia em Sangsang, ficamos amigos de alguns *sherpas*, tibetanos que vivem principalmente no Nepal e que fizeram fama no Himalaia como guias e carregadores. São chamados "tigres do Himalaia". Nos deram valiosos conselhos sobre os preparativos e nos ajudaram a encontrar um novo iaque, o que nos ajudou muito, pois até agora havíamos sido invariavelmente enganados ao comprar estes animais. Vimos com satisfação que nosso novo iaque era um animal de boa índole. Era um macho robusto, preto com algumas manchas brancas e sua grande pelagem felpuda chegava até o chão. Seus chifres foram removidos quando jovem, o que parece ter melhorado seu temperamento sem prejudicar sua força. Tinha também o tradicional anel nas narinas. Sem necessidade de muito estímulo, podia-se fazê-lo superar sua velocidade média de três quilômetros por hora. O pobre coitado tinha muito peso para carregar, pois decidíramos levar sempre conosco provisões para pelo menos oito dias.

O primeiro dia fora de Sangsang correu sem dificuldades. Nossa trilha passava por um vale levemente ascendente. Justamente quando o sol se pôs e o frio cortante começou a penetrar nossas roupas, avistamos, como se tivesse sido encomendada, uma tenda nômade preta. Estava armada num local protegido por um grande muro de pedras chamado *lhega*. Essas proteções podem ser encontradas espalhadas por todo o Tibet, pois os nômades estão sempre se deslocando para novas pastagens e, quando o fazem, constroem muros de pedra ao redor das tendas. As lhegas também ajudam a proteger os animais do frio e dos ataques dos lobos. Quando nos aproximamos das tendas, alguns cães vieram latindo em nossa direção. O barulho fez com que um nômade saísse da tenda. Não foi muito receptivo quando pedimos abrigo para a noite, e secamente recusou que entrássemos em sua tenda, mas depois nos trouxe estrume de iaque seco para acendermos uma fogueira. Tivemos de acampar em terreno aberto, mas conseguimos ficar relativamente bem acomodados; juntamos um monte de galhos de zimbro, com os quais conseguimos manter uma boa fogueira por toda a noite.

Mesmo assim não consegui dormir. Estava com uma sensação na boca do estômago que me lembrava o que sentira antes de vencer a Face Norte do Eiger. Na realidade, foi bom que não soubéssemos o que tínhamos pela frente. Se tivéssemos a mínima ideia, teríamos voltado atrás. Estávamos entrando em *terra incógnita*, assinalada apenas por espaços em branco nos mapas desenhados pela bússola de nossa ambição como exploradores.

No dia seguinte, chegamos ao topo do passo e ficamos atônitos ao descobrir que não havia uma descida para o outro lado, mas chegáramos a um platô. A visão daquele planalto infindável era desanimadora. Parecia que estávamos diante do infinito e com certeza levaria meses para percorrer aquelas extensões intermináveis. Um vento gelado soprava sobre a neve e, até onde podíamos ver, não havia sinal de vida.

Passamos a noite seguinte em lhegas abandonadas e encontramos estrume de iaque o suficiente para fazer fogo. Nômades evidentemente estiveram por aqui e caravanas passaram pela região durante o verão. Naquela época as planícies nevadas deveriam ser, sem dúvida, como as verdes campinas dos Alpes, e essa lembrança nos advertia que não tínhamos escolhido a melhor época para viajar.

Depois, tivemos um dia de sorte. Encontramos uma tenda e fomos amistosamente recebidos por um velho casal e seu filho, que lá estavam acampados há vários meses. Tinham passado momentos difíceis e, desde o início das nevascas mais intensas, mal tinham saído da tenda. Muitos dos seus iaques e ovelhas tinham morrido desde que a neve soterrara o pasto. O restante ficava apaticamente junto à tenda ou cavava a neve com os cascos na esperança de encontrar alimento. Tais nevascas são raras na Ásia Central e não constam entre os riscos de vida normais.

Nossos anfitriões pareciam contentes por ver caras humanas novamente. Esta foi a primeira vez que fomos convidados a entrar numa tenda nômade e pedimos para passar a noite ali. Fomos tomados por indianos e não levantamos suspeitas. Havia muita carne, já que muitos animais tiveram de ser mortos. Compramos uma perna de iaque por um *sang*[5] e de imediato cortamos um grande pedaço com um *kukri*[6], a fim de fazer uma refeição. Nossos anfitriões ficaram chocados ao ouvir a rota que pretendíamos seguir e nos aconselharam veementemente a desistir. Entretanto, ao longo da conversa disseram que deveríamos encontrar outras tendas nômades pelo caminho e esta informação reforçou nossa determinação de prosseguir.

No dia seguinte, logo após partirmos, enfrentamos uma região coberta por uma profunda camada de neve. Caminhar com nossos calçados inadequados tornou-se uma tortura. A camada superior de neve era traiçoeira e tanto nós quanto nosso iaque afundávamos de vez em quando. Em alguns locais havia riachos correndo sob a neve e acabávamos caminhando em uma água fria como gelo, que podíamos sentir mas não ver, e nossos sapatos e meias logo ficaram congelados. Tivemos um dia exaustivo e percorremos apenas alguns quilômetros. Ficamos muito aliviados, ao anoitecer, quando vimos outra tenda nômade. Desta vez, não fomos convidados a entrar, mas não foram hostis e montaram uma pequena tenda de iaque para nós. Fiquei satisfeito por finalmente poder tirar o sapato dos pés, que doíam terrivelmente. Alguns dedos mostravam

---

5. Unidade numismática do Tibet. (N.T.)

6. Espécie de cutelo. (N.T.)

sinais de congelamento e esfreguei-os por longo tempo até que a circulação voltasse.

As dificuldades deste dia de marcha e o alerta dos dedos congelando deixaram-nos angustiados, então Aufschnaiter e eu tivemos uma longa e sincera conversa. Ainda podíamos retornar e pensamos seriamente em fazê-lo. Estávamos preocupados com nosso iaque, que há dias não comia direito. Podíamos contar nos dedos quantos dias ele duraria. Mas não podíamos nem pensar em continuar sem ele. Discutimos longamente e enfim chegamos a uma solução de consenso. Continuaríamos nossa marcha por mais um dia para então decidir. Nossa decisão dependeria das condições da neve.

No dia seguinte passamos por uma região acidentada até chegar a um passo. Ao cruzá-lo, qual não foi nossa surpresa ao ver que não havia mais neve! A sorte havia decidido por nós.

Logo encontramos uma tenda nômade onde fomos bem recebidos e pudemos dar de comer ao nosso iaque até que ele se sentisse saciado. Desta vez, nossa anfitriã era uma mulher jovem. Preparou rapidamente xícaras de chá com manteiga e pela primeira vez tomei esta bebida com vontade. O calor propagou-se por nossos corpos gelados e trouxe-nos vida novamente. Só então percebemos que figura pitoresca era nossa jovem anfitriã. Sobre a pele nua, vestia um couro de ovelha que chegava até o chão. Usava conchas de mexilhões em sua longa trança negra, além de moedas de prata e coloridos ornamentos baratos importados do exterior. Disse-nos que seus dois maridos tinham saído para recolher os animais. Contou que eles possuíam mil e quinhentas ovelhas e muitos iaques. Ficamos atônitos por encontrar poliandria entre os nômades. Só quando chegamos em Lhasa é que soubemos de todas as complicadas razões que levam à existência simultânea da poliandria e da poligamia no Tibet.

Os dois homens, ao chegarem em casa, saudaram-nos tão cordialmente quanto sua esposa o fizera. Um farto jantar foi preparado e recebemos até leite coalhado para beber. Foi um prazer que não tínhamos tido desde o tempo em que ajudávamos a fazer manteiga em Gyirong. Sentamos por um bom tempo no conforto, próximos à fogueira, e nos sentimos recompensados pelas agruras da jornada. Rimos e brincamos muito e, como de costume, quando a companhia constitui-se de vários homens e uma única mulher jovem e bonita, nossa anfitriã foi alvo de várias brincadeiras.

Começamos o dia seguinte recuperados, descansados e contentes por deixar aquela paisagem solitária e nevada para trás. Víamos sinais de vida aqui e ali. Rebanhos de cabras selvagens apareciam nas encostas e às vezes aproximavam-se tanto que uma pistola nos teria dado carne para jantar. Infelizmente, não tínhamos uma.

Foi uma agradável surpresa encontrar nômades hospitaleiros ao cair da noite. Chamaram de volta seus cães quando nos aproximamos e decidimos descansar por um dia junto a eles, dando ao nosso iaque a chance de comer em seus pastos fartos.

No inverno, os homens que levam vida nômade não têm muito o que fazer. As pessoas se ocupam com várias pequenas atividades domésticas e, como recreação, os homens vão caçar com suas antigas espingardas de antecarga. As mulheres coletam estrume de iaque e quase sempre carregam seus bebês enquanto trabalham. À noite, os rebanhos são recolhidos e as vacas ordenhadas, embora tenham pouco leite no inverno.

Como se pode imaginar, os nômades têm os mais simples métodos de cozinha. No inverno, comem quase que exclusivamente carne, da mais gordurosa possível. Também comem diversos tipos de sopa. Tsampa, o alimento básico nos distritos agrícolas, é uma raridade aqui.

Toda a vida nômade é organizada para aproveitar ao máximo os escassos recursos que a natureza provê. À noite, dormem em peles espalhadas sobre o chão e, tirando os braços das mangas, utilizam seus casacos de couro de ovelha como roupa de cama. Antes de levantarem, pela manhã, sopram as brasas ainda vivas da fogueira com um fole e a primeira coisa que fazem é chá. O fogo é o coração da vida doméstica e nunca se pode deixá-lo apagar. Como em qualquer casa de camponês, encontra-se um altar em todas as tendas. O altar normalmente consiste de uma cômoda simples sobre a qual há um amuleto ou uma estatueta do Buda. Invariavelmente, há um retrato do Dalai Lama. Uma pequena lamparina de manteiga queima no altar e, no inverno, a chama é quase invisível devido ao frio e à falta de oxigênio.

O maior evento do ano na vida dos nômades é a feira anual de Gyanyima, para onde levam seus rebanhos e trocam ovelhas por grãos. Lá, compram artigos domésticos, agulhas, potes e panelas de alumínio e enfeites coloridos para as mulheres.

Estávamos tristes por partir mais uma vez, após um rápido momento de vida caseira. Gostaríamos de ter feito algo para retribuir a hospitalidade com que fomos recebidos. Demos a eles pequenos presentes, linhas coloridas e páprica, pois era tudo o que tínhamos.

Depois disso, cobríamos de quize a trinta quilômetros por dia, dependendo de encontrarmos ou não tendas pelo caminho. Frequentemente, acampávamos em terreno desprotegido. Aqueles momentos exigiam toda a nossa energia para coletar estrume de iaque e água; até mesmo falar era um gasto de energia. Nossas mãos sofriam muito, pois estavam sempre duras de frio, já que não tínhamos luvas e usávamos meias em seu lugar. Uma vez por dia, cozinhávamos carne e sorvíamos colheradas do caldo diretamente da panela fervente. Podia-se fazer isso sem medo de escaldar a língua, pois o ponto de fervura era muito baixo. Cozinhávamos apenas à noite e requentávamos tudo o que sobrasse pela manhã, antes de partirmos. Caminhávamos o dia inteiro sem parar.

Eu poderia escrever um capítulo inteiro sobre os mistérios de nossas noites, quando deitávamos bem perto um do outro, muitas vezes sem poder dormir devido ao frio e às incontáveis pulgas que nos atormentavam. O leitor pode imaginar o quanto sofremos.

A 13 de dezembro, chegamos a Labrang Trowa, um "povoado" de apenas uma casa. A família à qual pertencia a casa, utilizava-a apenas para acampar e vivia em uma tenda armada nas proximidades. Quando lhes perguntamos por que, responderam que a tenda era bem mais quente. Depreendemos da conversa que estávamos na residência de uma autoridade. O bönpo estava fora, mas seu irmão o substituía. Começou a nos interrogar, mas logo contentou-se com nossa história de peregrinos. Pela primeira vez, admitimos que queríamos ir a Lhasa, pois àquela altura estávamos a uma distância segura da rota das caravanas. Sacudiu a cabeça horrorizado e tentou nos fazer entender que a melhor e mais rápida maneira de ir para Lhasa era via Xigazê. Eu já tinha a resposta pronta. Havíamos escolhido o percurso mais difícil para que nossa peregrinação tivesse maior mérito. Ele ficou impressionado com nossa justificativa e, de bom grado, nos deu valiosos conselhos.

Disse que tínhamos duas alternativas. A primeira era seguir uma rota muito difícil, que nos levaria a cruzar vários passos e regiões desabitadas. A segunda era mais fácil, mas significava passar pela região dos *khampas*. Aí estava novamente o nome "khampa" dito em tom misterioso e do qual já ouvíramos falar por muitos nômades. "Khampa" deve ser como se chama um habitante da província oriental do Tibet, denominada Kham. Mas nunca se ouve essa palavra sem um tom de medo e aviso. Finalmente nos demos conta de que a palavra é sinônimo de "assaltante".

Infelizmente, subestimamos o alerta e escolhemos a rota mais fácil. Passamos duas noites com a família do bönpo, infelizmente não como convidados em sua tenda, já que os orgulhosos tibetanos não nos consideravam, pobres indianos, dignos de tal honra. O irmão do bönpo era um camarada muito intrigante. Era sério e de poucas palavras, mas quando dizia alguma coisa era para valer. Dividia a esposa com o irmão e sustentava-se com os rebanhos. A família parecia ser próspera, e viviam em uma tenda consideravelmente maior que as da maioria dos outros nômades. Conseguimos reabastecer nossos estoques e eles aceitaram dinheiro em troca das coisas que compramos.

6. A Pior Trilha

O encontro com o ladrão khampa – Fome e frio: e um inesperado presente de Natal – O salvo-conduto – Estandartes de preces no Caminho dos Peregrinos – Um condenado como companheiro de alojamento – Nos aproximamos de Lhasa

Já estávamos há algum tempo a caminho quando um homem veio na nossa direção, usando roupas que nos pareceram estranhas. Falava um dialeto diferente dos nômades locais. Nos perguntou com curiosidade de onde vínhamos e para onde íamos e lhe contamos a história de nossa peregrinação. Foi embora sem nos incomodar e seguiu seu caminho. Ficou claro que havíamos conhecido nosso primeiro khampa.

Algumas horas depois, vimos a distância dois homens em pequenos pôneis, vestindo o mesmo tipo de roupas. Aos poucos, começamos a nos sentir apreensivos e seguimos adiante sem os esperar. Muito depois de escurecer, chegamos a uma tenda. Tivemos sorte por ser habitada por uma agradável família de nômades, que hospitaleiramente nos convidou a entrar e nos deu um lugar especial junto à fogueira.

À noite, falamos sobre os ladrões. Parece que eram uma praga comum. Nosso anfitrião vivera tempo suficiente nesse distrito para fazer deles um épico. Orgulhosamente nos mostrou um rifle Mannlicher, pelo qual tinha pago uma fortuna a um khampa – nada menos que quinhentas ovelhas. Os bandos de ladrões da região consideraram esse pagamento como uma espécie de tributo e o deixaram em paz desde então.

Contou-nos um pouco da vida dos ladrões. Viviam em grupos de três ou quatro tendas que servem de quartel-general para suas campanhas. Estas são feitas assim: fortemente armados com rifles e espadas, forçam sua entrada na tenda de um nômade e insistem em serem tratados o mais generosamente possível. O nômade horrorizado traz tudo o que tem. Os khampas enchem seus estômagos e seus bolsos, levando alguns animais e, para o seu próprio bem, desaparecem pela região. Repetem essa técnica em outra tenda, no dia seguinte até que toda região seja depenada. Depois mudam seu quartel-general e começam de novo em outro lugar. Os nômades, que não têm armas, resignam-se ao seu destino e o governo é impotente para defendê-los nessas regiões remotas. Entretanto, se de vez em quando um oficial do distrito leva a melhor numa destas escaramuças, tem direito a todo o botim. Uma punição severa é aplicada aos infratores, que normalmente têm os braços decepados. Mas isto não faz com que os khampas deixem de ser foras da lei. Contam-se histórias da crueldade com que às vezes matam suas vítimas. Chegam a matar peregrinos, monges e monjas. Uma conversa muito inquietante para nós! O que não daríamos para podermos comprar o Mannlicher de nosso anfitrião! Mas não tínhamos dinheiro nem mesmo armas primitivas. Os pinos da barraca que tínhamos não impressionavam nem os cachorros ovelheiros.

Na manhã seguinte, seguimos nosso caminho, mas não sem problemas. Estes aumentaram quando vimos um homem com uma espingarda, que parecia estar se escondendo de nós na encosta da montanha. Apesar disso, não nos desviamos do caminho e o homem afinal desapareceu. À noite, encontramos mais tendas – primeiro uma afastada e depois um grupo de outras.

Chamamos as pessoas da primeira tenda. Saiu uma família de nômades. Recusaram a nos receber com expressões de horror e apontaram confusamente para as outras tendas. Nada podíamos fazer, exceto continuar. Ficamos surpresos ao receber uma amável recepção na tenda seguinte. Todos vieram para fora. Apontaram para nossas coisas e nos ajudaram a descarregar – coisa que os nômades jamais fizeram – e subitamente nos demos conta de que eram khampas. Caminhamos como ratos para uma ratoeira. Os habitantes da tenda eram dois homens, uma mulher e um jovem. Tivemos de enfrentar com coragem a péssima situação. Pelo menos estávamos atentos e esperávamos que a boa educação, atenção e diplomacia nos ajudassem a sair da confusão.

Mal havíamos sentado ao lado do fogo, quando a tenda começou a se encher de visitantes das tendas vizinhas, que tinham vindo ver os estrangeiros. Eram insistentes e curiosos como os ciganos. Quando ouviram que éramos peregrinos, logo nos recomendaram que levasse um dos homens, um guia particularmente bom, em nossa viagem para Lhasa. Ele queria que fôssemos por uma estrada um pouco ao sul da nossa rota que, segundo ele, era muito mais fácil de viajar. Nos olhamos. O homem era baixo e forte e levava um grande espada no cinto. Não era um tipo que inspirava confiança. Entretanto, aceitamos sua oferta e combinamos o pagamento. Não podíamos fazer outra coisa, pois, se os ofendêssemos, poderiam nos matar sem hesitação.

Os visitantes das outras tendas foram saindo aos poucos e nos preparamos para dormir. Um de nossos anfitriões insistiu em usar minha mochila como travesseiro e tive a maior dificuldade para mantê-la comigo. Provavelmente, pensavam que continha uma pistola. Se fosse assim, era melhor para nós e esperava que aumentasse sua suspeita sobre meu comportamento. Afinal, parou de me incomodar. Permanecemos acordados e alertas durante toda a noite, o que não era muito difícil, porque, apesar de estarmos muito cansados, a mulher murmurava preces sem cessar. Me ocorreu que estivesse rezando antecipadamente, pedindo perdão pelo crime que o marido pretendia cometer contra nós no dia seguinte. Ficamos felizes quando o dia surgiu. No início, tudo parecia calmo. Troquei um espelho de bolso por um pouco de miolos de iaque, que cozinhamos para o café da manhã. Depois, começamos a nos preparar para partir. Nossos anfitriões seguiam nossos movimentos com os rostos ameaçadores e pareciam que tinham a intenção de me atacar quando passasse as mochilas para fora da tenda para Aufschnaiter. Entretanto, nos livramos deles e carregamos nosso iaque. Procuramos nosso guia, mas, para nosso alívio, ele não apareceu. A família khampa nos aconselhou com veemência a nos mantermos na estrada ao sul, pois nômades da região estavam reunindo uma caravana de peregrinação a Lhasa. Prometemos seguir seus conselhos e partimos apressadamente.

Depois de algumas centenas de metros, percebi que meu cachorro não estava lá. Geralmente vinha correndo atrás de nós, sem ser chamado. Quando olhamos em volta, vimos três homens vindo atrás de nós. Assim que nos alcançaram, nos disseram que também estavam a caminho das tendas dos nômades peregrinos e indicaram uma distante coluna de fumaça. Isso nos pareceu bastante suspeito, pois nunca tínhamos visto estas colunas de fumaça sobre as tendas nômades. Quando perguntamos sobre o cachorro, disseram que tinha ficado para trás, na tenda. Um de nós deveria voltar para pegá-lo. Então nos demos conta do seu plano. Nossas vidas corriam perigo. Mantiveram o cachorro para trás para tentar nos separar, pois não tinham coragem de atacar a ambos ao mesmo tempo. E provavelmente tinham companheiros esperando onde subia a fumaça. Se fôssemos até lá, estaríamos em menor número e poderiam livrar-se de nós com facilidade. Ninguém jamais saberia nada sobre o nosso desaparecimento. Agora, ficamos muito arrependidos de não termos escutado as advertências dos nômades.

Como se não suspeitássemos de nada, andamos um pouco na mesma direção, falando rapidamente um com o outro. Os dois homens agora caminhavam de cada lado, enquanto o menino ia atrás. Olhamos de relance para a esquerda e para a direita e estimamos nossas chances, caso houvesse uma luta. Os dois homens usavam capas de couro de ovelha duplo, como o fazem os ladrões, para protegê-los contra golpes de faca, e longas espadas estavam penduradas em seus cintos. Seus rostos tinham a expressão inocente de cordeiros.

Alguma coisa tinha de acontecer. Aufschnaiter achava que primeiro tínhamos de trocar de direção para não cair cegamente numa armadilha. O mais cedo possível. Ainda falando, demos meia-volta abruptamente.

Os khampas pararam por um momento, surpresos, mas em seguida juntaram-se a nós e barraram nosso caminho nos perguntando, num tom nem um pouco amistoso, aonde estávamos indo. "Buscar o cachorro", respondemos bruscamente. Nosso jeito de falar pareceu intimidá-los. Viram que estávamos preparados para tudo, e assim nos deixaram passar. Depois de nos encararem por um tempo, saíram apressadamente, provavelmente para informar seus cúmplices.

Quando chegamos perto das tendas, a mulher veio nos encontrar com o cachorro numa corda. Depois de um amistoso cumprimento, fomos adiante, mas dessa vez seguimos a estrada pela qual chegamos ao acampamento dos ladrões. Nem pensamos em seguir adiante – tínhamos de refazer nossos passos. Desarmados, continuar seria morte certa. Depois de uma marcha forçada, chegamos à noite na casa da família com quem tínhamos ficado há duas noites. Não ficaram surpresos ao escutar nossa experiência e nos disseram que o acampamento dos khampas era chamado Gyak Bongra, um nome que inspirava medo em todo o interior. Depois dessa aventura, era uma bênção poder passar uma noite tranquila com pessoas amigas.

Na manhã seguinte, fizemos um novo plano de viagem. Não havia mais o que fazer, a não ser tomar a difícil estrada que passava por uma região desabitada. Compramos mais carne dos nômades, pois provavelmente passaríamos mais de uma semana sem ver vivalma.

Para evitar voltar a Labrang Trowa, pegamos um atalho por uma subida íngreme e difícil, mas que nos levaria, esperávamos, à rota que pretendíamos seguir. Na metade da encosta, nos voltamos para ver a paisagem e, para nosso horror, vimos dois homens nos seguindo a distância. Sem dúvida, eram khampas. Provavelmente, tinham visitado os nômades, que lhes disseram que direção tomáramos. Primeiro, tentamos apressar o passo, mas não conseguimos ir mais rápido do que o nosso iaque, que nos parecia andar a passo de lesma. Continuávamos olhando para trás, mas não conseguíamos ter certeza se nossos perseguidores vinham atrás de nós ou não. Percebíamos a nossa grande desvantagem pela falta de armas. Tínhamos apenas pinos de barraca e pedras para nos defender contra suas espadas afiadas. Ter uma chance dependia muito da nossa astúcia... Assim, marchamos por uma hora, que nos pareceu interminável, ofegando pelo esforço e olhando constantemente para atrás. Então, vimos que os dois homens haviam se sentado. Corremos para o topo da montanha, procurando um lugar que, se necessário, servisse como bom campo de batalha. Os dois homens se levantaram, pareciam estar parlamentando um com o outro, e depois os vimos dar meia-volta e descer. Respiramos aliviados e puxamos nosso iaque, para que logo estivéssemos fora da vista, do outro lado da montanha.

Quando atingimos o topo da montanha, compreendemos por que nossos dois perseguidores preferiram voltar. Diante de nós, ficava a paisagem mais solitária que jamais vira. Um mar de montanhas nevadas se estendia interminavelmente. A distância, estavam os Transhimalaias e, como uma falha numa fila de dentes, estava o passo que calculamos que nos levaria para a estrada que nos dirigíamos. Colocada no mapa pela primeira vez por Sven Hedin, este passo – o Selala – leva a Xigazê. Como não tínhamos certeza de que os khampas tinham desistido de nos perseguir, continuamos caminhando mesmo depois do escurecer. Por sorte, a lua estava cheia e, com a neve, nos dava bastante luz. Podíamos ver até as cadeias distantes.

Nunca esquecerei aquela marcha noturna. Nunca estivera numa situação que forçasse tanto o corpo e a alma. Nossa fuga dos khampas deveu-se à desolação da região, cuja natureza nos trouxe novos obstáculos a superar. Por sorte, jogara fora meu termômetro há horas. Com certeza teria marcado menos trinta graus, a temperatura mais baixa que registrava. Mas, na realidade, certamente estava mais baixa. Sven Hedin registrou menos quarenta graus por aqui nessa época do ano.

Nos arrastamos por horas na neve intocada e, à medida que prosseguíamos, nossas mentes faziam suas próprias viagens. Fui atormentado por visões de um quarto aquecido e confortável, uma comida deliciosa e quente e por bebidas escaldantes. Curiosamente, era a evocação de um restaurante comum em Ganz, que conheci nos meus tempos de estudante, que quase me deixou louco. Os pensamentos de Aufschnaiter iam em outra direção. Fazia terríveis planos de vingança contra os ladrões e jurou voltar com um arsenal de armas. Que desgraça para os khampas!

Finalmente, paramos nossa marcha, descarregamos o iaque e engatinhamos para baixo das cobertas. Tiramos nosso saco de tsampa e um pouco de carne crua, pois estávamos mortos de fome, mas, assim que colocamos uma colherada de comida na boca, o metal da colher colou nos nossos lábios e não desgrudava. Tivemos de arrancá-las, praguejando. Com o apetite amortecido por essa dolorosa experiência, nos aconchegamos embaixo dos cobertores e, apesar do frio, caímos no sono de chumbo da exaustão.

No dia seguinte, andamos penosamente, nos arrastando ao longo das pegadas do nosso corajoso iaque e quase sem olhar para cima. À tarde, pensamos ter visto uma miragem; pois lá longe no horizonte, mas claramente delineada, apareceram três caravanas de iaques andando na paisagem nevada. Moviam-se lentamente para a frente e depois parecia que paravam – mas não desapareceram. Assim, não era uma miragem. Essa visão nos deu mais coragem. Reunimos todas as nossas forças, empurramos o iaque adiante e, depois de três horas de marcha, alcançamos o lugar onde as caravanas acamparam. Havia ao redor de quinze pessoas na caravana – homens e mulheres – e, quando chegamos, suas tendas já estavam montadas. Ficaram impressionados em nos ver, mas nos cumprimentaram bondosamente e nos levaram para a fogueira, para nos esquentarmos. Soubemos que voltavam de uma viagem de peregrinação e de negócios do Monte Kailas para suas casas junto ao Lago Namtsho. Haviam sido alertados pelos funcionários do distrito quanto aos bandidos, por isso decidiram seguir essa difícil rota para evitar a região infestada por khampas. Levavam para casa cinquenta iaques e duzentas ovelhas. O resto de seus rebanhos fora trocado por mercadorias e teriam sido uma rica presa para os assaltantes. Por isso, os três grupos tinham se reunido e agora nos convidavam a nos juntarmos a eles. Reforços seriam úteis, caso encontrassem os khampas.

Era um prazer estar novamente sentado junto ao fogo e tomar uma sopa quente. Acreditamos que esse encontro fora ditado pela Providência. Não nos esquecemos do nosso bravo Armin, pois lhe devíamos muito, e pedimos para carregar nossa bagagem em um dos iaques livres, pagando um aluguel diário. Assim, nosso animal poderia desfrutar um pouco de descanso.

Dia após dia, caminhávamos junto com as caravanas e montávamos nossa pequena barraca de montanhismo ao lado das outras. Penávamos muito com a dificuldade de montar as tendas durante os furacões que frequentemente assolavam essas regiões. Diferente das pesadas tendas de couro de iaque que resistiam ao vento, nossa leve barraca de lona não ficava de pé em climas agitados e, às vezes, tínhamos de acampar ao ar livre. Juramos que, se viéssemos outra vez fazer uma expedição ao Tibet, traríamos três iaques, um guia, uma tenda nômade e um rifle!

Tivemos muita sorte por terem permitido que nos juntássemos à caravana. A única coisa que nos perturbava era a extrema lentidão com que progredíamos. Comparando com nossas caminhadas anteriores, parecíamos estar a passeio. Os nômades saem cedo e, depois de cobrir dois a três quilômetros, montam suas tendas novamente e deixam os animais pastar. Antes do anoitecer, os trazem de volta e os prendem perto das tendas, onde ficam a salvo dos lobos e podem ruminar em paz.

Só então percebemos como tínhamos forçado o nosso pobre Armin! Ele deve ter pensado que éramos loucos, assim como os tibetanos, quando passávamos os dias escalando as montanhas em volta de Gyirong. Durante nossos longos períodos de descanso, dedicávamos a maior parte do tempo a encher nossos diários, que ultimamente havíamos negligenciado. Também aproveitamos para reunir informações sobre a estrada para Lhasa. Fazíamos perguntas a cada um em separado e gradualmente juntamos uma sequência definida de nomes de lugares. Isso nos ajudou muito mais tarde, quando pedíamos que os nômades nos indicassem o caminho. Já havíamos concordado que não podíamos passar a vida inteira fazendo caminhadas curtas. Devíamos deixar a caravana num futuro próximo. Nos despedimos de nossos amigos na véspera do Natal e partimos sozinhos. Nos sentíamos renovados e descansados, e cobrimos mais de oito quilômetros no primeiro dia. À noite, chegamos a uma ampla planície, onde havia tendas isoladas. Os habitantes pareciam desconfiados, pois, quando nos aproximamos, uma dupla de homens de aparência selvagem, fortemente armados, veio até nós. Gritaram conosco rudemente e nos mandaram para o inferno. Não arredamos o pé, mas levantamos as mãos para mostrar que estávamos desarmados e explicamos a eles que éramos peregrinos inofensivos. Apesar dos dias de descanso com a caravana, devíamos ter uma aparência lamentável. Depois de uma curta discussão, o dono da tenda maior nos convidou para passar a noite. Nos aquecemos junto à fogueira e nos deram chá com manteiga e uma iguaria rara – um pedaço de pão branco para cada um. Estava velho e duro como pedra, mas esse pequeno presente de Natal, no sertão do Tibet, significava mais para nós do que uma boa ceia de Natal feita em nosso país.

No princípio, nosso anfitrião nos tratou duramente. Quando lhe contamos por que caminho pretendíamos chegar a Lhasa, disse secamente que, se não fôramos assassinados até agora, certamente o seríamos nos próximos dias. A região estava infestada de khampas. Sem armas, seríamos presa fácil. Disse isso num tom fatalista, como quem faz uma afirmação óbvia. Nos sentimos desencorajados e pedimos seu conselho. Recomendou que tomássemos a estrada para Xigazê, onde chegaríamos em uma semana. Não concordamos. Pensou um pouco e depois nos aconselhou a procurar o funcionário do distrito dessa região, cuja tenda ficava a apenas alguns quilômetros de distância. O funcionário poderia nos dar uma escolta, se insistíssemos em atravessar a região dos assaltantes.

Naquela noite, tínhamos tanto o que discutir que quase não pensamos no Natal em nossas próprias casas. Finalmente, concordamos em tentar a sorte e visitar o bönpo. Só levou algumas horas para chegarmos à sua tenda e achamos que foi um bom presságio ele ter nos cumprimentado amigavelmente e colocado uma tenda à nossa disposição. Depois, chamou seu colega e nós quatro nos sentamos para negociar. Dessa vez, descartamos a história de sermos peregrinos indianos. Nos entregamos como europeus e exigimos proteção contra os bandidos. Naturalmente viajávamos com permissão do governo e, com frieza, lhe entreguei a velha permissão de viagem que o garpön nos dera em Gartok. (Esse documento tinha uma história. Nós três tínhamos tirado a sorte para ver quem ficaria com ela e Kopp ganhara. Mas, quando ele nos deixou, tive uma inspiração e a comprei dele. E agora, sua hora tinha chegado.) Os dois funcionários examinaram o selo e ficaram muito impressionados com o documento. Agora, estavam convencidos de que tínhamos o direito de estar no Tibet. A única pergunta que fizeram foi quem era o terceiro membro do grupo. Explicamos que ficara doente e viajara de volta para a Índia, via Tradün. Isso satisfez os bönpos, que prometeram nos dar uma escolta; seria revezada em diferentes estágios por homens descansados e nos levaria até a estrada principal do norte.

Era um verdadeiro presente de Natal para nós! Finalmente, tivemos vontade de fazer a festa. Havíamos armazenado um pouco de arroz em Gyirong especialmente para essa ocasião. Preparamos o arroz e convidamos os dois bönpos para comer conosco. Trouxeram várias iguarias e passamos uma noite muito feliz e agradável juntos.

No dia seguinte, um nômade nos acompanhou ao próximo acampamento e nos "entregou". Era como uma corrida de revezamento e nós éramos o bastão. Nosso guia voltou depois de nos ter passado adiante. Com nosso próximo guia, fizemos grande progresso e percebemos como era útil ter um companheiro que realmente conhecia o caminho, mesmo sem fornecer segurança absoluta contra os assaltantes.

O vento e o frio eram nossos companheiros permanentes. Para nós, parecia que o mundo todo era uma nevasca, com uma temperatura de trinta abaixo de zero. Sofríamos muito por não termos roupas suficientes e tive sorte por conseguir um velho manto de couro de ovelha de um habitante de uma tenda. Era apertada para mim e faltava metade de uma manga, mas só me custara duas rupias. Nossos sapatos estavam aos pedaços e não durariam muito: e, quanto a luvas, não tínhamos nenhuma. Aufschnaiter ficou com as mãos feridas pelo frio e eu tive problemas nos pés. Aguentamos nosso sofrimento com resignação apática e precisávamos de muita energia para cumprir a nossa cota diária de quilômetros. Como ficaríamos felizes em descansar alguns dias numa quente tenda nômade! Mesmo a vida dos nômades, dura e pobre, muitas vezes nos parecia sedutoramente luxuosa. Mas não nos atrevíamos a demorar se quiséssemos chegar a Lhasa antes que nossas provisões acabassem. E depois? Bem, preferíamos não especular.

Muitas vezes víamos, felizmente a distância, homens a cavalo que sabíamos serem khampas pelo tipo incomum de cachorros que os acompanhavam. Essas criaturas são menos peludas do que os cachorros tibetanos comuns, magros, rápidos como o vento e indescritivelmente feios. Demos graças a Deus por não termos encontrado com eles e seus donos.

Nesse estágio de nossa viagem, descobrimos um lago congelado que, procurando mais tarde, não encontramos em nenhum mapa. Aufschnaiter imediatamente desenhou-o em nosso mapa. Os habitantes locais chamam-no de Yöchabtso, que significa "água de sacrifício". Fica no sopé de uma cadeia de geleiras. Antes de entrarmos na estrada principal, encontramos alguns salteadores de estrada armados com modernos rifles europeus, contra quem nenhuma coragem nos ajudaria. Entretanto, não nos incomodaram – sem dúvida porque parecíamos tão insignificantes e pobres. Em certos momentos, a pobreza evidente tem suas vantagens.

Depois de cinco dias de marcha, chegamos à famosa estrada de Tasam. Sempre imagináramos que esta seria uma estrada normal que, uma vez atingida, poria um fim a todas as misérias de nossa marcha. Imaginem nosso desapontamento quando não conseguimos encontrar nem mesmo um vestígio de trilha! A região não era nem um pouco diferente daquela pela qual estávamos andando há semanas. Encontramos, é verdade, algumas tendas vazias nas quais as caravanas podiam parar, mas não havia sinais de uma rota organizada.

No último trecho, fomos acompanhados por uma dupla de mulheres robustas que nos entregaram na estrada de Tasam depois de uma tocante despedida. Nos alojamos em uma das tendas vazias, acendemos uma fogueira e fomos fazer um levantamento de nossa posição. Estávamos satisfeitos com razão. A parte mais difícil de nossa viagem ficara para trás e agora estávamos numa rota movimentada que levava direto para Lhasa, a quinze dias de caminhada. Deveríamos estar felizes por saber que estávamos tão próximos de nosso objetivo. Porém, na verdade, nossos terríveis esforços tinham nos fatigado tanto que não éramos mais capazes de ficar contentes. Por causa das feridas causadas pelo frio e da falta de dinheiro, só sentíamos ansiedade. O que mais nos preocupava eram nossos animais. Meu fiel cachorro estava reduzido a pele e ossos. Mal tínhamos comida para nos manter vivos e pouco sobrava para ele. Suas patas estavam num estado tão lastimável que não conseguia nos acompanhar. Muitas vezes, demorava horas para chegar ao nosso acampamento. A situação do iaque não era melhor. Não tinha comido pasto suficiente por semanas e estava terrivelmente magro. É verdade que deixáramos a neve para trás depois do Lago Yöchabtso, mas o pasto era ralo e seco, além de ter pouco tempo para pastar.

De qualquer forma, seguimos adiante no dia seguinte; e o fato de estarmos agora numa rota de caravanas e de não termos de nos considerar Marco Polo no desconhecido nos deu ânimo.

Nosso primeiro dia na rota de Tasam não foi muito diferente do pior estágio em região desabitada. Não encontramos viva alma. Uma furiosa tempestade, neve forte e nuvens de cerração fizeram da nossa viagem um inferno. Felizmente, o vento batia às nossas costas e nos impulsionava para a frente. Se batesse de frente, não poderíamos ter dado um passo adiante. Todos nós quatro ficamos contentes ao ver as tendas da beira da estrada à noite. Fiz o seguinte registro em meu diário naquela noite: "31 de dezembro de 1945. Forte tempestade de neve com cerração – a primeira cerração que vimos no Tibet. Temp.: aproximadamente -30°. O dia mais exaustivo de nossa viagem até agora. A carga do iaque escorregava e quase congelamos as mãos para ajustá-la. Nos perdemos uma vez e tivemos de voltar meio quilômetro. Perto do anoitecer, chegamos à estação de Nyatsang. Oito tendas. Uma ocupada pelo oficial da estrada e sua família. Bem recebidos".

Assim foi o nosso segundo ano-novo no Tibet. Pensar no que atingíramos em todo este tempo nos desanimava. Ainda éramos viajantes "ilegais" – dois vagabundos miseráveis e famintos forçados a enganar funcionários, ainda ligados a um objetivo visionário que parecia impossível de atingir – a Cidade Proibida. Nessas noites, os pensamentos voltam-se em retrospectiva sentimental para o lar e para a família. Mas tais sonhos não nos distraíam da dura realidade da luta para ficarmos vivos, que necessitava de toda nossa força física e espiritual. Para nós, uma noite numa tenda aquecida era mais importante do que, na segurança dos nossos lares, ganhar um carro de corrida como presente de ano-novo.

Assim, observamos o dia de São Silvestre à nossa moda. Queríamos ficar aqui um pouco mais tempo para nos descongelarmos e para dar um dia de descanso aos nossos animais.

Nosso velho documento de viagem fez seu papel mais uma vez, e o funcionário da estrada foi amável e colocou seus criados à nossa disposição, nos mandando água e combustível.

Não nos apressamos e dormimos até tarde. Quando tomávamos café da manhã, um pouco antes do meio-dia, houve movimentação em frente às tendas. O cozinheiro de um bönpo, usando um chapéu de pele de raposa, chegara para anunciar a chegada do patrão e fazer os preparativos. Corria pelo acampamento, exibindo sua autoridade.

A chegada de um alto funcionário poderia ser importante para nós, mas estávamos tempo suficiente na Ásia para saber que a posição de "alto" funcionário é um conceito relativo. Ficamos um pouco apreensivos, mas tudo deu certo. O bönpo chegou em seguida, a cavalo, cercado por uma nuvem de criados. Era um mercador a serviço do governo e no momento estava ocupado em levar várias centenas de fardos de açúcar e de algodão para Lhasa. Ao tomar conhecimento de nossa presença, ele quis fazer perguntas. Fazendo cara de inocente, entreguei-lhe nosso documento de viagem, que teve, como sempre, um bom efeito. Deixando de fazer o papel de rígido funcionário, nos convidou a viajarmos em seu comboio. Pareceu uma boa ideia, e assim desistimos de nosso dia de descanso e começamos a arrumar nossa bagagem porque a caravana deveria partir à tarde. Um dos guias sacudiu a cabeça quando olhou o nosso Armin, um verdadeiro esqueleto, e finalmente ofereceu, por uma pequena soma, para carregar nossa bagagem num dos iaques de Tasam e deixar que nosso animal ficasse livre para andar conosco. Concordamos com prazer. Então, partimos apressadamente. Tínhamos de acompanhar a caravana a pé, enquanto o bönpo e seus criados, que tinham trocado os cavalos, partiram mais tarde. Nos alcançaram logo.

Fora um sacrifício desistir do nosso dia de descanso e iniciar uma caminhada de mais de sete quilômetros. Meu pobre cachorro estava exausto demais para nos acompanhar, por isso deixei-o para trás no acampamento, que era melhor do que morrer na estrada.

Andando com a caravana, cobríamos longas distâncias a cada dia. Aproveitávamos a proteção do bönpo e éramos bem recebidos em todos os lugares. Apenas em Lhölam o funcionário da estrada olhou para nós com desconfiança. Não nos deu combustível e insistiu em que mostrássemos nossa permissão para viajar a Lhasa. Infelizmente, não podíamos atendê-lo. Entretanto, tínhamos um teto sobre nossas cabeças e demos graças a isso, porque logo depois de nossa chegada toda a sorte de personagens suspeitos começaram a se reunir ao redor das tendas. Vimos imediatamente que eram khampas, mas estávamos cansados demais para nos incomodar com eles e deixamos que o resto do grupo se preocupasse com a situação. Pelo menos, não tínhamos nada que valesse a pena ser roubado. Alguns tentaram entrar em nossa tenda, mas gritamos com eles e foram embora.

Na manhã seguinte, não encontramos nosso iaque. Fora amarrado na noite anterior e pensávamos que pudesse estar pastando em algum lugar, mas Aufschnaiter e eu não encontramos nem sinal dele. Os bandidos que estiveram aqui na noite anterior também haviam desaparecido e a conexão era óbvia. A perda do nosso iaque era um sério golpe para nós. Invadimos a tenda do funcionário de Tasam e, na minha fúria, joguei a sela e os arreios a seus pés, dizendo que ele era responsável pelo roubo do nosso animal. Ficáramos muito ligados a Armin V, o único iaque que nos serviu bem, mas não tínhamos tempo de chorar sua perda. Tínhamos de alcançar a caravana, que havia partido algumas horas antes com a nossa bagagem.

Já estávamos em marcha há alguns dias em direção a uma enorme cadeia de montanhas. Sabíamos que era a cadeia de Nyenchenthangla. Havia só um caminho para passar através dela, o passo que levava diretamente a Lhasa. A caminho das montanhas, passamos por morros baixos. A região era completamente deserta e não vimos nem mesmo burros selvagens. O tempo tinha melhorado muito e a visibilidade era tão boa que, a uma distância de quase quatro quilômetros, nosso próximo ponto de parada parecia estar na nossa frente.

A parada seguinte foi num lugar chamado Tokar. Daqui, começamos a subida para as montanhas e a próxima estação regular ficava a uma distância de cinco dias. Não nos atrevíamos a pensar como nos aguentaríamos até lá. De qualquer forma, fizemos o possível para manter nossas forças e compramos carne suficiente para a viagem.

Os dias pareciam intermináveis e as noites ainda mais longas. Viajamos através de uma paisagem inacreditavelmente linda e chegamos a um dos maiores lagos do mundo – Nam Co ou Tengri Nor. Apesar de querermos ver esse grande mar interior há muito tempo, quase não aproveitamos a vista. Não conseguimos sair da nossa apatia. A escalada no ar rarefeito nos deixou ofegantes, e a perspectiva de uma subida a quase 6 mil metros era paralisante. De vez em quando, olhávamos maravilhados os picos ainda mais altos, que eram visíveis da nossa rota. Finalmente, atingimos o pico do nosso passo, Guring La. Antes de nós, esse passo só havia sido cruzado por um europeu. Foi Littledale, um inglês, que passou por aqui em 1895. Sven Hedin estimou que estava a quase 6 mil metros e o descreveu como o passo mais alto na região dos Transhimalaias. Acho que posso dizer que este é o passo mais alto do mundo que pode ser atravessado durante todo o ano.

E NOVAMENTE ENCONTRAMOS os montes de pedra típicos, e, tremulando sobre eles, os estandartes de preces mais coloridos que já vira. Perto deles, havia uma série de pedras chatas com preces gravadas – uma expressão indelével da alegria que milhares de peregrinos sentem ao verem, depois de sua longa e cansativa caminhada, abrir-se diante deles a estrada para a mais sagrada das cidades.

Aqui também encontramos uma impressionante multidão de peregrinos voltando para seus lares distantes. Quantas vezes essa estrada ecoou as palavras "Om mani padme hum", a milenar fórmula de prece que todos os budistas utilizam e que os peregrinos murmuram incessantemente, esperando, entre outras coisas, que os proteja contra o que acreditam ser gás venenoso. Nós sabemos que é falta de oxigênio e seria melhor que mantivessem a boca fechada! De vez em quando, víamos nas encostas abaixo de nós esqueletos de animais, testemunhas da perigosa topografia da estrada. Nosso guia nos disse que em quase todos os invernos muitos peregrinos perdem suas vidas em tempestades de neve nessa passagem da montanha. Agradecemos a Deus pelo bom tempo que nos favoreceu durante nossa escalada de mais de 2 mil metros.

A primeira parte de nossa descida passava por cima de uma geleira. Fiquei novamente admirado com a extraordinária segurança com que os iaques andavam sobre o gelo. Enquanto tropeçávamos pelo caminho, não conseguia deixar de pensar como teria sido mais fácil deslizar sobre essa superfície lisa, sem fendas, sobre esquis. Acho que Aufschnaiter e eu fomos as únicas pessoas que falaram em esquiar na estrada dos peregrinos para Lhasa.

No caminho, um jovem casal nos alcançou. Tinham vindo de longe e, como nós, iam para Lhasa. Ficaram contentes por se juntar à caravana e começamos a conversar com eles. Sua história era extraordinária.

Essa linda jovem, com suas bochechas rosadas e grossos rabos de cavalo negros, vivia feliz e contente com seus três maridos – eram três irmãos – para quem ela cuidava da casa numa tenda nômade no Changthang. Uma noite, um jovem estranho chegou e pediu abrigo. Daquele momento em diante, tudo foi diferente. Deve ter sido o famoso "amor à primeira vista". Os jovens se entenderam sem precisar dizer nada, e na manhã seguinte, fugiram juntos. A fuga pela planície nevada não foi difícil para eles. Estavam contentes por terem chegado até aqui, e pretendiam começar uma nova vida em Lhasa.

Lembro dessa jovem como um raio de sol naqueles dias difíceis, duros. Uma vez, quando estávamos descansando, ela abriu a bolsa e deu um damasco seco para cada um. Esse modesto presente foi tão precioso quanto o pão branco que o nômade nos dera na noite de Natal.

Ao longo de nossa viagem, percebi como as mulheres tibetanas são fortes e resistentes. Essa mulher era muito jovem, mas nos acompanhava com facilidade e carregava sua mochila tão bem quanto um homem. Não precisava se preocupar com seu futuro. Em Lhasa, poderia empregar-se como diarista e, com sua robusta saúde de camponesa, ganharia a vida facilmente.

Caminhamos por três dias seguidos sem encontrar tendas. Então, vimos a distância uma grande coluna de fumaça subindo ao céu. Pensamos que viria de uma chaminé ou de uma casa incendiando, mas quando chegamos perto vimos que era vapor de fontes de água quente. Ficamos admirando essa cena de grande beleza natural. Uma série de fontes borbulhava do chão e, no meio da nuvem de vapor, subia um esplêndido géiser de quatro metros e meio de altura. Depois da poesia, a prosa! Nosso próximo pensamento foi tomar um banho. O jovem casal não aprovou, mas não deixamos que isto nos impedisse. A água estava fervendo quando saía do chão, mas esfriava rapidamente a uma temperatura suportável pelo ar gelado. Rapidamente, transformamos uma das poças em banheira. Que felicidade! Desde que deixáramos as fontes quentes em Gyirong, não conseguimos nos lavar ou tomar banho, e nossos cabelos e barbas estavam duros e congelados. No riacho que corria além das fontes, havia peixes de bom tamanho. Debatemos acaloradamente como pegá-los – poderíamos fervê-los facilmente na fonte –, mas não encontramos meios e assim, refrescados, corremos para alcançar a caravana.

Passamos a noite com os guias dos iaques em sua tenda. Lá, pela primeira vez na vida, tive um forte ataque de ciática. Eu sempre achei que essa era uma doença de velho e jamais sonhara em tê-la tido tão cedo. Provavelmente era consequência das infindáveis noites dormidas desconfortavelmente no chão.

Uma manhã, não consegui levantar. Além da dor insuportável, tremia só em pensar que não poderia prosseguir. Cerrei os dentes, me levantei penosamente e tentei dar alguns passos. O movimento ajudou, mas dali em diante sempre era um sofrimento terrível durante os primeiros quilômetros das nossas caminhadas.

Na noite do quarto dia, depois de cruzar o passo, chegamos a Samsar, onde havia um alojamento de estrada. Finalmente, estávamos num lugar habitado com casas de material, mosteiros e um castelo. Esse é um dos mais importantes cruzamentos no Tibet. Cinco estradas se encontram aqui, e há um intenso tráfego de caravanas. Os abrigos ficam lotados e os animais se revezam nos estábulos de troca. Nosso bönpo já estava lá há dois dias, mas, mesmo em missão para o governo, teve de esperar cinco dias para obter novos iaques. Nos conseguiu um quarto, combustível e um criado. No momento, o trânsito estava, por assim dizer, intenso e tivemos de nos conformar a uma longa espera, pois não podíamos prosseguir sozinhos.

Usamos nossa folga para fazer uma excursão de um dia a umas fontes quentes que víramos a distância. Na realidade, era um fenômeno natural singular. Chegamos a um lago comum, cujas borbulhantes águas negras fluíam para um riacho transparente. É claro que decidimos tomar banho, e entramos na água num ponto agradavelmente morno. À medida que subíamos o riacho em direção ao lago, a água ficava cada vez mais quente. Aufschnaiter desistiu primeiro, mas eu continuei, esperando que o calor fizesse bem à minha ciática. Me arrastei pela água quente. Havia trazido meu último pedaço de sabão de Gyirong, e o coloquei na margem ao meu lado, antecipando uma ensaboada completa como o clímax do meu banho. Infelizmente, não notei que um corvo me observava com interesse. Voou rapidamente e levou embora o meu tesouro. Pulei para a margem praguejando, mas em seguida voltei para a água quente, tiritando de frio. No Tibet, os corvos são tão ladrões quanto os pegas para os europeus.

No caminho de volta, vimos um regimento tibetano pela primeira vez – quinhentos soldados em manobras. A população não gosta muito desses exercícios militares, pois os soldados têm o direito de requisitar o que quiserem. Ficam em suas próprias tendas, que são montadas de forma muito ordenada. Por isso, não há ordem governamental para que os habitantes locais alojem os soldados. Porém, devem fornecer transporte e até mesmo cavalos para a montaria.

Quando voltamos ao nosso alojamento, uma surpresa nos esperava. Tinham nos dado como companheiro de quarto um homem com grilhões, que só podia dar passos muito curtos. Ele nos contou sorrindo, como se fosse uma coisa perfeitamente normal, que era um assassino e um ladrão, que fora condenado primeiro a receber duzentas chicotadas e depois a usar grilhões pelo resto da vida. Isso me arrepiou. Será que já estavam nos colocando na mesma classe que os assassinos? Entretanto, logo aprendemos que, no Tibet, um criminoso condenado não é exatamente desprezado. Nosso homem não tinha desvantagens sociais: conversava com todo o mundo e vivia de esmolas. E não vivia mal.

Logo correu pelo lugar que éramos europeus, e imediatamente surgiram curiosos para nos ver. Entre eles, havia um jovem monge que levava algumas mercadorias para o mosteiro de Drebung e que deveria partir no dia seguinte. Quando soube que tínhamos apenas uma carga e que queríamos muito continuar a viagem, nos ofereceu um iaque livre da sua caravana. Não fez perguntas sobre nossa licença de viagem. Como já havíamos percebido, nossos problemas diminuíam à medida que nos aproximávamos da capital. E a explicação era simples: se tínhamos chegado tão longe dentro do Tibet, certamente devíamos possuir uma licença. No entanto, achamos prudente não permanecer por muito tempo nos lugares, a fim de evitar a curiosidade.

Aceitamos a oferta do monge imediatamente e nos despedimos de nosso bönpo com muitos agradecimentos. Saímos na mais completa escuridão, pouco depois da meia-noite. Depois de cruzar o distrito de Yangpachen, entramos no vale que se abria na planície de Lhasa.

Tão perto de Lhasa! O nome sempre nos arrepiava. Em nossas dolorosas caminhadas e durante as noites geladas, nos agarrávamos a ele e dele tirávamos novas forças. Nenhum peregrino da mais distante província jamais ansiou tanto pela Cidade Sagrada quanto nós. Já havíamos chegado muito mais perto de Lhasa do que Sven Hedin. Ele tinha feito duas tentativas de atravessar a região por onde passamos, mas sempre parava em Changthang, junto às escarpas de Nyenchenthangla. Nós, dois pobres andarilhos, éramos naturalmente menos chamativos que sua caravana e sabíamos um pouco de tibetano, o que nos ajudava, além dos estratagemas que fomos obrigados a usar. Assim, tínhamos algumas coisas a nosso favor.

Na madrugada seguinte, chegamos à próxima localidade, Dechen, onde devíamos passar o dia. Não gostamos da ideia. Havia dois oficiais de distrito de plantão e não esperávamos que fossem enganados por qualquer documento de viagem.

O nosso amigo monge ainda não chegara. Podia-se permitir uma boa noite de sono, pois viajava a cavalo, e sem dúvida partira quando chegamos a Dechen.

Cuidadosamente, começamos a procurar alojamento e tivemos uma maravilhosa "folga". Conhecemos um jovem tenente que, gentilmente, nos ofereceu seu quarto porque deveria partir ao meio-dia. Coletava tributos em dinheiro, que eram pagos para substituir o serviço militar. Nos atrevemos a perguntar se não poderia levar nossa bagagem em seu comboio. Claro que pagaríamos por isso. Concordou imediatamente e, algumas horas mais tarde, caminhávamos aliviados para fora da vila, atrás da caravana.

Nossa alegria durou pouco. Ao passar pelas últimas casas, alguém nos chamou e, quando demos meia-volta, vimos um cavalheiro de aparência distinta em ricos trajes de seda. O bönpo, sem dúvida. Nos perguntou educadamente, mas num tom autoritário, de onde vínhamos e para onde íamos. Só a presença de espírito poderia nos salvar. Curvando-nos e fazendo mesuras, dissemos que só íamos dar uma caminhada e que deixáramos nossos papéis para trás. Na volta, teríamos o prazer de visitar sua excelência. O truque funcionou, e desaparecemos da sua vista.

Caminhávamos por um cenário de primavera. As pastagens ficavam mais verdes à medida que prosseguíamos. Os pássaros cantavam nas plantações e sentíamos calor com os mantos de couro de ovelha, apesar de ainda ser meados de janeiro.

Lhasa estava só a três dias de distância. Durante todo o dia, Aufschnaiter e eu andamos sozinhos e só alcançamos o tenente e sua pequena caravana à noite. Nessa região, todo o tipo de animal é utilizado para o transporte – burros, cavalos, vacas e bois. Só vimos iaques nas caravanas, pois os camponeses não tinham pasto suficiente para alimentar os rebanhos. Em todo lugar, vimos os habitantes das vilas irrigando seus campos. As ventanias de primavera chegariam em breve, e se o solo ficasse muito seco, seria levado pelo vento como poeira. Frequentemente, levava gerações para que a irrigação constante tornasse o solo fértil. Aqui, há pouca neve para proteger a semente de inverno e os camponeses não podem plantar mais de uma cultura. Naturalmente, a altitude tem uma grande influência sobre a agricultura. A 4.800 metros, só a cevada vinga e os camponeses são meio nômades. Em algumas regiões, a cevada amadurece em sessenta dias. O vale de Tölung, através do qual passávamos, fica a 3.600 metros acima do nível do mar, e aqui plantam raízes, batatas e mostarda.

Passamos a última noite antes de chegar a Lhasa na casa de um camponês. Não era tão bonita quanto as elegantes casas de madeira de Gyirong. Nessa região, a madeira é rara. Com exceção de pequenas mesas e camas de madeira, praticamente não há mobília. As casas, feitas de tijolos de barro, não têm janelas; a luz só entra através da porta ou da chaminé no teto.

Nossos anfitriões pertenciam a uma família de camponeses ricos. Como é comum num país de organização feudal, o camponês administra a propriedade para seu senhorio e deve produzir uma cota para o patrão antes de ele próprio obter lucro. Nesta família, havia três filhos, dois dos quais trabalhavam na propriedade, enquanto o outro estava se preparando para tornar-se monge. Criavam vacas, cavalos, algumas galinhas e porcos – os primeiros que vi no Tibet. Não alimentados pelos donos, mas vivem de restos de comida e do que puderem desenterrar nos campos.

Passamos uma noite agitada, pensando no dia seguinte, que decidiria nosso futuro. Agora, chegamos à grande questão: mesmo que conseguíssemos entrar às escondidas na cidade, conseguiríamos permanecer lá? Não tínhamos mais dinheiro. Como, então, viveríamos? E a nossa aparência! Mais parecíamos bandidos de Changthang do que europeus. Por cima de nossas calças de lã manchadas e camisas rasgadas, usávamos mantos engordurados de couro de ovelha, que mostravam, mesmo a distância, como eram velhos. Aufschnaiter usava os restos de um par de botas do exército indiano e meus sapatos estavam aos pedaços. Estávamos mais descalços que calçados. Não, realmente nossa aparência não nos favorecia. Nossas barbas eram provavelmente a característica mais impressionante. Como todos os mongóis, os tibetanos quase não têm pelos no rosto ou no corpo; enquanto nós tínhamos barbas longas, embaraçadas e espessas. Por essa razão, muitas vezes achavam que éramos casaques, uma tribo da Ásia Central, cujos membros migraram aos bandos da União Soviética para o Tibet durante a guerra. Entraram com suas famílias e rebanhos, andando de um lado para outro, e o exército tibetano estava ansioso por mandá-los para a Índia. Os casaques frequentemente têm pele clara e olhos azuis, e suas barbas crescem normalmente. Não é de surpreender que nos confundissem com eles e que muitos nômades nos tratassem friamente.

Não havia nada a que fazer com nossa aparência. Não podíamos nos arrumar antes de chegar a Lhasa. Mesmo que tivéssemos dinheiro, onde compraríamos roupas?

Desde que saímos de Nangzê – o nome da última vila –, fomos deixados à nossa própria sorte. O tenente entrara em Lhasa e tivemos de barganhar com nosso anfitrião para conseguir transporte para nossa bagagem. Nos emprestou uma vaca e um criado. Quando pagamos, nos sobrou uma rupia e meia e uma moeda de ouro costurada num pedaço de pano. Decidíramos que, se não encontrássemos nenhum transporte, deixaríamos nossas coisas para trás. Fora nossos diários, notas e mapas, não tínhamos nada de valor. Nada nos impediria de prosseguir.

7. A Cidade Proibida

OS TELHADOS DOURADOS DO PALÁCIO POTALA – DOIS VAGABUNDOS MENDIGAM COMIDA E ABRIGO – OS FUGITIVOS SÃO MIMADOS – CONVIDADOS NA CASA DA FAMÍLIA DO DALAI LAMA

Começamos nossa última caminhada a 15 de janeiro de 1946. De Tölung, chegamos ao amplo vale de Kyichu. Viramos uma curva e vimos, brilhando a distância, os telhados dourados do Potala, a residência de inverno do Dalai Lama e o marco mais famoso de Lhasa. Esse momento compensou tudo que passamos. Sentimos vontade de nos ajoelhar como os peregrinos e tocar o chão com a testa. Desde que saímos de Gyirong, tínhamos coberto mais de 950 quilômetros com a visão desta cidade fabulosa sempre em nossa mente. Caminhamos durante setenta dias e descansamos apenas cinco. Isso significou uma média diária de quase dezesseis quilômetros. Quarenta e cinco dias de nossa jornada foram gastos cruzando o Changthang – dias de dificuldades e luta incessante contra o frio, a fome e o perigo. Esquecemos tudo ao admirar os pináculos dourados – mais dez quilômetros e atingiríamos nosso objetivo.

Nos sentamos junto aos montes de pedras erigidos pelos peregrinos para marcar sua primeira visão da Cidade Sagrada.

Enquanto isso, nosso guia fazia suas orações. Seguindo adiante, logo chegamos a Shingdongka, a última vila antes de Lhasa. O guia se recusou a continuar, mas agora nada poderia nos desencorajar. Procuramos o bönpo e friamente o informamos que éramos a comitiva avançada de um poderoso personagem estrangeiro a caminho de Lhasa e que tínhamos de chegar à cidade o mais rápido possível para encontrar acomodações para nosso patrão. O bönpo engoliu nossa história e nos deu um burro e um guia. Anos depois, esta história ainda é usada como piada nas festas em Lhasa, mesmo na casa de ministros. O fato é que os tibetanos têm muito orgulho de sua organização para manter estrangeiros fora do país, e acharam que a forma com que conseguimos quebrar as barreiras não apenas merecia atenção, como era muito engraçada. E isso veio em nosso favor, pois os tibetanos são um povo que adora rir.

Durante os últimos dez quilômetros da estrada, nos misturamos com uma torrente de peregrinos e caravanas. De vez em quando, passávamos por barracas que vendiam toda a sorte de petiscos – doces, pão branco e outras coisas mais – o que quase nos fez chorar. Mas não tínhamos dinheiro. Nossa última rupia pertencia ao nosso guia.

Logo começamos a reconhecer os marcos da cidade sobre a qual tínhamos lido tanto. Lá deve ser Chagpori, a colina sobre a qual fica uma das duas famosas escolas de medicina. E aqui em frente estava Drebung, o maior mosteiro do mundo, que abriga 10 mil monges e é uma cidade em si, com sua profusão de casas de pedra e centenas de torres douradas apontando para o alto, acima dos santuários. Um pouco mais embaixo, estão os terraços de Nechung, outro mosteiro, que há séculos abriga o maior mistério do Tibet. Aqui se manifesta a presença de uma divindade protetora, cujo oráculo secreto guia os destinos do Tibet e é consultada pelo governo antes de tomar qualquer decisão importante. Ainda tínhamos de andar oito quilômetros, e a cada passo havia algo novo a ser visto. Passamos através de amplas pastagens bem cuidadas, coroadas por salsos, onde pastoreavam os cavalos do Dalai Lama.

Por quase uma hora, um longo muro de pedra flanqueava nossa estrada e nos disseram que o palácio de verão do Deus Rei estava por trás dele. Em seguida, passamos pela Legação Britânica, situada no limite da cidade, meio escondida por salsos. Nosso guia virou-se em sua direção, pensando que este fosse nosso destino, e tivemos dificuldade em persuadi-lo a seguir adiante. Na verdade, chegamos a pensar em irmos para lá, mas a memória do campo de prisioneiros ainda era muito viva e pensamos que, afinal de contas, estávamos no Tibet e era aos tibetanos que devíamos pedir hospitalidade.

Ninguém nos deteve ou se importou conosco. No começo, não entendíamos por que, mas finalmente nos demos conta de que ninguém, nem mesmo um europeu era suspeito, porque ninguém jamais havia chegado a Lhasa sem um passe.

À medida que nos aproximávamos, o Potala elevava-se ainda mais à nossa frente. Ainda não víamos a torre, que ficava atrás das colinas onde estavam o Palácio e a Escola de Medicina. Então vimos um grande portão coroado por três tótens, que cobre o vão entre as duas colinas e forma a entrada da cidade. Nossa emoção foi intensa. Agora, com certeza, conheceríamos nosso destino. Quase todos os livros sobre Lhasa dizem que nesse portão estão as sentinelas que guardam a Cidade Sagrada. Nos aproximamos com o coração batendo. Mas não havia nada. Não havia soldados, posto de controle, apenas alguns mendigos estendendo as mãos para pedir esmola. Nos misturamos a um grupo de pessoas e caminhamos, sem sermos impedidos, através do portão para dentro da cidade. Nosso guia disse que o grupo de casas que víamos à esquerda era um subúrbio, e depois passamos por uma área sem construções que se aproximava cada vez mais do centro da cidade. Não falamos nada, e até hoje não consigo encontrar palavras para expressar as sensações que nos dominavam. Nossas mentes, exaustas pelas dificuldades, não conseguiam absorver o choque de tantas e tão fortes impressões.

Em seguida, chegamos à ponte com telhado turquesa e vimos pela primeira vez as espirais da Catedral de Lhasa. O sol se pôs e banhou a cena com uma luz sobrenatural. Tremendo de frio, tínhamos de encontrar alojamento, mas em Lhasa não é tão simples entrar numa casa como é entrar numa tenda em Changthang. Provavelmente, deveríamos ter nos apresentado imediatamente às autoridades. Mas tínhamos de tentar. Na primeira casa, encontramos um criado mudo, que não quis nos escutar. Na casa ao lado, havia só uma empregada, que gritou por socorro até sua ama chegar e nos implorar que fôssemos a outro lugar. Disse que seria expulsa do quarteirão se nos recebesse. Não acreditamos que o governo fosse tão rígido, mas não queríamos lhe causar problemas, e por isso saímos novamente. Caminhamos por algumas ruas estreitas e fomos parar no outro lado da cidade. Decidimos tentar uma casa muito maior e de melhor aparência do que qualquer outra que tínhamos visto, com estábulos no pátio. Entramos rapidamente e fomos barrados por um criado, que nos xingou e nos mandou embora. Não nos mexemos e descarregamos o burro. Nosso guia pedia que o liberássemos para ir embora. Tinha reparado que nem tudo estava em ordem. Demos seu dinheiro e ele foi embora com um suspiro de alívio.

Os criados ficaram desesperados quando viram que chegáramos para ficar. Nos pediram e imploraram para que fôssemos embora, e nos disseram que estariam em grandes apuros quando seu patrão chegasse. Nós não estávamos à vontade com a ideia de obter hospitalidade à força, mas não nos mexemos. Cada vez mais gente era atraída pela confusão, e a cena me lembrou da minha partida de Gyirong. Permanecemos surdos a todos os protestos. Mortos de cansados e de fome, nos sentamos no chão, junto às nossas trouxas, indiferentes ao que pudesse nos acontecer. Só queríamos sentar, descansar, dormir.

Os gritos enfurecidos da multidão cessaram subitamente. Tinham visto nossos pés inchados e com bolhas, e, sendo um povo simples e de coração aberto, sentiram pena de nós. Uma mulher tomou a iniciativa. Fora ela que implorara para que fôssemos embora na primeira casa. Nos trouxe chá com manteiga. Depois nos trouxeram toda a sorte de coisas – tsampa, provisões e combustível. Queriam redimir-se da recepção pouco hospitaleira. Caímos famintos sobre a comida, e, por um momento, esquecemos de tudo o mais.

De repente, alguém dirigiu-se a nós num inglês perfeito. Olhamos para cima e, apesar de não haver muita luz, percebemos que um tibetano ricamente vestido que falou conosco deveria ser uma pessoa muito importante. Surpresos e felizes, perguntamos se ele não seria, por acaso, um dos quatro jovens nobres que haviam sido mandados à escola em Rugby. Respondeu que não, mas que tinha passado muitos anos na Índia. Contamos resumidamente o que tinha nos acontecido, dizendo que éramos alemães e implorávamos que nos recebesse. Pensou por um momento, e depois disse que não podia nos receber em sua casa sem a aprovação do magistrado da cidade, mas que iria ver o funcionário e pedir permissão.

Quando saiu, nos disseram que ele era um funcionário importante, encarregado das obras de eletricidade. Não nos atrevemos a confiar muito no que ele dissera, mas mesmo assim começamos a nos acomodar para a noite. Enquanto isso, sentamos junto à fogueira e conversamos com as pessoas, que iam e vinham. Então, um criado veio até nós e nos pediu que o seguíssemos, dizendo que o sr. Thangme, o "Mestre da Eletricidade", nos convidava à sua casa. Eles o chamavam respeitosamente de "Kungö", equivalente a "Alteza", e fizemos o mesmo.

Thangme e sua jovem esposa nos receberam muito cordialmente. Seus cinco filhos ficaram em volta e nos olhavam de boca aberta. Seu pai tinha boas notícias para nós. O magistrado permitira que ele nos recebesse por uma noite, mas providências futuras seriam decididas pelo conselho. Não nos preocupamos muito com o futuro. Afinal, estávamos em Lhasa e éramos hóspedes de uma família nobre. Um quarto bonito e confortável já estava preparado para nós, com uma pequena estufa de ferro que nos aqueceu bem. Há sete anos não tínhamos uma estufa! O combustível usado era madeira de zimbro, que tinha um cheiro muito bom e era um verdadeiro luxo, porque eram necessárias várias semanas de viagem no lombo de iaques para trazê-la até Lhasa. Quase não nos atrevemos, em nossos andrajos, a sentar nas camas limpas, cobertas com tapetes. Nos trouxeram uma esplêndida refeição chinesa, e, enquanto comíamos, ficaram em volta e falavam conosco sem parar. O que devíamos ter passado! Quase não acreditavam que tínhamos atravessado o Changthang no inverno e escalado a cordilheira Nyenchenthangla. Nosso conhecimento do Tibet os surpreendeu. Como parecíamos feios e maltrapilhos neste ambiente civilizado! Nossos pertences, indispensáveis à nossa jornada, subitamente perderam seu atrativo e ficaríamos satisfeitos em nos livrar deles.

Mortos de cansaço e com a mente confusa, finalmente fomos para cama, mas não conseguíamos dormir. Passáramos noites demais no chão duro, com nada além de nossos mantos de couro de ovelha e um cobertor rasgado para nos cobrir. Agora, tínhamos camas macias e um quarto bem aquecido, mas nossos corpos não conseguiam se acostumar rapidamente à mudança. Tudo o que passáramos acumulava-se em nossas mentes – o campo de prisioneiros e as aventuras e dificuldades dos 21 meses desde a nossa fuga. E pensávamos em nossos camaradas e na monotonia ininterrupta de suas vidas, pois, apesar de a guerra ter terminado há muito tempo, os prisioneiros ainda estavam em cativeiro. Falando nisso, será que *nós* estávamos livres agora?

Antes de estarmos bem acordados, encontramos um criado com chá doce e bolos junto a nossas camas. Depois, trouxeram água quente e atacamos nossas longas barbas com lâminas de barbear. Depois de barbeados, parecíamos mais respeitáveis, mas nosso cabelo comprido era um problema grave. Um barbeiro muçulmano foi chamado para lidar com nossas jubas. O resultado foi um pouco exótico, mas provocou forte admiração. Os tibetanos não têm problemas com o penteado. Ou usam rabo de cavalo, ou têm a cabeça raspada.

Não vimos Thangme até o meio-dia, quando chegou em casa bastante aliviado depois de uma visita ao ministro do exterior. Nos trouxe boas novas e nos disse que não seríamos entregues aos ingleses. Por enquanto, poderíamos permanecer em Lhasa, mas nos pediram educadamente que permanecêssemos dentro de casa até que o regente, em retiro em Taglung Tra, decidisse nosso futuro. Nos deram a entender que essa era uma precaução recomendada, devido a incidentes anteriores, nos quais monges fanáticos foram envolvidos. O governo nos alimentaria e vestiria.

Ficamos encantados. Alguns dias de descanso era justamente o que precisávamos. Atacamos uma montanha de jornais velhos com entusiasmo, apesar das notícias não serem exatamente entusiasmantes. O mundo todo ainda fervia e nosso país passava por momentos difíceis.

No mesmo dia recebemos a visita de um funcionário enviado pelo magistrado da cidade. Estava acompanhado de seis policiais, que tinham uma aparência suja e pouco confiável. Porém, nosso visitante foi muito educado e pediu permissão para inspecionar nossa bagagem. Ficamos surpresos que realizasse sua tarefa com tanta precisão. Tinha um relatório de Gyirong que comparava com as datas de nosso itinerário. Nos atrevemos a perguntar se todos os funcionários cujos distritos passáramos seriam realmente punidos. "Toda a questão será exposta ao conselho", disse ponderadamente, "e os funcionários devem esperar ser punidos". Isso nos perturbou muito, e, para seu divertimento, contamos como havíamos nos esquivado dos funcionários de distrito e quantas vezes os enganamos. Foi nossa vez de rir quando ele nos contou que, na noite anterior, havia esperado uma invasão alemã em Lhasa. Parece que todos com quem falamos na cidade correram para contar ao magistrado. E ele ficara com a impressão de que tropas alemãs estavam marchando sobre a cidade!

De qualquer forma, éramos o assunto na cidade. Todo mundo queria nos ver e ouvir a história de nossas aventuras com seus próprios ouvidos, e, como não podíamos sair, as pessoas vinham nos visitar. A sra. Thangme estava muito ocupada e preparou seu melhor serviço de chá para receber os hóspedes. Fomos iniciados no cerimonial das festas de chá. O respeito pelos hóspedes é demonstrado pelo valor e beleza do serviço de chá. A mesinha consiste de uma esteira de metal, frequentemente de ouro ou de prata, sobre a qual fica a xícara de chá chinesa. Muitas vezes vi maravilhosos jogos de chá chineses de vários séculos.

Todos os dias, convidados importantes vinham à casa de Thangme. Ele era um nobre da quinta ordem, e, como a etiqueta é observada com rigidez aqui, só recebia visitas de pessoas da mesma classe ou de classe inferior. Mas agora os personagens de altas posições queriam nos ver. O mais importante era o filho do célebre ministro Tsarong e sua esposa. Já lêramos muito sobre seu pai. Nascido em circunstâncias humildes, tornou-se o favorito do décimo terceiro Dalai Lama, foi elevado a uma posição honorável e adquiriu uma grande fortuna devido ao seu esforço e inteligência. Há quarenta anos, o Dalai Lama fora obrigado a fugir dos chineses para a Índia, e Tsarong prestou a seu mestre serviços valiosos. Foi por muitos anos ministro do conselho e, como primeiro favorito do Lama, tinha virtualmente poderes de regente. Posteriormente, um novo favorito chamado Khünpela tomou o lugar de Tsarong, que perdeu sua posição de autoridade. Conseguiu, entretanto, manter sua posição social e eminência. Tsarong estava agora na terceira ordem de nobreza e era o mestre da Casa da Moeda.

Seu filho tinha 26 anos. Fora criado na Índia e falava inglês fluentemente. Consciente de sua importância, usava um amuleto de ouro em seu rabo de cavalo, direito de um filho de ministro.

Quando esse jovem nobre chegou para nos visitar, os criados serviram chá e logo a conversação ficou animada. O filho do ministro era incrivelmente versátil, com especial interesse por assuntos técnicos. Nos perguntou sobre as últimas descobertas, e nos disse que montara seu próprio receptor de rádio e fixara um gerador eólico no telhado de sua casa.

Estávamos no meio de uma discussão técnica em inglês quando sua esposa nos interrompeu rindo e disse que queria nos fazer algumas perguntas. Yangchenla, como era chamada, era uma das beldades de Lhasa. Estava bem vestida e muito elegante, e claramente estava familiarizada com o uso de pó, ruge e batom. Não era nada tímida, como ficou evidente pela maneira animada com que nos perguntava em tibetano sobre nossa viagem. De vez em quando, interrompia nossas explicações com gestos rápidos e ataques de riso. Divertiu-se especialmente com nosso relato de como havíamos imposto aos funcionários nosso visto de viagem vencido. Parecia surpresa pela nossa fluência em tibetano, mas reparamos que, às vezes, nem ela nem os visitantes mais sérios conseguiam deixar de rir de nós. Mais tarde, nossos amigos nos disseram que falávamos o tipo mais comum de dialeto camponês que se podia imaginar. Era como um caipira do vale mais remoto dos Alpes falando com seu sotaque característico numa sala de visitas vienense. Nossos visitantes se divertiam enormemente, mas eram educados demais para nos corrigir.

Quando este jovem casal nos deixou, já éramos amigos. Trouxeram com eles alguns presentes muito bem-vindos – lençóis, blusões e cigarros, e nos pediram para que lhes disséssemos francamente se quiséssemos alguma coisa. O filho do ministro prometeu nos ajudar e mais tarde entregou uma mensagem de seu pai nos convidando a ficar com ele, se o governo desse permissão. Tudo soava muito confortante.

Mais visitantes chegavam. O seguinte foi um general do Exército tibetano, que estava ansiosíssimo para saber todo o possível sobre Rommel. Falava com entusiasmo do general alemão e disse, em seu inglês rudimentar, ter lido tudo o que havia disponível sobre ele nos jornais. Nesse aspecto, Lhasa não é nem um pouco isolada. Jornais chegam de todo o mundo via Índia. Algumas pessoas até têm a assinatura da revista *Life*. Os jornais diários da Índia chegam regularmente uma semana depois da publicação.

A procissão de visitantes continuou. Entre eles, alguns monges de alta posição, que cortesmente nos trouxeram alguns presentes. Alguns deles ficaram nossos amigos mais tarde. Em seguida, veio um representante da Legação Chinesa, e, depois dele, um funcionário que pertencia à Agência Britânica em Sikkim.

Fomos especialmente honrados pela visita do comandante em chefe do Exército tibetano, o general Künsangtse, que insistiu em nos ver antes de ir para a China e para a Índia em missão diplomática. Era o irmão mais moço do ministro do Exterior e um homem excepcionalmente bem informado. Ficamos aliviados quando nos assegurou que nosso pedido de permissão para permanecer no Tibet certamente seria aprovado.

Aos poucos começamos a nos sentir em casa. Nossas relações com Thangme e sua esposa evoluíram para uma amizade cordial. Éramos paparicados e bem alimentados e todos estavam satisfeitos em ver que tínhamos um apetite tão bom. Entretanto, sem dúvida como reação às dificuldades e ao excesso de tensão, sofremos uma série de doenças leves. Aufschnaiter teve um ataque de febre e a minha ciática me incomodou bastante. Thangme chamou o médico da Legação Chinesa, que estudara em Berlim e em Bordeaux. Nos examinou no estilo europeu usual e prescreveu vários remédios.

É PROVÁVEL QUE NENHUM outro país do mundo tivesse recebido dois pobres fugitivos como o Tibet o fez. Nosso pacote de roupas, presente do governo, chegou com desculpas pelo atraso causado pelo fato de sermos mais altos que o tibetano médio e não haver roupas prontas do nosso tamanho. Por isso, nossas roupas e sapatos foram feitos sob medida. Ficamos contentes como crianças. Finalmente, pudemos jogar fora nossos trapos velhos e piolhentos. Nossos novos trajes, apesar de não serem do mais alto padrão de costura, eram decentes, bem-feitos e bons o suficiente para nós.

Nos intervalos entre as numerosas visitas, trabalhávamos em nossos cadernos e diários. Logo ficamos amigos dos filhos de Thangme, que geralmente saíam para a escola antes de nos levantarmos. À noite, nos mostravam seus deveres de casa, o que me interessava muito porque estava tendo dificuldade em aprender a linguagem escrita. Aufschnaiter já vinha estudando há tempos e durante nossas caminhadas me ensinara alguma coisa, mas levei anos para aprender a escrever em tibetano mais ou menos fluentemente. As letras individuais não apresentam dificuldade, mas sua combinação em sílabas não é tarefa fácil. Muitos dos caracteres foram retirados dos antigos manuscritos indianos, e a escrita tibetana parece mais hindi que chinesa. É usado um papel fino, durável, semelhante a pergaminho, e tinta chinesa. Existem no Tibet várias fábricas de papel de alta qualidade, que é feito de madeira de zimbro. Além disso, milhares de fardos de papel são importados anualmente do Nepal e do Butão, onde é fabricado da mesma forma que no Tibet. Muitas vezes observei o processo de fabricação de papel nas margens do rio Kyichu. A principal desvantagem do papel tibetano é que sua superfície não é lisa o suficiente, tornando a escrita difícil. As crianças geralmente recebem quadros de madeira para os exercícios e usam tinta aguada e penas de bambu. O que estiver escrito pode depois ser apagado com um pano molhado. Frequentemente, os filhos de Thangme tinham de apagar seus exercícios umas vinte vezes até acertá-los.

Fomos logo tratados como membros da família. A sra. Thangme discutia seus problemas conosco e ficava encantada quando cumprimentávamos sua boa aparência e bom gosto. Uma vez, nos convidou a entrar em seu quarto e olhar suas joias. Ela as mantinha num grande baú, no qual seus tesouros eram guardados em pequenas caixas de joias ou em embrulhos de fina seda. Valia a pena vê-los. Tinha uma maravilhosa tiara de corais, turquesas e pérolas, e muitos anéis, além de brincos de diamante e alguns pequenos medalhões com amuletos tibetanos, que eram pendurados no pescoço em uma corrente de coral. Muitas mulheres nunca tiram estes medalhões. Os amuletos agem como um talismã que, acreditam, as protege do mal.

Nossa anfitriã ficou envaidecida com nossa admiração de seus tesouros. Nos disse que todos os homens são obrigados a presentear suas esposas com as joias correspondentes à sua posição social. Ascensão social significa ascensão em joias! Porém, ser meramente rico não é suficiente, porque riqueza não dá o direito de usar joias caras. Claro que os homens reclamam das pretensões das esposas, e, assim como no Ocidente, cada mulher procura brilhar mais que suas rivais. A sra. Thangme, cujas joias deviam valer vários milhares de libras, nos disse que nunca saía sem a companhia de um criado, já que eram comuns ataques de ladrões a mulheres da sociedade.

OITO DIAS SE PASSARAM, durante os quais permanecemos obedientemente dentro de casa. Foi uma grande surpresa para nós quando um dia chegaram criados trazendo um convite para visitar a casa dos pais do Dalai Lama, dizendo que devíamos ir imediatamente. Como nos sentíamos presos à promessa de não deixar a casa, consultamos nosso anfitrião. Ficou horrorizado de que tivéssemos qualquer dúvida; tal convite se sobrepunha a qualquer outra coisa. Um chamado do Dalai Lama ou do regente devia ser imediatamente atendido. Ninguém ousaria nos deter ou pedir explicações mais tarde. Ao contrário, hesitar em atender seria uma ofensa séria.

Ficamos aliviados ao saber sua opinião, mas depois começamos a ficar nervosos com a razão de terem nos chamado. Seria um bom presságio sobre nosso futuro? De qualquer forma, nos preparamos apressadamente para a visita, vestindo nossas novas roupas e botas tibetanas pela primeira vez. Estávamos bem apresentáveis. Thangme então deu a cada um de nós um par de lenços de seda branca e nos fez entender que devíamos presenteá-las ao sermos recebidos em audiência. Já testemunháramos esse costume em Gyirong e reparáramos que era praticado mesmo por pessoas bem simples. Ao visitar ou apresentar uma petição para uma pessoa de uma posição superior, ou nos grandes festivais, devem-se presentear lenços. Havia lenços de todas as qualidades e o tipo de lenço oferecido deveria ser de acordo com a posição de quem presenteava.

A casa dos pais do Dalai Lama não era longe. Logo chegamos em frente a um grande portão, onde o porteiro já nos esperava. Quando nos aproximamos, curvou-se respeitosamente. Fomos levados através de um grande jardim cheio de canteiros de verduras e tufos de salsos esplêndidos até chegarmos ao palácio. Nos levaram até o primeiro andar: uma porta se abriu e ficamos na presença da mãe do Deus Rei, a quem nos curvamos em reverência. Estava sentada num pequeno trono, numa sala grande, clara, cercada por criados. Parecia a própria dignidade aristocrática. A reverência humilde que os tibetanos sentem pela "Santa Mãe" é algo estranho para nós, mas achamos o momento solene.

A "Santa Mãe" sorriu para nós e ficou visivelmente satisfeita quando lhe entregamos os lenços com profundas mesuras, esticando os braços ao máximo, como Thangme nos instruíra. Pegou os lenços e entregou-os imediatamente aos criados. Então, com o rosto sorridente, sacudiu nossas mãos, contrário ao costume tibetano. Nesse momento, entrou o pai do Dalai Lama, um homem idoso e sério. Nos curvamos profundamente de novo e lhe demos os lenços com a devida cerimônia, depois do que ele sacudiu nossas mãos sem afetação. Ocasionalmente, europeus vinham à sua casa, e o anfitrião e a anfitriã tinham certa familiaridade com os costumes europeus e não se gabavam disso.

Sentamos todos para o chá. O chá que tomamos tinha um sabor estranho, e era feito de forma diferente da usual no Tibet. Perguntamos sobre o chá, e a pergunta quebrou o gelo porque levou nossos anfitriões a falarem de sua antiga casa. Viveram em Amdo como simples camponeses até seu filho ser reconhecido como a Encarnação do Dalai Lama. Amdo é na China, na província de Chinghai, mas seus habitantes são quase todos tibetanos. Trouxeram seu chá com eles para Lhasa e agora o preparavam, não com manteiga como os tibetanos, mas com leite e sal. Trouxeram mais uma coisa de sua antiga moradia – o dialeto que falavam. Ambos usavam um patuá semelhante aos das províncias centrais, mas não era o mesmo. O irmão de catorze anos do Dalai Lama servia de intérprete. Tinha vindo para Lhasa quando pequeno e rapidamente aprendera a falar tibetano puro. Só falava o dialeto de Amdo com os pais.

Enquanto conversávamos, aproveitamos a ocasião para observar nossos anfitriões. Ambos provocavam uma boa impressão. Sua origem humilde expressava-se numa simplicidade atraente, mas seu comportamento e suas maneiras eram aristocráticos. Foi um grande passo de uma pequena casa de camponeses numa província distante até um ducado na capital. Hoje, eram proprietários do palácio em que viviam e de grandes propriedades no interior. Entretanto, parecem ter sobrevivido à súbita revolução em suas vidas, sem deterioração.

O menino que conhecemos, Lobsang Samten, era esperto e ativo. Estava muito interessado em nós e fez uma série de perguntas sobre nossas experiências. Nos contou que seu "divino" irmão mais moço o encarregara de fazer um relato preciso sobre nós. Ficamos excitados com a notícia de que o Dalai Lama estava interessado em nós, e gostaríamos de saber mais sobre ele. Nos disseram que o nome Dalai Lama nunca é usado no Tibet. É uma expressão mongol que significa "Oceano Amplo". Normalmente, o Dalai Lama é chamado de "Gyalpo Rimpoche", que significa "Adorado Rei". Seus pais e irmãos usam outro título ao dirigirem-se a ele. Chamam-no "Kundün", que significa simplesmente "Presença".

Os Santos Pais tinham seis filhos. O mais velho, muito antes da descoberta do Dalai Lama, fora reconhecido como uma Encarnação do Buda e investido da posição de lama no mosteiro de Tagtsel. Também era chamado de Rimpoche, forma de tratamento para todos os lamas. O segundo filho, Gyalo Thündrup, estava na escola na China. Nosso jovem conhecido Lobsang estava destinado à vida monástica. O Dalai Lama tinha agora onze anos. Além dos irmãos, ele tinha duas irmãs.

Posteriormente, a "Santa Mãe" deu à luz a outra "Encarnação", Ngari Rimpoche. Como mãe de três "Encarnações", ela tinha o recorde do mundo budista.[77]

Nossa visita levou a cordiais relações com essa mulher adaptável e inteligente, que continuaram até ela fugir para a Índia, antes da invasão dos comunistas. Nossa amizade não tinha nada a ver com a adoração transcendental que a "Santa Mãe" recebia dos outros. Mas, apesar de eu ter uma atitude bastante cética quanto a questões metafísicas, tinha de reconhecer o poder da personalidade e da fé que ela possuía.

Aos poucos, ficou claro para nós que o convite tinha sido uma honra. Não se deve esquecer que, com exceção de sua família e de alguns criados pessoais que tinham a posição de abade, ninguém tinha direito de dirigir-se ao Deus Rei. Entretanto, em seu isolamento do mundo, ele havia se dignado a se interessar por nosso destino. Quando nos levantamos para ir embora, nos perguntaram se precisávamos de alguma coisa. Agradecemos aos nossos anfitriões, mas preferimos modestamente não pedir nada. Apesar disso, uma fila de criados veio com sacos de farinha e tsampa, uma carga de manteiga e lindos e macios cobertores de lã. "Por desejo pessoal do Kundün", disse a "Santa Mãe", sorrindo, e pressionou em nossas mãos uma nota de cem sang. Isso foi feito tão naturalmente e, como se fosse óbvio, que não sentimos vergonha em aceitar.

Depois de muitas demonstrações de agradecimento e profundas reverências, saímos da sala um pouco envergonhados. Como prova final de amizade, Lobsang, em nome dos pais, colocou os lenços outra vez em nossos pescoços ao nos curvarmos a ele. Então nos levou ao jardim e nos mostrou os terrenos e os estábulos, onde vimos alguns cavalos esplêndidos de Siling e Ili, o orgulho de seu pai. No decorrer da conversa, ele sugeriu que talvez eu pudesse dar-lhe lições sobre alguns ramos do conhecimento ocidental. O que coincidia com meus desejos secretos. Muitas vezes, havia pensado que poderia me sustentar dando aulas para filhos de famílias nobres.

---

7. Para o "reconhecimento" do Dalai Lama, veja o Capítulo 16.

Carregados de presentes e acompanhados por criados, voltamos para a casa de Thangme. Estávamos bem-humorados e achávamos que agora nossa sorte estava melhorando. Nossos anfitriões nos esperavam impacientes e agitados. Tivemos de contar-lhes tudo o que acontecera, e nossos próximos visitantes foram informados em detalhes da honra que nos fora conferida. Nossas ações subiram consideravelmente no mercado!

No dia seguinte, quando os irmãos do Dalai Lama vieram nos visitar, nossa anfitriã se retirou em reverência e só apareceu quando toda a família foi reunida para cumprimentá-los. O jovem lama, Rimpoche, de 25 anos, saíra do mosteiro apenas para nos ver. Estendeu a mão para abençoar cada membro da família. Foi o primeiro Lama Reencarnado que conhecemos. As pessoas em geral pensam que todos os monges tibetanos são lamas. Na verdade, este nome só é dado às "Encarnações" e a alguns monges que se distinguiram por sua vida de asceta ou por milagres realizados. Todos os lamas têm o direito de dar bênçãos e são reverenciados como santos.

8. Águas Calmas

Nos permitem liberdade de movimento – Visitas importantes em Lhasa – A hospitalidade generosa de Tsarong – O Tibet não tem pressa – Mais uma vez ameaçados de expulsão – As festividades do ano-novo

Dez dias depois da nossa chegada, recebemos uma mensagem do ministro do Exterior dizendo que poderíamos nos movimentar livremente pela cidade. Também nos deram esplêndidos e longos mantos de couro de cordeiro feitos sob medida. Foram usados sessenta couros para fazer cada um dos mantos. No mesmo dia, saímos para dar uma caminhada pela cidade e, em nossos mantos tibetanos, não chamamos atenção. Queríamos ver tudo. O centro da cidade é composto só de lojas. Elas se estendem em linhas contínuas e os vendedores transbordam para as ruas. Não há vitrines no nosso sentido da palavra. Encontram-se muitos armazéns contendo uma ampla gama de produtos, desde agulhas até botas de borracha; perto deles, lojas elegantes que vendem cortinas e sedas. As lojas de comidas vendem, além dos produtos locais, charque americano, manteiga australiana e uísque inglês. Não há nada que não se possa comprar ou, pelo menos, encomendar. Encontram-se até os cosméticos Elizabeth Arden, e há uma ávida demanda desses produtos. Galochas americanas, da última guerra, são expostas entre fatias de carne de iaque e pedaços de manteiga. Também se podem encomendar máquinas de costura, aparelhos de rádio e gramofones, além de encontrar os últimos discos de Bing Crosby para a próxima festa. As multidões de compradores vestidos em cores vivas riem, pechincham e gritam. Têm um prazer especial na pechincha, que para ser aproveitada deve se prolongar. Aqui pode-se ver um nômade trocando pelo de iaque por rapé, e, ao lado, uma dama da sociedade com uma multidão de criados remexendo numa montanha de sedas e brocados por horas. As mulheres nômades não são menos exigentes ao escolher cortes de algodão indiano para seus estandartes de preces.

As pessoas comuns geralmente usam o *nambu*, uma faixa de lã pura tecida em casa, que é praticamente impossível de rasgar. Essa faixa ou cinto tem aproximadamente vinte centímetros de largura. Fardos do tecido para fazer esses nambus são expostos nas lojas. A lã é branca ou cor de malva, tingida com uma mistura de índigo e ruibarbo. O nambu branco é pouco usado, exceto por condutores de burros, já que a ausência de cores é considerada um sinal de pobreza. Como aqui não se usa fita métrica, as roupas são medidas pelo comprimento do braço. Graças aos meus braços longos, esse costume sempre me trouxe vantagens.

Encontramos uma enorme loja cheia de chapéus europeus de feltro, que eram a última moda em Lhasa. Um elegante chapéu de feltro em cima de uma roupa tibetana com certeza parece estranho, mas os tibetanos valorizam os chapéus europeus de aba larga para a proteção contra o sol. Rostos queimados pelo sol não são atraentes aqui. Os chapéus tibetanos nativos combinam muito melhor com a roupa tibetana e são mais bonitos na rua; e, na verdade, o governo estava tentando diminuir o influxo da moda ocidental naquela época, não com a ideia de interferir nas liberdades individuais, mas para preservar o lindo estilo nativo de vestir-se.

Os tibetanos também são viciados em guarda-chuvas e sombrinhas, que podem ser encontrados em todos tamanhos, qualidades e cores. Os monges são os maiores clientes desses artigos já que, exceto em festivais solenes, andam com a cabeça descoberta.

Quando chegamos em casa, encontramos o secretário da Legação Britânica esperando por nós. Era amigo pessoal de Thangme e sua visita não era, de forma alguma, oficial. Disse que tinha ouvido falar muito de nós e que estava muito interessado em nossa viagem e experiências. Ele mesmo fora representante comercial britânico em Gartok e conhecia um pouco a região por onde passáramos. Achamos que era um visitante oportuno porque queríamos muito mandar notícias para nossas famílias em casa, que há muito deviam nos ter como desaparecidos. Só o representante britânico tinha comunicação direta com o mundo exterior, uma vez que o Tibet não pertence à União Postal Mundial e seu sistema postal é um pouco complicado.

Nosso visitante nos encorajou a pedir pessoalmente auxílio nesta questão, e assim, no dia seguinte, fomos até o prédio da Legação Britânica, que já havíamos visto quando chegamos à cidade. Criados de libré vermelha nos levaram primeiro ao jardim, onde encontramos Reginald Fox[8], o operador de telégrafo, dando sua caminhada matinal. Fox vivia há muitos

---

8. Morreu na primavera de 1953 em Kalimpong, Índia.

anos em Lhasa e era casado com uma tibetana. Tinha quatro filhos encantadores, de cabelos claros e grandes e escuros olhos amendoados. Os dois filhos mais velhos estavam num colégio interno na Índia.

Fox era o único homem em Lhasa que possuía um motor confiável e, além de suas funções na legação, regularmente se ocupava em carregar todas as pilhas de rádio da cidade. Podia se comunicar por rádio com a Índia e era muito estimado em Lhasa por sua capacidade e meticulosidade.

Enquanto isso, os criados nos anunciaram e fomos conduzidos ao primeiro andar do prédio. O chefe da Legação Britânica nos cumprimentou cordialmente e nos convidou para um bom café da manhã inglês, que fora preparado na varanda. Parecia que fazia eras desde a última vez que sentáramos em cadeiras confortáveis e que víramos decoração nas mesas, flores em vasos e livros, num ambiente verdadeiramente europeu. Deixamos nossos olhos vagar em silêncio pela sala. Parecia que, de alguma forma, voltáramos para casa. Nosso anfitrião compreendeu o que estávamos pensando. Quando nos viu olhando seus livros, gentilmente colocou a biblioteca à nossa disposição. Logo começamos a falar livremente. A questão que mais nos preocupava, se ele ainda nos considerava prisioneiros de guerra, foi cuidadosamente evitada, mas no final perguntamos claramente se nossos camaradas ainda estavam atrás do arame farpado. Ele não sabia, mas prometeu obter informações da Índia. Falou, então, com franqueza sobre nossa situação e nos disse que fora informado em detalhes sobre nossa fuga e viagem subsequente, e deu a entender que sabia pelo governo tibetano que logo voltaríamos à Índia. Essa perspectiva, dissemos, não nos atraía. Assim, ele nos perguntou se estaríamos interessados em encontrar trabalho em Sikkim. Não fizemos segredo de nosso desejo de permanecer no Tibet, mas dissemos que, se isso não fosse possível, ficaríamos satisfeitos em considerar sua oferta.

A importância do que estávamos discutindo não estragou nosso apetite, e, encorajados por nosso anfitrião, nos deliciamos com a boa comida que nos foi oferecida. Quando terminamos, tratamos da questão das notícias que queríamos enviar para nossas famílias. Nosso anfitrião prometeu providenciar o envio de uma mensagem através da Cruz Vermelha. Mais tarde, permitiram que de vez em quando mandássemos cartas através da legação, mas, a maioria das vezes, tínhamos de usar o complicado correio tibetano, mandando nossas cartas para a fronteira em envelopes duplos, sendo que o de fora levava um selo tibetano. Na fronteira, providenciamos para que uma pessoa retirasse o envelope de fora, colocasse um selo indiano no de dentro e o pusesse no correio. Com sorte, as cartas chegavam à Europa em apenas quinze dias. No Tibet, o correio é levado por corredores que trabalham em revezamentos de dois quilômetros e meio. Ao longo de todas as estradas, há cabanas nas quais os substitutos esperam prontos para revezar com os corredores assim que chegam. Os corredores postais levam uma lança com sinos pendurados como sinal de seu cargo. As lanças podem, se necessário, ser usadas como arma e os sinos servem para espantar animais selvagens durante a noite. Os selos são impressos em cinco séries diferentes e são vendidos nos correios.

Nossa visita à Legação Britânica aliviou nossa ansiedade. Fôramos bem recebidos e achávamos que podíamos esperar que os ingleses agora percebessem que éramos inofensivos.

Na volta, fomos detidos por alguns criados que nos disseram que seu patrão queria que nós o visitássemos. Quando perguntamos quem era seu patrão, soubemos que era um alto funcionário monástico a serviço do governo, um dos quatro Trünyi Chemo, em cujas mãos estava concentrada autoridade sobre todos os monges no Tibet.

Fomos levados a uma mansão grande e imponente, escrupulosamente limpa e bem-cuidada. Podia-se até comer no piso de pedra. Todos os criados eram monges. Fomos cumprimentados por um senhor idoso e afável e nos ofereceram chá e bolos. Depois das cortesias usuais, começamos a conversar e logo compreendemos porque nosso anfitrião estava tão interessado em nós. Afirmou francamente que o Tibet era um país atrasado e que homens como nós poderiam ser úteis. Infelizmente, nem todos tinham a mesma opinião. Entretanto, ele veria o que poderia fazer e falaria bem de nós. Enquanto isso, perguntou quais eram nossas profissões em nosso país e que disciplinas estudáramos. Ficou particularmente interessado no fato de Aufschnaiter ser engenheiro agrônomo. Ninguém no Tibet era especialista nesse ramo e havia oportunidades de sobra nesse grande país.

No dia seguinte, fizemos visitas oficiais a cada um dos quatro ministros do Conselho. Subordinados apenas ao regente, estes homens representam a autoridade suprema no Tibet. Três deles eram dignitários civis e o quarto, um funcionário monástico. Todos pertenciam às mais altas famílias e viviam em grande estilo.

Ponderamos com quem devíamos começar. Deveríamos ter começado com o ministro-monge, mas decidimos passar por cima do protocolo e visitar o ministro mais moço primeiro, chamado Surkhang. Tinha 32 anos e era considerado mais progressista que seus colegas. Esperávamos que um homem jovem nos desse conselhos e nos compreendesse melhor.

Nos recebeu com franca cordialidade e imediatamente nos demos bem. Era surpreendentemente bem informado sobre fatos do mundo exterior. Nos ofereceu um jantar principesco e, quando saímos, parecia que nos conhecíamos há anos.

O próximo ministro que visitamos foi Kabshöpa, um senhor corpulento e meio presunçoso, que nos tratou com uma certa condescendência. Nos fez sentar em duas cadeiras em frente ao seu confortável trono e depois nos soterrou com uma avalanche de frases eloquentes. Acentuava as passagens de maior efeito pigarreando ruidosamente, ao que um criado corria e lhe oferecia uma escarradeira de ouro. Cuspir não é falta de educação no Tibet e pequenas escarradeiras são colocadas em todas as mesas; mas a novidade para nós era ver uma escarradeira ser levada por um criado quando alguém cospe.

Nesse primeiro encontro foi difícil formar uma opinião sobre Kabshöpa. Ele fez sua pregação e nós nos submetemos passivamente à sua eloquência, respondendo educadamente, na hora certa, às suas cortesias. Bebemos a taça de chá cerimonial de maneira exemplar. Como não se dera conta de que falávamos tibetano, pediu que seu sobrinho servisse de intérprete. O conhecimento de inglês deste jovem lhe assegurara um cargo no ministério do Exterior e, mais tarde, negociamos muitas vezes com ele. Era um exemplo típico da geração mais jovem. Estudara na Índia e estava cheio de planos para reformar o Tibet, apesar de ainda não se ter atrevido a sustentar suas teorias na presença dos monges conservadores. Quando Aufschnaiter e eu ficamos sozinhos, comentei que deveríamos ter vindo a Lhasa alguns anos mais tarde, porque se ele e outros jovens aristocratas fossem ministros, haveria bastante trabalho para nós.

O ministro-monge, que vivia na Lingkhor, estrada de peregrinos com extensão de três quilômetros ao redor de Lhasa, nos recebeu com menos formalidade. Não era jovem e tinha uma bonita barbicha branca, da qual ele tinha muito orgulho, pois barba é uma raridade no Tibet. De forma geral, parecia bastante imparcial e, em contraste com os outros ministros, evitou expressar qualquer opinião definitiva. Seu nome era Rampa e era um dos poucos funcionários monásticos que pertenciam à aristocracia. A maneira como a situação política estava se desenvolvendo devia estar lhe causando uma secreta ansiedade. Estava muito interessado em nossa visão da política russa e nos disse que as velhas escrituras haviam profetizado que um grande poder do norte invadiria o Tibet, destruiria a religião e se tornaria dono do mundo.

Finalmente, visitamos Pünkhang, o mais velho dos quatro ministros. Era um homem pequeno obrigado pela miopia a usar óculos de lentes grossas. Isso era bastante incomum no Tibet, onde os óculos são desaprovados por serem "não tibetanos". Nenhum funcionário tinha permissão para usá-los, e mesmo seu uso em casa era desencorajado. Nosso ministro recebeu permissão especial do Dalai Lama para usá-los no escritório. Nas cerimônias importantes, sua péssima visão tornava-o indefeso. A esposa de Pünkhang estava presente quando ele nos recebeu. Ele era, na verdade, de uma posição mais alta do que ela, mas não era necessária grande perspicácia para perceber que madame é quem usava as calças. Depois das primeiras palavras de cumprimento, ele quase não falou, enquanto sua esposa nos encheu de perguntas.

Depois, nos mostrou sua capela doméstica. Ele era herdeiro de uma das famílias que produzira um Dalai Lama e tinha orgulho disso. Nos mostrou uma figura do Sagrado em sua capela mal-iluminada e poeirenta.

Ao longo do tempo, conheci os filhos de Pünkhang. O mais velho era governador de Gyantse e era casado com uma princesa de Sikkim, de origem tibetana. Era mais interessante que o marido e, além disso, uma das mulheres mais bonitas que já vi. Possuía o indescritível charme das mulheres asiáticas e era a imagem da ancestral cultura oriental. Ao mesmo tempo, era inteligente, tinha cultura e muito moderna. Fora educada numa das melhores escolas da Índia. Foi a primeira mulher no Tibet que se recusou a casar com os irmãos do marido porque isso não estava de acordo com seus princípios. Na conversação, era igual à maioria das mulheres inteligentes que se conheceria num salão europeu. Interessava-se por política, cultura e tudo o que acontecia no mundo. Frequentemente, falava sobre direitos iguais para as mulheres... mas o Tibet ainda precisava andar muito até chegar nesse ponto.

Quando nos despedimos de Pünkhang, suplicamos que ele apoiasse nosso pedido de residência no Tibet. Ele, é claro, prometeu fazer tudo o que estivesse a seu alcance para nos ajudar, mas já estávamos na Ásia há tempo suficiente para saber que ninguém recusa nada claramente.

A fim de assegurar nossa posição por todos os lados, tentamos ficar de bem com a Legação Britânica. O *chargé d'affaires* nos recebeu com a educação que dá fama a seu povo e, quando perguntamos sobre a possibilidade de sermos aceitos na China e de encontrarmos trabalho, ele prometeu submeter nossa pergunta a seu governo.

Dessa forma, fizemos o possível para obter o apoio de todas as autoridades influentes e para convencer as pessoas de que éramos inofensivos. Era comum que estranhos se dirigissem a nós quando saíamos para caminhar e fizessem perguntas peculiares. Um dia, um chinês tirou uma foto nossa. Uma máquina fotográfica em Lhasa era algo muito raro e o incidente alimentou nossa desconfiança. Já ouvíramos falar que havia várias pessoas em Lhasa fornecendo informações a países estrangeiros. Talvez também acreditassem que nós fôssemos agentes de uma potência estrangeira. Só os ingleses sabiam que éramos inocentes, pois sabiam de onde vínhamos e tinham condições de conferir a veracidade de nossas declarações. Outros, não tão bem-informados sobre nós, poderiam pensar todo o tipo de coisas. Na verdade, não tínhamos ambições políticas. Tudo o que pedíamos era asilo e trabalho até que pudéssemos retornar à Europa.

Enquanto isso, chegou a primavera trazendo um maravilhoso tempo quente, apesar de ainda ser início de fevereiro. Lhasa fica ao sul do Cairo e, nas grandes altitudes, os raios do sol são perceptivelmente mais fortes. Nos sentíamos muito bem, mas ansiávamos por uma ocupação regular. Os convites, visitas e banquetes diários que duravam horas eram a nossa rotina, pois éramos passados de mão em mão, como dois animais exóticos. Logo nos entediamos desta vida ociosa e ansiávamos por trabalho e esporte. Além de uma pequena quadra de basquete, não havia lugares para jogos em Lhasa. Os jovens tibetanos e chineses que jogavam basquete ficaram muito contentes quando nos oferecemos para jogar com eles. Havia também chuveiros com água quente na quadra, mas um único banho custava dez rupias – uma fortuna quando se pensa que uma ovelha custava a mesma coisa.

Soubemos que alguns anos antes havia um campo de futebol na cidade. Onze times foram formados e foi organizado um campeonato. Um dia, durante um jogo, caiu uma tempestade de granizo e causou muitos danos. Como resultado, o futebol foi proibido. Talvez o regente desaprovasse o esporte e provavelmente pensava-se que fosse uma ameaça à influência da Igreja, porque as pessoas se entusiasmaram com o jogo e vários monges de Sera e Drebung foram vistos assistindo aos jogos. De qualquer forma, a chuva de granizo foi interpretada como um sinal de que os deuses desaprovavam este esporte frívolo, e o futebol foi abolido.

Em conexão com essa história, perguntamos a nossos amigos se realmente havia lamas que podiam parar chuvas de granizo ou evocar chuvas torrenciais, pois esta crença é forte no Tibet. Em todos os campos, há pequenas torres de pedra que contêm conchas depositadas como oferenda, onde o incenso é queimado quando ocorre uma tempestade. Muitas vilas chegam a ter "fazedores do tempo" regulares. São monges com a reputação de ter uma habilidade especial de manejar o clima. Para fazer sua mágica, sopram em trombetas, que têm um som vibrante. Em muitas vilas dos Alpes, os sinos da igreja são tocados quando uma tempestade se aproxima e o efeito dessas trombetas pode ser comparado com o efeito da vibração dos sinos. Mas é claro que os tibetanos não reconhecem qualquer explicação física – para eles tudo é mágica, encantamento e passatempo dos deuses.

Ouvimos uma história muito boa, que data da época do décimo terceiro Dalai Lama. Ele, é claro, tinha seu "fazedor do tempo" na corte, que era o mais famoso mago já conhecido. Sua tarefa especial era proteger o jardim de verão do Deus Rei quando se aproximasse uma tempestade. Um belo dia, caiu uma forte chuva de granizo e derrubou todas as flores e estragou as frutas maduras. O "fazedor do tempo" foi chamado à presença do Buda Vivo, que estava sentado em seu trono resmungando, e ordenou que o apavorado mágico fizesse um milagre imediatamente, ou seria despedido e punido. O homem prostrou-se e pediu uma peneira – apenas uma peneira comum. Então, perguntou ao Sagrado se ele ficaria satisfeito se a água que fosse derramada não passasse pela peneira. O

Dalai Lama assentiu e, vejam!, a água que era colocada na peneira aí permanecia. A reputação do mágico foi salva e foi permitido que ele mantivesse seu posto.

Durante todo esse tempo demos tratos à bola para encontrar algum meio de ganhar nosso sustento se ficássemos em Lhasa. No momento, éramos tratados generosamente, recebendo pacotes de tsampa, farinha, manteiga e chá. Tivemos uma agradável surpresa quando o sobrinho de Kabshöpa nos entregou quinhentas rupias como presente do ministério do Exterior. Em nossa carta de agradecimento, dissemos que estávamos preparados a trabalhar para o governo, se pudessem nos garantir casa e comida.

Nas últimas três semanas, aproveitáramos a hospitalidade de Thangme. Agora o rico Tsarong nos convidava a ficar com ele e aceitamos com gratidão. Thangme tinha quatro filhos e precisava do nosso quarto. Nos recebera como pobres vagabundos de rua e demonstrou ser um verdadeiro amigo. Nunca esquecemos sua bondade. No ano-novo, foi o primeiro a receber lenços brancos de nós, e mais tarde, quando tive minha própria casa, era um convidado certo das minhas festas de Natal.

Na casa de Tsarong, nos deram um quarto grande com móveis europeus: uma mesa, poltronas, camas e finos tapetes. Ao lado, tínhamos um quartinho para nos lavarmos. Também achamos algo que nos fizera muita falta até agora: uma privada para o alívio da natureza. Nesse aspecto, os hábitos dos tibetanos são informais ao extremo e qualquer lugar parece ser considerado uma latrina adequada.

Tsarong podia pagar vários cozinheiros. Seu *chef* trabalhara anos no melhor hotel de Calcutá e entendia de culinária europeia. Suas carnes assadas eram maravilhosas e, além disso, era um excepcional padeiro e confeiteiro. Outro cozinheiro fora mandado para a China e voltara com um repertório de pratos chineses. Tsarong gostava de surpreender seus convidados com iguarias desconhecidas. Ficamos surpresos ao saber que, nas casa mais finas, mulheres nunca eram empregadas como cozinheiras – apenas como ajudantes de cozinha.

As refeições tibetanas não são as mesmas que as nossas. No início da manhã, toma-se chá com manteiga, o que, na realidade, acontece durante o dia inteiro. Ouvi falar de pessoas que tomam duzentas xícaras num único dia, mas me atrevo a dizer que é um exagero. Há duas refeições principais, uma às dez da manhã e outra depois do pôr do sol. A primeira, que consiste de tsampa e sobras, comíamos juntos em nosso quarto. Para a refeição da noite, geralmente éramos convidados a nos juntarmos ao anfitrião. Toda a família sentava ao redor de uma grande mesa. Vários pratos eram servidos e essa refeição era o ponto central do dia, quando todos estavam reunidos e os acontecimentos cotidianos eram discutidos.

Depois da ceia, nos sentávamos todos na sala de estar que, com os numerosos tapetes, arcas e figuras, parecia superlotada. Fumávamos cigarros e bebíamos cerveja. Também podíamos admirar as últimas aquisições de nosso anfitrião, porque ele estava sempre comprando algo novo. Tinha um ótimo aparelho de rádio que recebia todas as estações do mundo. A recepção era excelente, pois no "topo do mundo" não há perturbação atmosférica. Podíamos escutar os mais novos discos, examinar uma nova filmadora, conhecer um novo ampliador de fotografias. Uma noite, desembrulhou um teodolito! Tsarong estava totalmente familiarizado com todos esses instrumentos. Acho que tinha mais passatempos que qualquer outro na cidade. Não poderíamos ter desejado uma casa melhor que a sua. Ele colecionava selos e mantinha correspondência com pessoas em todas as partes do mundo – seu filho, que era linguista, ajudava-o nisso – e possuía uma boa biblioteca que incluía uma excelente coleção de livros ocidentais, muitos dos quais eram presentes, pois todo europeu que veio a Lhasa ficou em sua casa e a maioria deixou livros como lembrança de sua visita.

Tsarong era um homem extraordinário. Estava constantemente empenhado em introduzir reformas, e, quando o governo estava ocupado com um problema importante, era chamado para dar conselhos. Era responsável pela única ponte de ferro do país. Ele a construiu e montou na Índia. Foi então desmontada e levada peça por peça para o Tibet por iaques e cules. Tsarong era um *self-made man* dos mais modernos, e sua habilidade faria dele uma personalidade eminente mesmo nos países ocidentais.

Seu filho George – ele manteve seu nome da escola indiana – seguiu os passos do pai. No nosso primeiro encontro, ficamos impressionados com seu conhecimento e pela variedade de seus interesses. Naquela época, sua paixão era a fotografia, e as fotos que tirava valiam a pena ver. Uma noite, nos surpreendeu mostrando um filme colorido que tinha feito. Era tão bem-feito e sem ruído que era possível imaginar que se estava num cinema de primeira classe. Quando houve problemas com o motor e com a bobina do projetor, Aufschnaiter e eu ajudamos a consertar.

Nossos jantares com Tsarong e os livros que tomávamos emprestado dele e da Legação Britânica eram nossa única forma de distração à noite. Não havia cinemas ou teatros em Lhasa, bem como bares ou hotéis. A vida social era totalmente confinada a casas particulares.

Passávamos o dia recolhendo impressões, pois tínhamos medo de sermos obrigados a partir antes de termos visto tudo. Não tínhamos base para nenhuma desconfiança, mas achávamos que, na realidade, não poderíamos contar que nossos amigos nos apoiassem numa crise, apesar de serem tão generosos. Tínhamos ouvido várias vezes uma história que soava como um alarme. O governo solicitara a um professor inglês que começasse em Lhasa uma escola no estilo europeu e lhe ofereceram um contrato a longo prazo. Depois de seis meses, fez suas trouxas e foi embora. Os monges reacionários tornaram sua tarefa impossível.

Continuamos a fazer nossas visitas diárias – tantas pessoas haviam nos visitado – e assim adquirimos um bom conhecimento da vida doméstica de tibetanos eminentes.

Havia um ponto que, ao comparar as pessoas de Lhasa com os habitantes de nossas cidades, lhes dava vantagem. Eles sempre tinham tempo.

O Tibet ainda não fora infectado pela pior doença da vida moderna, a pressa constante. Ninguém trabalha demais aqui. Os funcionários têm uma vida fácil. Aparecem no escritório no final da manhã e voltam para casa no início da tarde. Se um funcionário têm hóspedes ou qualquer outra razão para não vir, manda um criado até um colega e pede que ele o substitua.

As mulheres não têm a menor ideia da igualdade de direitos e parecem bastante satisfeitas como estão. Passam horas se maquiando, refazendo seus colares de pérolas, escolhendo tecidos para seus novos vestidos e pensando em como brilhar mais que a sra. Fulana de Tal na próxima festa. Não precisam se preocupar com a administração da casa, que é feita integralmente pelos criados. Entretanto, para mostrar que é a dona da casa, sempre carrega um grande molho de chaves. Em Lhasa, qualquer objeto insignificante é guardado a sete chaves.

Também há o *mah-jongg*. Uma época, este jogo era uma paixão universal. As pessoas eram fascinadas por ele e jogavam dia e noite, esquecendo-se de todo o resto – os deveres oficiais, a administração da casa, a família. Muitas vezes, as apostas eram altas e todo mundo jogava – mesmo os criados que, às vezes, perdiam em poucas horas o que tinham levado anos para economizar. Finalmente, o governo achou que estava demais. Proibiu o jogo, comprou todos os tabuleiros e peças de mah-jongg e condenou os infratores secretos a enormes multas e trabalhos forçados. E conseguiram terminar com o jogo! Eu nunca teria acreditado, mas, apesar de todo mundo resmungar e querer jogar novamente, eles respeitavam a proibição. Depois que o mah-jongg foi proibido, tornou-se gradualmente evidente o quanto tudo o mais havia sido negligenciado durante a epidemia. Aos sábados, dia de descanso, as pessoas agora jogavam xadrez ou dominó, ou se ocupavam de inofensivos jogos de palavras ou quebra-cabeças.

A 16 DE FEVEREIRO, estávamos apenas há um mês em Lhasa. Nosso destino ainda não havia sido decidido: não tínhamos trabalho e nos preocupávamos com nosso futuro. Nesse mesmo dia, Kabshöpa veio até nós com uma atitude solene, como deve ser um enviado do ministro do Interior. Percebemos por sua expressão que trazia más notícias para nós. Disse que o governo não aprovara a continuação da nossa estadia no Tibet e que deveríamos seguir para a Índia. Sempre prevíramos essa possibilidade, mas ficamos desconcertados com a realidade. Começamos a protestar, mas Kabshöpa encolheu os ombros e disse que deveríamos recorrer a instâncias superiores.

Nossa próxima reação a estas tristes notícias foi reunir todos os mapas do Tibet Oriental que encontramos em Lhasa. À noite, começamos a trabalhar para estabelecer uma rota e fazer planos. Estávamos determinados a uma coisa: arame farpado nunca mais! Preferíamos fugir e tentar nossa sorte na China. Tínhamos algum dinheiro e estávamos bem equipados. Não seria difícil fazer um estoque de provisões. Mas eu tinha de pensar em minha ciática, que não estava melhorando. Aufschnaiter já tinha conseguido que o médico da Legação Britânica me visitasse. Prescreveu alguns pós e me deu injeções, mas não fizeram efeito. Será que essa maldita doença estragaria nossos planos? Quase me desesperei.

No dia seguinte, desanimado, me arrastei até a casa dos pais do Dalai Lama. Achávamos que sua intervenção nos ajudaria. A "Santa Mãe" e Lobsang Samten prometeram contar toda a história ao jovem Deus Rei e tinham certeza de que ele intercederia por nós. Realmente o fez, e, apesar de o jovem Dalai Lama ainda não ter nenhum poder executivo, sua boa vontade certamente seria útil para nós. Enquanto isso, Aufschnaiter ia de um conhecido a outro com o objetivo de fazer todas as rodas andarem. E, para não omitir nenhuma precaução, escrevemos uma petição em inglês, na qual colocamos todos os argumentos em favor da permissão de nos deixarem ficar no Tibet.

O destino parecia conspirar contra nós, porque a minha ciática ficou tão ruim que eu não conseguia me mexer. Sentia muita dor e tinha de ficar na cama, enquanto Aufschnaiter corria pela cidade até seus pés ficarem machucados. Foram dias de ansiedade.

A 21 de fevereiro, apareceram soldados na nossa porta. Pediram para que arrumássemos nossa bagagem porque foram mandados para nos escoltar até a Índia. Deveríamos sair cedo na manhã seguinte. Parecia o fim de tudo, mas como eu poderia viajar? Não conseguia caminhar nem até a janela, como tentei demonstrar ao tenente, que fez uma expressão de impotência. Como todos os soldados, tinha de obedecer a ordens e não estava qualificado para receber explicações. Me recompus e lhe pedi que dissesse ao seu superior que eu não poderia deixar Lhasa, a não ser que fosse carregado. Os soldados se retiraram.

Imediatamente, pedimos conselhos e ajuda a Tsarong, mas ele não tinha nada de novo para nos dizer. Disse que não se podia desobedecer a uma ordem do governo. Sozinhos em nosso quarto, amaldiçoamos minha ciática. Se eu estivesse em forma, nada teria nos impedido de escapar e teríamos fugido naquela mesma noite. Preferíamos a adversidade e o perigo aos mais confortáveis alojamentos atrás do arame farpado. Não seria tão fácil me mover amanhã, e decidi, com pesar, adotar uma atitude de resistência pacífica.

Mas, na manhã seguinte, nada aconteceu – não vieram soldados e não havia notícias. Ansiosamente, mandamos chamar Kabshöpa, que veio em pessoa e parecia embaraçado. Aufschnaiter explicou a gravidade da minha doença e começou a discutir nosso problema. "Não seria possível", disse ele com uma expressão séria, "chegar a um acordo?"

Enquanto isso, começáramos a suspeitar que talvez os ingleses estivessem atrás disso e tivessem pedido que o Tibet nos entregasse.

Nos demos conta de que o Tibet era um país pequeno e que era de seu interesse se dar bem com seus vizinhos. Por que arriscar um mal-entendido com a Inglaterra por uma questão tão banal, como uma dupla de prisioneiros de guerra alemães? Assim, Aufschnaiter propôs que o médico inglês, que no momento era o *chargé d'affaires* na Legação, fosse requisitado para dar um atestado das minhas condições físicas. Kabshöpa aceitou a sugestão com tal entusiasmo que nos entreolhamos e tivemos certeza de que nossas suspeitas eram justificadas.

O médico me visitou durante o dia e me informou que a decisão sobre a data de nossa partida fora deixada em suas mãos pelo governo. Me deu injeções que não fizeram efeito. A lã térmica que Tsarong me deu de presente me trouxe mais conforto.

Decidi superar minha doença a todo custo para que não mais impedisse os nossos planos. Utilizando toda a minha força de vontade, me forcei a fazer exercícios todos os dias. Um lama recomendara que rolasse um pedaço de pau para frente e para trás com as solas dos pés. Eu fazia isso várias horas por dia, sentado numa cadeira. O exercício era extremamente doloroso, mas gradualmente melhorou minha condição e, finalmente, consegui sair para o jardim e me aquecer, como um velho, ao sol da primavera.

Estávamos em plena primavera. Março chegara e, no quarto dia do mês, começou o Festival do ano-novo – o maior de todos festivais tibetanos, que dura três semanas. Infelizmente, não pude tomar parte. Ouvia os tambores e os trombones e via pela animação que reinava na casa como era importante. Tsarong e seu filho vinham me ver todos os dias e exibir suas novas túnicas de seda e brocado. Aufschnaiter, é claro, ia a todos os lugares e me contava tudo à noite.

Esse era o "Ano do Cão de Fogo". A 4 de março (ou numa data próxima, porque o ano-novo tibetano é flexível, semelhante à nossa Páscoa), o magistrado da cidade passa sua autoridade aos monges, simbolizando a restauração do poder civil de seu governo à religião, a quem pertencia originalmente. Era o início de um regime rígido e fantástico. Para começar, o lugar todo era arrumado e, durante essa época, Lhasa é famosa por sua limpeza – o que não é uma condição normal. Ao mesmo tempo, é proclamada uma espécie de paz social. Todas as disputas cessam. As repartições públicas fecham, mas a pechincha dos comerciantes de rua é mais animada do que nunca, exceto durante as procissões religiosas. Crimes e infrações, inclusive apostas, são punidos com especial severidade. Os monges são juízes implacáveis e estão acostumados a infligir terríveis chicotadas, que ocasionalmente causam a morte da vítima. (Apesar de ser verdade que, em tais casos, o regente intervém e trata com as pessoas responsáveis.)

No meio das celebrações, parecia que fôramos esquecidos e tomamos cuidado para não atrair atenção. Provavelmente, o governo se satisfez com a declaração do médico inglês de que eu ainda não estava apto a viajar. Estávamos ganhando um tempo precioso. Eu precisava me curar para que pudéssemos realizar nossa fuga para a China.

Dia a dia, eu costumava tomar sol no jardim, aproveitando o calor crescente. Assim, fiquei absolutamente surpreso quando me acordei uma manhã e vi todo o verde da primavera coberto de neve. É raro que a neve caia tão tarde em Lhasa, que fica bem no coração da Ásia, onde dificilmente as baixas pressões a atingem. Mesmo no inverno, a neve não dura muito. Nessa ocasião, derreteu logo. Foi bom porque transformou a areia e a poeira em lama, diminuindo os desconfortos causados pelas tempestades de areia.

Essas tempestades voltam regularmente a cada primavera e continuam por um período de dois meses. Geralmente chegam à cidade no início da tarde. Aproximam-se com incrível rapidez em uma enorme nuvem negra, que é visível a distância. O Palácio Potala desaparece e todos correm para suas casas. As ruas ficam desertas, as janelas sacodem e os animais nos campos, resignados, viram as caudas para o vento e esperam pacientemente até poderem começar a pastar outra vez. Os inúmeros vira-latas se juntam pelos cantos da cidade. (Em geral, não são muito pacíficos. Um dia, Aufschnaiter chegou em casa com o manto rasgado – tinha sido atacado por cachorros que tinham matado e devorado um cavalo moribundo; a matilha havia provado sangue.)

A época das tempestades de areia era a mais desagradável do ano. Mesmo dentro de casa, come-se areia, porque em Lhasa não existem janelas de vidro duplo como na Europa. O único consolo dessas tempestades de primavera é saber que o inverno realmente acabou. Os jardineiros sabem que não precisam mais temer as geadas. Nessa estação, os campos ao longo dos canais recebem uma nova onda de verde e o cabelo de Buda começa a florescer. É assim que chamam o famoso salso-chorão do portão da catedral. Os galhos finos e pendentes com lindas flores amarelas sugerem esse nome poético na primavera.

Quando consegui me arrastar de novo pela casa, quis fazer alguma coisa útil. Tsarong plantara centenas de mudas de árvores frutíferas no jardim. Tinham sido cultivadas a partir de sementes e até agora não tinham dado frutos. Junto com George (filho do meu anfitrião), comecei a podá-las sistematicamente, dando à família um novo motivo para rir. No Tibet, a poda é praticamente desconhecida e não há uma palavra para isso. Eles chamam de "casar" e acham muito divertido.

Os tibetanos são um pequeno povo alegre, com um senso de humor infantil. Aproveitam qualquer oportunidade para rir. Se alguém tropeça ou escorrega, se divertem por horas. O divertimento com o azar dos outros é quase universal, mas de certa forma, aqui não é mal-intencionado. Fazem graça de tudo e de todos. Como não têm jornais, criticam fatos desagradáveis ou censuram pessoas através de canções ou de sátiras. Moças e rapazes caminham através da Parkhor à noite, cantando os versos mais recentes. Mesmo personagens dos cargos mais altos têm de aguentar a crítica. Às vezes, o governo proíbe certa canção, mas ninguém é punido por cantá-la. Não é mais cantada em público, mas é escutada dentro das casas.

A Parkhor fica mais cheia durante o ano-novo. Essa rua faz um círculo ao redor da catedral e nela se concentra a maior parte da vida da cidade. Nesta rua, estão várias das grandes casas de negócios, e é onde todas as procissões religiosas e paradas militares começam e terminam. À tardinha, especialmente nos feriados, cidadãos religiosos lotam a Parkhor murmurando suas preces e muitos dos fiéis cobrem toda sua extensão em prostrações sucessivas. Também se encontram mulheres bonitas exibindo seus mais novos trajes e flertando com os jovens herdeiros da nobreza. Senhoras de vida fácil também estão aqui profissionalmente.

Em poucas palavras, a Parkhor é um centro de negócios, de encontros sociais e de frivolidade.

NO DÉCIMO QUINTO DIA do primeiro mês tibetano, eu estava bem melhor e também pude assistir às festividades. O décimo quinto é um dos melhores dias. Há uma magnífica procissão na qual o Dalai Lama toma parte. Tsarong nos prometeu uma janela em uma de suas casas em frente à Parkhor. Nossos lugares eram no térreo porque não é permitido que ninguém fique mais alto que as cabeças dos próceres que marcham com passos cadenciados ao longo da rua. Nenhuma casa de Lhasa pode ter mais de dois andares, pois é considerado uma blasfêmia competir com a Catedral ou com o Potala. Essa regra é rigidamente observada e os telhados de madeira – fáceis de serem desmontados –, que alguns nobres colocam no telhado plano de suas casas em tempo quente, desaparecem como mágica quando o Dalai Lama ou o regente participam de uma procissão.

Enquanto a colorida multidão fluía pelas ruas, sentávamos na nossa janela com a sra. Tsarong. Nossa anfitriã era uma senhora muito afável, que sempre nos tratava muito bem. Estávamos gratos por sua companhia em um ambiente tão estranho a nós e, em seu tom familiar e afável, nos explicava o que aparecia.

Vimos estranhos objetos semelhantes a molduras que se elevavam a uma altura de trinta metros ou mais. Ela nos explicou que eram feitas para emoldurar as figuras de manteiga.

Logo depois do pôr do sol, essas obras de arte, moldadas pelos monges, foram trazidas. Existem setores nos mosteiros onde monges especialmente habilidosos, verdadeiros artistas, amassam e modelam figuras de manteiga de diferentes cores. Esse trabalho, que requer incansável paciência, é da mais fina filigrana. Há uma competição na produção destas obras-primas que duram uma única noite porque o governo dá um prêmio para a melhor. O mosteiro de Gyü tem sido o vencedor há anos. Toda a parte da frente da Parkhor foi logo coberta por essas pirâmides de manteiga de cores vivas. À sua frente, havia uma interminável massa de pessoas e nos perguntamos se conseguiríamos ver o desfile. Começava a escurecer quando os regimentos de Lhasa entraram marchando ao som das trombetas e dos tambores. Alinharam-se na rua e empurraram os espectadores contra as casas, deixando o meio da rua livre.

A noite caiu rapidamente, mas a cena foi logo vivamente iluminada por uma grande quantidade de luzes. Havia milhares de lamparinas de manteiga e, entre elas, alguns lampiões a gás, com sua forte e ofuscante luz. A lua surgiu acima dos telhados para lançar mais luz sobre os acontecimentos. Os meses são lunares no Tibet, por isso a lua cheia é sempre no dia quinze. Estava tudo pronto: o palco arrumado e o grande festival podia agora começar. Chegara o grande momento.

As portas da catedral se abriram e o jovem Deus Rei saiu lentamente, amparado à direita e à esquerda por dois abades. As pessoas curvaram-se em reverência. Segundo o rígido cerimonial, deviam prostrar-se, mas hoje não havia lugar. Quando ele se aproximava, a multidão se curvava, como um campo de trigo ao vento. Ninguém se atrevia a olhar para cima. Com passos cadenciados, o Dalai Lama começou seu circuito solene pela Parkhor. De vez em quando, parava em frente às figuras de manteiga e as admirava. Era seguido por todos os altos dignitários e nobres, ricamente vestidos. Depois deles, seguiam os funcionários por ordem de importância. Na procissão, reconhecemos nosso amigo Tsarong, que caminhava logo atrás do Dalai Lama. Como todos os nobres, levava na mão um palito de incenso incandescente.

A reverente multidão permaneceu silenciosa. Ouvia-se apenas a música dos monges – os oboés, as tubas, os címbalos e os pratos. Era como uma visão do outro mundo, um acontecimento estranhamente irreal. Sob as luzes amarelas das lanternas, as grandes figuras de manteiga moldada pareciam ganhar vida. Pareciam estranhas flores balançando na brisa e ouvíamos o farfalhar das túnicas dos deuses. Os rostos dessas enormes figuras estavam distorcidos numa expressão demoníaca. O Deus ergueu sua mão numa bênção.

Agora, o Buda Vivo se aproximava. Passou bem perto da nossa janela. As mulheres ficaram rígidas, numa profunda reverência, e quase não se atreviam a respirar. A multidão estava extática. Profundamente emocionados, nos escondemos atrás das mulheres como que para impedir que fôssemos sugados para dentro do círculo mágico desse Poder.

Dizíamos para nós mesmos: "É só uma criança". Uma criança, de fato, mas o centro da fé concentrada de milhares de pessoas, a essência de suas preces, anseios, esperanças. Seja em Lhasa ou em Roma – todos estão unidos por um único desejo: encontrar Deus e servi-lo. Fechei meus olhos e prestei atenção às preces murmuradas, à música solene e ao incenso doce que subia ao céu da noite.

Em seguida, o Dalai Lama completou sua caminhada ao redor da Parkhor e desapareceu no Tsug Lag Khang. Os soldados foram embora marchando ao som de suas bandas.

Como que despertados de um sono hipnótico, as dezenas de milhares de espectadores passaram da ordem ao caos. A transição foi surpreendentemente repentina. A multidão começou a gritar e a gesticular loucamente. Há um instante, estavam chorando e rezando ou mergulhados em meditação extática, mas agora eram uma turba de loucos. Os monges-guardas começaram a agir. Eram sujeitos enormes com ombros acolchoados e rostos escurecidos, para torná-los mais terríveis. Caíram sobre a multidão com chicotes, mas ela se acumulava freneticamente ao redor das estátuas de manteiga, que agora corriam o perigo de ser derrubadas. Mesmo os que já tinham apanhado voltavam à balbúrdia. Parecia que estavam possuídos por demônios. Seriam as mesmas pessoas que agora há pouco curvavam-se humildemente diante de uma criança?

Na manhã seguinte, as ruas estavam vazias. As figuras de manteiga haviam sido levadas embora e não havia traço da reverência ou do êxtase da noite anterior. Barracas de feira haviam tomado o lugar dos estrados que tinham carregado as estátuas. As figuras de cores vivas dos santos tinham derretido e seriam usadas como combustível para as lamparinas – ou seriam usadas para fazer remédios mágicos.

9. Asilo Concedido

Nossos primeiros empregos – Esportes atléticos diante dos portões de Lhasa – Uma população misturada – Finalmente, nos dão permissão para ficarmos

Muitas pessoas vieram nos visitar. Tibetanos viajaram de todos os lugares para Lhasa para assistir ao Festival do ano-novo, entre eles pessoas que conhecemos durante nossa viagem. Não era difícil nos encontrar, pois se falava muito de nós e qualquer criança sabia onde vivíamos. Alguns nos trouxeram carne-seca de presente, que é muito apreciada em Lhasa. Além disso, soubemos por esses visitantes que os funcionários dos distritos por onde passamos foram severamente censurados pelo governo. Nos entristeceu saber que pessoas que nos receberam de forma tão amável tivessem sofrido tal aborrecimento por nossa causa. Mas, aparentemente, ninguém guardou rancor. Encontramos um bönpo a quem enganáramos com nosso velho visto de viagem, mas ele sorriu e parecia contente em nos ver.

Esse ano, houve uma desgraça durante as celebrações de ano-novo. Um acidente na Parkhor chamou muita atenção.

Todos os anos, altos mastros de bandeira são montados com pesados troncos de árvores colocados uns sobre os outros. Os troncos são trazidos de lugares distantes e é uma tarefa dura levá-los até Lhasa. Fiquei indignado quando vi pela primeira vez como eram carregados. Era muito primitivo! Lembrou-me dos barqueiros do Volga. Aproximadamente vinte homens arrastam um tronco de cada vez, amarrado ao redor da cintura por cordas. Cantam uma canção monótona ao se arrastarem pelo caminho, para manter o passo. Suam e ofegam, mas seu capataz, que lidera a cantilena, não lhes dá descanso. Esse trabalho forçado substitui, em parte, os impostos. Os carregadores são escolhidos em vilas ao longo da estrada e liberados ao chegarem no próximo povoado. Diz-se que as cantigas monótonas, ao som das quais eles arrastam sua carga, distraem sua mente da dureza de sua tarefa. Acho que seria melhor se economizassem o fôlego. A resignação fatalista com que se entregam a esta punição de quebrar as costas me enfurecia. Produto de nossa era moderna, não conseguia entender por que o povo do Tibet se opunha tão rigidamente a qualquer forma de progresso. Obviamente, devia haver um meio melhor de transportar essas cargas pesadas do que pela força humana. Os chineses inventaram e usam a roda há milhares de anos. Mas os tibetanos as ignoram, apesar de que seu uso daria um impulso imenso ao transporte e comércio, além de elevar todo o padrão de vida do país.

Mais tarde, quando me envolvi em trabalhos de irrigação, fiz várias descobertas que reforçaram minha crença de que os tibetanos tinham conhecido e usado a roda séculos atrás. Desenterramos centenas de blocos de pedras grandes como armários. Só poderiam ter sido carregados por meios mecânicos das remotas pedreiras onde haviam sido talhados. Quando meus operários quiseram carregar um bloco desses de um lugar para outro, tiveram primeiro de cortá-lo em oito pedaços.

Cada vez mais me convencia de que os grandes dias do Tibet pertenciam ao passado. Há um obelisco de pedra que data do ano 763 d.C., que é testemunha da minha teoria. Registra o fato de que naquele ano os exércitos tibetanos marcharam até os portões da capital chinesa e ditaram aos chineses os termos da paz que incluíam um tributo anual de 50 mil fardos de seda.

Também há o grande Palácio Potala, que deve datar dos dias de grandeza do Tibet. Hoje, ninguém pensaria em construir um prédio desses. Uma vez perguntei a um pedreiro que estava trabalhando para mim por que prédios como aquele não eram mais construídos. Respondeu, indignado, que o Potala fora trabalho dos deuses. Homens nunca poderiam ter chegado a fazer algo assim. Os espíritos benéficos e seres supernaturais trabalharam à noite nesse prédio maravilhoso. Achei que essa visão era um outro aspecto da indiferença ao progresso e da falta de ambição que caracterizavam a atitude dos homens que arrastavam os troncos de árvore.

Voltando à minha história. Quando os troncos de árvore são trazidos para Lhasa, são amarrados por tiras de couro de iaque para formar um mastro grosso de quase vinte metros de altura. Depois, um enorme estandarte com preces pintadas, e que se estende de cima a baixo, é pregado no mastro. Nessa ocasião, provavelmente os troncos eram pesados demais para as tiras de couro de iaque porque o mastro desmontou, matando três espectadores esmagados e ferindo vários outros. Todo o Tibet tomou isso como um mau presságio e as pessoas profetizavam um futuro negro para o país. As catástrofes, tais como terremotos e enchentes, sempre haviam sido previstas muito antes de acontecerem. Todos, mesmo os que haviam recebido educação inglesa, eram vítimas da superstição.

Dessa vez, não levaram os feridos para os lamas, mas para a Legação Britânica, onde havia um hospital com vários leitos reservados para tibetanos. O médico da Legação era muito ocupado. Todas as manhãs, havia uma fila de clientes esperando em sua porta, e, à tarde, visitava seus pacientes na cidade. Os monges toleravam essa intromissão em silêncio. Não poderiam agir de outra forma, porque era impossível ignorar o sucesso do médico.

A política do governo em relação à medicina é um capítulo negro na história do Tibet moderno. Os médicos da Legação Britânica eram as únicas pessoas com qualificação em medicina numa população de três milhões e meio de pessoas. Os médicos encontrariam um bom campo de trabalho no Tibet, mas o governo nunca consentiria que estrangeiros desempenhassem essa função. Todo o poder estava nas mãos dos monges, que criticavam até os funcionários do governo quando estes chamavam o médico inglês.

Quando Aufschnaiter foi chamado por um alto funcionário monástico e encarregado de construir um canal de irrigação, sentimos que havia esperança. Ficamos radiantes! Era o primeiro passo em direção do nosso estabelecimento em Lhasa e foram os monges que nos colocaram no caminho.

Aufschnaiter começou a trabalhar imediatamente nas medições. Eu queria ajudá-lo porque ele não tinha um auxiliar treinado, por isso fui até seu local de trabalho no Lingkhor. Uma cena indiscritível nos esperava. Havia centenas, não, milhares de monges acocorados, com seus hábitos vermelhos, fazendo algo que geralmente requer privacidade. Não invejei o local de trabalho de Aufschnaiter. Continuamos a trabalhar com obstinação, sem olhar para a direita ou para a esquerda, mas juramos sair do local o mais rápido possível.

Aufschnaiter trabalhou com afinco e, em quinze dias, estava pronto para começar a obra. Cento e cinquenta operários foram colocados à sua disposição, e passamos a nos sentir empreiteiros importantes. Porém, ainda tínhamos de aprender os métodos de trabalho praticados nesse país.

Enquanto isso, eu também consegui um trabalho. Ainda era um inválido, e o jardim de Tsarong era o melhor lugar para alguém na minha condição; mas continuava a imaginar o que poderia fazer para torná-lo mais bonito. Então, tive uma inspiração. Faria uma fonte.

Fiz as medições e os desenhos e, em seguida, preparei um lindo projeto. Tsarong ficou entusiasmado e designou criados para me ajudarem. Eu ficava confortavelmente sentado ao sol, dirigindo minha equipe. Canos subterrâneos foram instalados e um poço foi cavado. Tsarong insistiu em ajudar pessoalmente na colocação do cimento. Desde a construção da famosa ponte de ferro, era uma autoridade em concreto armado. Depois, tivemos de construir uma cisterna no telhado da casa para suprir a fonte com água. Era um trabalho bastante árduo bombear água para a cisterna, mas aproveitei a ocasião e usava a bomba manual para exercitar meus músculos.

Afinal, chegou o grande dia, e pela primeira vez um jato d'água, alto como a casa, jorrou da minha fonte. Estávamos contentes como crianças. Era a única fonte do Tibet e, de agora em diante, a *pièce de résistance* das festas que Tsarong dava no jardim.

As novidades e as atividades cotidianas quase nos fizeram esquecer as preocupações. Um dia, Thangme nos trouxe um jornal em tibetano e nos mostrou um artigo que relatava, de forma bastante favorável, como havíamos forçado nosso caminho pelas barreiras das montanhas e chegado a Lhasa, e dizia que estávamos pedindo proteção desse país neutro e piedoso. Achamos que essas amáveis linhas poderiam ter uma influência favorável sobre a opinião pública e esperamos que pudessem trazer apoio internacional à nossa petição. É verdade que o jornal em questão teria pouca influência na Europa. Saía uma vez por mês e era publicado em Kalimpong, na Índia. Sua circulação não excedia quinhentas cópias, mas era muito lido por certos círculos de Lhasa, e exemplares eram enviados a tibetólogos de todo o mundo.

As celebrações do ano-novo ainda não tinham terminado, apesar de as cerimônias mais importantes já terem ocorrido. Agora vinha o encontro atlético na Parkhor, em frente ao Tsug Lag Khang. Como ex-atleta, fiquei particularmente interessado e todos os dias, ao nascer do sol, ia assistir aos jogos, que começavam de manhã bem cedo. Tivemos sorte de conseguir lugares numa janela no segundo andar da Legação Chinesa, de onde assistíamos, bem escondidos atrás de uma cortina. Era a única forma de driblarmos a ordem que proibia que qualquer um ficasse acima do térreo na presença do regente, sentado em seu trono atrás de uma cortina de musselina, no primeiro andar do Tsug Lag Khang. Os quatro ministros do Conselho assistiam nas janelas.

Os primeiros eventos eram as lutas corpo a corpo. Não consegui me decidir se os métodos de luta eram mais ao estilo greco-romano ou luta livre. Obviamente, tinham suas próprias regras. Aqui, era marcada queda quando qualquer parte do corpo, exceto os pés, tocava o chão. Não havia lista de competidores ou qualquer anúncio preliminar. Um tapete de feltro é colocado no chão e homens saem da multidão e lutam uns contra os outros. Os combatentes usam só uma sunga e tremem no ar frio da manhã. São todos fortes e musculosos. Ficam pulando e fazendo gestos enlouquecidos na cara de seus oponentes, fazendo ar de valentões. Mas não têm qualquer noção da arte da luta e certamente teriam sido derrotados por um lutador de verdade. As lutas terminavam logo e uma nova dupla entrava em cena. Parece que nunca havia um real desejo de vencer. Os vencedores não recebiam distinção especial, e tanto os vencedores quanto os perdedores ganhavam lenços brancos. Curvavam-se diante do bönpo, que lhes entregava os lenços com um sorriso benevolente, e prostravam-se três vezes em honra ao regente; depois disso, reuniam-se à multidão como grandes amigos.

Depois veio a competição de levantamento de peso. O peso era uma pedra pesada, lisa, que deve ter passado por centenas de festivais de ano-novo. Tinha de ser levantada e carregada em volta do mastro da bandeira. Poucas pessoas conseguem realizar esse feito. Dão muitas risadas quando um competidor vai até a pedra com um ar arrogante e se dá conta de que mal consegue levantá-la do chão; ou quando a pedra escorrega das mãos, ameaçando esmagar seus pés.

Então, subitamente, ouve-se o ruído distante de cavalos a galope. O levantamento de peso chega ao fim. As corridas de cavalo estão começando. Aqui vêm as bestas numa espessa nuvem de poeira. Nestas corridas, não há uma pista com raias. Os cavalos soltos, sem cavaleiros, passam através da multidão, que os monges-soldados tentam tirar do caminho com seus cacetetes. Essas corridas, assim como alguns dos outros eventos, são difíceis de entender. Os animais soltos começam a correr em massa alguns quilômetros fora da cidade e irrompem através do público excitado, que, à força, afasta-se para deixá-los chegar ao mastro que marca o final da corrida. Só podem entrar na corrida cavalos criados no Tibet, e cada cavalo leva o nome de seu proprietário num pano sobre o lombo. Há uma feroz competição entre os estábulos, mas, quando o Dalai Lama ou um ministro tem um cavalo na corrida, é óbvio que ele deve chegar em primeiro lugar. Quando parece que um cavalo de fora vai vencer um cavalo "oficial", cavalariços correm e param-no antes que ele chegue ao mastro. As corridas são acompanhadas com tremenda animação. A multidão e os criados dos proprietários uivam e gritam para encorajar os cavalos, enquanto os nobres senhores, que são donos dos animais, tentam parecer dignos. Todos os cavalos passam enlouquecidos pelo mastro que fica um pouco depois da saída da cidade.

A nuvem de poeira provocada pelos cascos dos cavalos mal tem tempo de assentar antes de os primeiros corredores chegarem ofegantes. E que turba formam! Qualquer um pode participar da corrida a pé, desde velhos até garotos pequenos. Aí vêm – com pés ensanguentados e com bolhas, sem fôlego e com os rostos distorcidos. Pode-se ver que nunca treinaram na vida. Muitos abandonam a corrida antes de completar o curso de três quilômetros, não ganhando nada por seus esforços além da risada dos espectadores.

Os últimos corredores ainda chegam mancando quando o próximo evento começa. Dessa vez é uma corrida a cavalo, na qual os cavaleiros usam vestimentas históricas. São saudados com gritos de entusiasmo e usam loucamente seus chicotes para tirar o último fôlego de seus animais. A multidão agita os braços e grita, um cavalo refuga e seu cavaleiro voa em arco no meio dos espectadores. Ninguém se importa. Esse é o último evento atlético do encontro. Depois, os vencedores vêm à frente, cada um levando um quadrado de madeira que mostra a ordem em que chegou no poste. Há ao redor de cem corredores e quase o mesmo número de cavaleiros. Recebem lenços coloridos ou brancos dos juízes, mas os espectadores não aplaudem.

Para fechar o evento, é feita uma gincana num enorme campo próximo de Lhasa. Corremos com a multidão e ficamos muito contentes por termos sido convidados por um dos nobres para entrar em sua tenda. Essas tendas do festival oferecem um lindo quadro. São montadas em densas fileiras e cada uma é mobiliada de maneira correspondente à posição social do dono. Muitas têm cortinas de seda e brocado e são decoradas com lindos ornamentos. Acrescentem a isso as ricas túnicas dos homens e das mulheres, e tem-se uma sinfonia de cores. Funcionários civis da quarta classe para cima usam túnicas de seda brilhante amarela, com grandes chapéus em forma de prato com abas de pele de raposa azul. (Essas peles vêm de Hamburgo! Os tibetanos acham que suas próprias raposas não são boas o suficiente.)

A competição pela elegância das roupas não se restringe às mulheres. Os homens tomam parte. Seu amor asiático por coisas finas os coloca em contato com muitas partes do mundo. Assim, as peles de raposa azul vêm de Hamburgo, as pérolas cultivadas do Japão, turquesas da Pérsia via Bombaim, corais da Itália e âmbar de Berlim e Königsberg. Muitas vezes escrevi cartas em nome de nobres ricos para endereços em todo o mundo, encomendando esse ou aquele artigo de luxo. Aqui, pompa e ornamentação são uma necessidade. Roupas e acessórios devem ser exibidos. As pessoas comuns não dispõem de luxo, mas o apreciam nas classes mais altas.

Os grandes festivais são, na verdade, uma ocasião para exibir pompa e poder, e os altos dignitários sabem que precisam do povo para fazer uma boa apresentação. No último dia do festival, quando os quatro ministros do Conselho trocaram seus caros chapéus pelos chapéus com franjas vermelhas dos criados para mostrar, por um momento, sua igualdade com o povo, o entusiasmo e a admiração do público não tinha limites.

A gincana, ou exibição de cavalos, é o espetáculo mais popular de todos. Provavelmente, é uma reminiscência das grandes paradas militares antigas. No passado, os senhores feudais tinham de marchar com suas tropas frente a seu suserano para demonstrar sua prontidão para a guerra, mas esse significado já desapareceu há muito. Porém, esses jogos têm muitas características que lembram os dias de guerra de influência mongol, quando os maravilhosos feitos da cavalaria eram a ordem do dia.

Tivemos a oportunidade de admirar algumas demonstrações incrivelmente habilidosas dos cavaleiros tibetanos. Cada família nobre entra com um certo número de participantes nesses jogos e, é claro, a maior esperteza está em escolher o melhor homem para que a equipe se saia bem na classificação final. Os competidores devem mostrar sua habilidade como cavaleiros e atiradores. Quando vi o que conseguiam fazer, quase não acreditei! Ficavam em pé sobre a sela e, enquanto seus cavalos galopavam, passando por um alvo pendurado, giravam seus mosquetes e atiravam no centro do alvo. Antes de chegarem ao próximo alvo, a dezoito metros de distância, tinham trocado seus mosquetes por arcos e flechas. Gritos de alegria aclamavam o arqueiro que atingisse o alvo. É incrível como os tibetanos são destros para trocar uma arma por outra!

Nessas festividades, o governo tibetano demonstra grande hospitalidade, mesmo a estrangeiros. Esplêndidas tendas de honra são montadas para todas as legações estrangeiras, e criados e funcionários da diplomacia cuidam para que os hóspedes tenham tudo o que desejarem.

Notei que havia um grande número de chineses no local dos esportes. Podem ser facilmente distinguidos dos tibetanos, apesar de pertencerem à mesma família racial. Os tibetanos não têm os olhos tão puxados; têm rostos agradáveis e refinados, com bochechas coradas. As ricas roupas chinesas do passado, em muitos casos, deram lugar a trajes ocidentais, e muitos chineses, nesse aspecto mais progressistas que os tibetanos, usam óculos. A maioria dos chineses em Lhasa são comerciantes que mantêm prósperas relações comerciais com seu próprio país. Gostam de viver no Tibet e muitos se estabelecem permanentemente em Lhasa. Uma das razões é porque a maioria dos chineses são ardentes fumantes de ópio, e não há uma proibição explícita contra fumar ópio no Tibet. Às vezes, um tibetano, seduzido pelo exemplo dos chineses, fica viciado no cachimbo de ópio. Se isso acontecer, provavelmente será punido. Não há perigo de que fumar ópio se torne um vício nacional. A vigilância das autoridades é aguçada demais. Fumar tabaco já é considerado um vício, havendo um controle muito rígido. Apesar de ser possível comprar qualquer tipo de cigarro em Lhasa, não se pode fumar nas repartições, nas ruas ou nas cerimônias públicas. Quando os monges tomam o poder no Ano do Cão de Fogo, proíbem até a venda de cigarros.

Por isso, os tibetanos são cheiradores de rapé. Os leigos e os monges usam sua própria mistura de rapé, que acham estimulante. Todos se orgulham da sua mistura e, quando dois tibetanos se encontram, a primeira coisa que fazem é tirar a caixa de rapé e trocar uma pitada. As caixas de rapé também são objeto de orgulho. São encontradas caixas de todos os materiais, do chifre de iaque ao jade. O cheirador de rapé experiente espalha sua dose sobre a unha do polegar, a aspira e depois sopra uma nuvem de pó pela boca. Espirrar, nem pensar. Se alguém espirrava, era sempre eu, e quem estava comigo nunca deixava de rir.

Também há nepaleses em Lhasa, ricamente vestidos e robustos. Pode-se ver, mesmo a distância, que são prósperos. Devido a um velho tratado, são isentos de impostos e aproveitam muito bem essa situação. As melhores lojas na Parkhor pertencem a eles. São excelentes negociantes, com um sexto sentido para uma boa barganha. A maioria deixa as famílias no seu país e voltam ocasionalmente; diferente dos chineses, que se casam com mulheres tibetanas, para quem são maridos exemplares.

Nas festividades oficiais, os representantes do Nepal superam até as coloridas vestimentas tibetanas em esplendor, e as túnicas vermelhas dos gurcas, que são seus guarda-costas, são vistas de longe. Os gurcas adquiriram certa fama em Lhasa. Só eles se atrevem a infringir a proibição da pesca. Quando o governo vem a saber de tais contravenções, manda um protesto solene à Legação Nepalesa. Isto faz com que uma pequena comédia seja encenada. É claro que os culpados devem ser punidos, pois a legação tem interesse em manter boas relações com o governo tibetano. Mas, na realidade, pessoas mais importantes que meros soldados estão frequentemente envolvidas – na verdade, muitos tibetanos das classes altas gostam de comer peixe, quando conseguem obtê-lo. Os pobres infratores recebem uma terrível repriminda e são sentenciados a serem chicoteados, mas a punição não é feita para doer.

Ninguém se atreve a pescar em Lhasa. Em todo Tibet, há apenas um lugar onde a pesca é autorizada, onde o rio Tsangpo corre através de um deserto arenoso. Aí não há plantações ou pastagens para os animais: na realidade, só há peixe para comer, e por isso a lei foi relaxada. As pessoas dessa região são olhadas de cima, como os açougueiros e os ferreiros.

Em questão de número, os muçulmanos formam uma parte considerável da população em Lhasa. Têm sua própria mesquita e têm total liberdade para praticar sua religião. (Uma das melhores características do povo tibetano é sua total tolerância com as religiões alheias. Sua teocracia monástica nunca buscou a conversão de infiéis.) A maioria dos muçulmanos imigrou da Índia e se misturou com os tibetanos. No início, seu zelo religioso fez com que exigissem que suas mulheres tibetanas se convertessem, mas o governo interveio e estabeleceu a condição de que as mulheres nativas só poderiam casar-se com muçulmanos se mantivessem sua própria fé.

Na gincana, é possível encontrar exemplos de todos os grupos populacionais. Vê-se gente de Ladhak, Butão, Mongólia, Sikkim, casaques, e representantes de todas as tribos vizinhas, entre elas, os hui-huis, chineses muçulmanos da província de Kuku-Nor. Os hui-huis são proprietários de abatedouros situados num quarteirão especial fora de Lingkhor. Os budistas os olham de soslaio porque eles tiram a vida dos animais. Porém, podem ter seu próprio local de culto.

No final do festival, os nobres e os notáveis caminham de volta para a cidade numa procissão resplandecente. As pessoas comuns ficam ao longo da estrada e admiram o esplendor de seus semideuses. Já tiveram sua parcela de animação e drama, e os fiéis vão se deliciar por muito tempo com a memória dessas grandes cerimônias, nas quais o Deus Rei mostrou-se para eles. A vida cotidiana começa novamente. As lojas estão abertas e as pechinchas são feitas com tanto fervor quanto antes. Os jogadores de dados aparecem nas esquinas e os cachorros, que durante o jejum de "Lenten" migraram para a periferia da Lingkhor, voltam à cidade.

Nossa vida continuava pacificamente. O verão se aproximava. Minha ciática ficou melhor e nada era dito sobre nossa expulsão. Eu era tratado regularmente pelo médico inglês, e nos dias em que a dor aliviava conseguia trabalhar no jardim. E tinha muito o que fazer, pois quando souberam que eu era o responsável pela fonte de Tsarong e várias outras reformas em sua propriedade, os notáveis vieram, um depois do outro, para me pedir para fazer o mesmo para eles.

Aufschnaiter andava muito ocupado fazendo seu canal. Trabalhava da manhã à noite, e só parava nos feriados. Foi uma sorte ele ter sido empregado pelos monges, porque, apesar de os nobres leigos terem um papel importante na administração do país, um pequeno grupo de monges dava a última palavra em tudo. Por isso, senti grande satisfação quando fui chamado ao jardim do Tsedrung.

Os monges dessa fundação são funcionários que formam uma ordem monástica especial. Criados para serem estritamente fiéis à sua própria comunidade, tornaram-se muito mais poderosos que os funcionários civis. Formam o séquito imediato do Dalai Lama e os criados pessoais do jovem Deus pertencem a esta ordem. Todos seus camareiros, professores e guardas pessoais são monges Tsedrung de alta posição. Além disso, o Dalai Lama assiste aos encontros que são obrigados a fazer diariamente para discutir os interesses da sua comunidade.

Os funcionários dessa ordem são, sem exceção, rigidamente treinados. Sua escola fica na ala leste do Potala e seus professores vêm, segundo a tradição, do famoso claustro de Möndroling, especializado em caligrafia e gramática tibetana. Qualquer um pode entrar na escola, mas a admissão na ordem é muito difícil. Uma regra que data de muitos séculos determina que o número de membros do Tsedrung não deve ser maior que 175.

Quando um estudante chega aos dezoito anos e passa nos exames, pode entrar na ordem com apadrinhamento de poderosos. Começando de baixo, ele pode, se for capaz o suficiente, chegar à terceira classe na ordem. Os monges do Tsedrung usam, além dos hábitos vermelhos comuns, trajes que distinguem sua posição. A maioria dos estudantes da escola Tsedrung vem do povo e fornece uma contrapartida útil à influência dos nobres hereditários. Têm um amplo campo de atuação, já que não há repartição pública que não tenha pelo menos um funcionário monástico para cada leigo. Esse sistema de duplo controle é considerado uma segurança contra o exercício do poder ditatorial, um dos grandes perigos do feudalismo.

Foi o Primeiro Camareiro que mandou me chamar. Propôs que eu reformasse o jardim do Tsedrung, o que era uma grande oportunidade para mim. Me disse que também deveria acrescentar coisas ao jardim do Dalai Lama, e que, se meu trabalho fosse satisfatório, poderia ser empregado ali. Comecei a trabalhar imediatamente com o maior zelo. Colocaram uma série de homens sob as minhas ordens e em seguida colocamos mãos à obra. Agora, não tinha mais tempo para as aulas particulares de inglês e matemática que estava dando a alguns jovens nobres.

Justamente quando estávamos começando a nos sentir seguros de nossa posição, tendo em vista a poderosa proteção que gozávamos, tive um choque terrível. Uma manhã, recebemos a visita do sr. Kyibub, alto funcionário do ministério do Exterior e o último dos quatro tibetanos que estudara em Rugby, muitos anos atrás. Estava claramente desconfortável com sua missão. Depois de muitas desculpas e expressões de pesar, nos disse que o médico inglês tinha atestado que eu estava apto a viajar e que o governo esperava que partíssemos imediatamente. Para confirmar, nos mostrou o atestado que afirmava que, apesar de não estar totalmente curado, eu poderia viajar sem risco de vida.

Isso foi um golpe terrível e inesperado para Aufschnaiter e para mim. Nos recompusemos e pedimos, calma e educadamente, para apresentar nosso lado da questão. Explicamos que minha doença poderia voltar a qualquer momento. O que eu faria se, no meio da viagem, descobrisse que não poderia dar nem mais um passo? Além disso, a estação quente na Índia recém tinha começado. Ninguém que estivesse vivendo há tanto tempo no saudável ar de montanha do Tibet poderia suportar a transição sem prejudicar sua saúde. E o que aconteceria com as tarefas que nos foram encarregadas pelas mais altas autoridades e que tínhamos o compromisso de terminar? Prometemos submeter outra petição ao governo.

Desse dia em diante, não ouvimos mais nenhuma palavra sobre uma ordem de expulsão, apesar de que, por um tempo, tínhamos a expectativa diária de que isso acontecesse.

Enquanto isso, começamos a nos sentir em casa em Lhasa e as pessoas se acostumaram conosco. Não recebíamos mais visitas de curiosos, só de amigos. A Legação Britânica parecia convencida de que não éramos perigosos, porque, apesar de Délhi ter pedido nossa detenção, não fez mais pressões. As autoridades tibetanas nos asseguraram que não éramos considerados indesejáveis.

Estávamos ganhando tão bem que não dependíamos mais da hospitalidade de Tsarong. Fizemos vários amigos durante o curso de nosso trabalho e o tempo passava rápido. A única coisa que ansiávamos era por cartas de casa. Estávamos sem notícias há mais de dois anos. Ainda assim, nos consolávamos com a ideia de que nossa vida era bastante tolerável e que havia várias razões para estarmos contentes. Tínhamos um bom telhado sobre nossas cabeças e não lutávamos mais para sobreviver. Os recursos da civilização ocidental não nos faziam falta. A Europa, com sua vida tumultuada, parecia muito longe. Sempre que sentávamos e ouvíamos o rádio com relatos de nosso país, lamentávamos as notícias deprimentes. Não tínhamos estímulo para voltar para casa.

10. A vida em Lhasa – I

O filho mais novo da Grande Mãe – A procissão
ao Norbulingka – A religião tibetana – Seca e
o Oráculo de Gadong – Cotidiano – Médicos,
curandeiros e adivinhos

Todas as minhas experiências anteriores foram ofuscadas pela primeira festa oficial que fui na casa dos pais do Dalai Lama. Eu estava lá por acaso. Estava trabalhando no jardim, onde tinha feito uns canteiros novos, quando a Santa Mãe mandou me chamar e me disse que deixasse o trabalho por hoje e que me juntasse aos seus convidados. Com certo embaraço, juntei-me à resplandecente multidão na sala de recepção.

Estavam reunidos ali uns trinta nobres, todos em suas túnicas mais finas, e a cena era de um majestoso esplendor. A recepção era para celebrar o nascimento do filho mais jovem da anfitriã, nascido há três dias. Hesitante, murmurei minhas congratulações e ofereci um lenço branco, que consegui emprestado. A Santa Mãe sorriu graciosamente. Era maravilhoso vê-la caminhando despreocupadamente pela sala e recebendo os convidados. As mulheres aqui se recuperam do repouso com uma velocidade milagrosa e fazem pouco estardalhaço quanto ao parto. Médicos não são chamados, mas as mulheres ajudam umas às outras. Todas têm orgulho de ter muitos filhos saudáveis. A mãe invariavelmente amamenta seus próprios filhos e às vezes continua a amamentá-los por três ou quatro anos.

Quando nasce um filho numa família nobre, o bebê imediatamente recebe uma babá especial, que nunca deve deixá-lo, dia e noite. Grandes celebrações se seguem ao nascimento de um filho, mas não há nada como a nossa cerimônia de batismo, e não há padrinhos. Antes de dar nome ao bebê (ou nomes, porque cada criança tem vários), os pais consultam um lama, que decide como ele vai ser chamado só depois de estudar os aspectos astrológicos do caso. Se uma criança sofrer uma doença séria mais tarde, é costume dar-lhe novos nomes. Uma vez, um dos meus amigos adultos trocou o nome depois de um ataque de disenteria, e eu sempre me confundia.

Na celebração do nascimento do irmão mais moço do Dalai Lama, fomos recebidos num suntuoso festim, nos sentando em almofadas em frente a mesinhas por ordem de importância. Por duas horas consecutivas, os criados serviram prato após prato – contei uns quarenta, mas isto não foi tudo. Para comer em tais jantares, é necessário treinamento. Peço desculpas por não mencionar todas as iguarias que nos foram oferecidas, mas lembro que incluía toda a sorte de pratos indianos temperados e terminava com uma sopa de massa. Para beber, havia, entre outras coisas, cerveja, uísque e vinho do Porto. No final do banquete, vários convidados estavam bêbados, mas isso não é uma vergonha no Tibet; contribui para a alegria geral.

A festa terminou logo após o banquete. Cavalos e criados fornecidos pelo anfitrião esperavam para levar os convidados para casa. Convites para outras festas foram feitos indiscriminadamente e era necessário um ouvido apurado para distinguir os que eram sérios e os que eram feitos apenas por educação.

Aufschnaiter e eu éramos frequentemente convidados para essa casa e logo fiquei amigo de Lobsang Samten. Este atraente jovem recém estava começando sua carreira de monge. Como irmão do Dalai Lama, tinha uma brilhante perspectiva. Um dia, teria um grande papel como intermediário entre seu irmão e o governo. Porém, a alta posição já começava a pesar sobre ele. Não podia escolher os amigos livremente. Eram feitas inferências sobre o que quer que fizesse ou por onde fosse. Quando visitava um alto funcionário numa ocasião oficial, sua entrada na sala causava um silêncio reverente e todos, mesmo os ministros do Conselho, se levantavam para mostrar respeito ao irmão do Deus Rei. Tudo isso teria virado a cabeça de qualquer jovem, mas Lobsang Samten nunca perdeu seu jeito modesto.

Muitas vezes, conversava comigo sobre seu jovem irmão, que tinha uma vida solitária no Potala. Eu já tinha reparado que todos os convidados nas festas se escondiam quando a figura do Dalai Lama aparecia caminhando sobre o telhado plano do palácio. Lobsang me deu uma explicação tocante. O jovem Deus possuía uma série de telescópios potentes e de binóculos e se divertia olhando a vida e os afazeres de seus súditos na cidade. Para ele, o Potala era uma prisão de ouro. Passava muitas horas por dia rezando e estudando nas escuras salas do palácio. Tinha pouco tempo livre e poucos prazeres. Quando os convidados de uma festa se sentiam observados, desapareciam assim que possível de seu campo de visão. Não queriam entristecer o coração do jovem governante, que não tinha a menor esperança de poder participar de tais distrações.

Lobsang Samten era seu único amigo e confidente, e tinha acesso a ele a qualquer hora. Servia de ligação entre ele e o mundo exterior, e tinha de contar ao irmão tudo o que acontecia. Soube por Lobsang que ele estava muito interessado em nossas atividades e que muitas vezes me olhava pelo telescópio enquanto eu trabalhava no jardim. Também me disse que seu irmão estava ansioso para mudar-se para sua residência de verão em Norbulingka. O tempo bom tinha chegado e ele sentia-se enferrujado no Potala. Queria fazer exercícios ao ar livre.

A estação das tempestades de areia tinha terminado e os pessegueiros estavam em flor. Nos picos próximos, as últimas neves remanescentes brilhavam com sua brancura ofuscante ao calor do sol, dando um charme especial à primavera que me lembrava o cenário das montanhas em casa. Um dia, foi oficialmente declarado que o verão começara e que as roupas de verão podiam ser usadas. Não se tinha o direito de abandonar as peles quando se quisesse. Todos os anos, depois de considerar os presságios, um dia era fixado para que os nobres e os monges pusessem suas roupas de verão. O tempo já podia estar quente há horas, ou ainda podiam ocorrer tempestades de neve. Isso não importava. As roupas de verão só podiam ser usadas a partir daquela data. O mesmo acontece no outono, quando voltam as roupas de inverno. Eu ouvia continuamente reclamações de que a mudança tinha vindo cedo demais ou tarde demais e que as pessoas estavam sufocadas ou meio congeladas.

A mudança de roupas é acompanhada de uma cerimônia que dura horas. Criados trazem as novas roupas empilhadas em pacotes nas suas costas. Os monges têm uma passagem mais fácil. Só trocam seus chapéus com abas de pele por um chapéu de papel machê em forma de disco. Toda a aparência da cidade muda quando, de repente, todo mundo aparece de roupas novas.

Ainda há uma outra ocasião para a mudança de trajes, que é quando todo o mundo oficial acompanha o Dalai Lama, numa linda procissão, até o Jardim de Verão. Aufschnaiter e eu estávamos ansiosos por vê-la. Achávamos que veríamos o Buda Vivo mais de perto.

Era um glorioso dia de verão e toda a cidade se movia pelo portão ocidental ao longo do trecho de três quilômetros que separam os palácios Potala e Norbulingka. Era difícil encontrar lugar para caminhar sem ser pisoteado.

Fiquei com pena de não ter uma máquina para fotografar a resplandecente multidão. Claro que só um filme colorido faria justiça. A abertura do verão era um dia de regozijo para todos, e fiquei feliz pelo menino, que ia trocar sua triste prisão por um lindo jardim de verão. Ele não tinha sol suficiente na vida.

Esplêndido e imponente em seu exterior, o Palácio Potala é escuro e desconfortável demais como moradia. É provável que todos os Deuses Reis ficassem felizes em sair dele, assim que possível, porque a residência do Jardim de Verão de Norbulingka foi projetada há muito tempo, no reinado do sétimo Dalai Lama, mas só foi terminada no do décimo terceiro.

O último monarca fora um grande reformador e, ao mesmo tempo, um homem de ideias modernas. Chegou até a importar três automóveis para seu uso próprio. Os carros foram desmontados na fronteira e levados por cules e por iaques através das montanhas até a capital, onde um mecânico treinado na Índia os montou novamente. Esse homem foi então designado motorista de Sua Majestade. O motorista sempre me falava com tristeza dos seus três carros, que agora estavam ociosos, guardados numa cabana. Eram dois Austins e um Dodge. Por certo tempo, tinham sido a sensação do Tibet, mas agora estavam de luto por seu senhor morto e enferrujavam com uma ilustre decadência. A história de como o décimo terceiro Dalai Lama usava seus automóveis para fugir de sua prisão de inverno ainda provoca risos. No outono, costumava voltar ao Potala com pompa e circunstância, mas, assim que a multidão saía das ruas, entrava num dos carros e voltava para Norbulingka.

Escutamos o ruído das trombetas e dos trombones. A procissão se aproximava. Os murmúrios da multidão foram abafados e baixou um silêncio reverente, pois já se avistava o início da coluna. Uma hoste de monges camareiros formava a vanguarda. Levavam com eles os pertences pessoais do Deus Rei arrumados em trouxas, e cada trouxa era enrolada num pano de seda amarela. Amarelo é a cor da Igreja Lamaísta Reformada, que também é conhecida como a Igreja Amarela. Uma velha lenda conta por que essa cor foi escolhida. Tsong Kapa, o maior reformador do budismo no Tibet, estava no fim de uma fila de noviços no dia de sua entrada no mosteiro de Sakya. Quando chegou sua vez de ser vestido, o suprimento de chapéus vermelhos tinha acabado. Para que ele não ficasse sem chapéu, alguém pegou o primeiro chapéu que encontrou e colocou-o na sua cabeça. Por acaso, era amarelo. Tsong Kapa nunca deixou de usá-lo, e por isso o amarelo veio a ser adotado como a cor da Igreja Reformada. O Dalai Lama sempre usava uma touca de seda amarela em recepções e cerimônias, e todos os objetos usados regularmente por ele eram dessa cor. O uso do amarelo era um privilégio que só ele tinha.

Em seguida, vimos os pássaros favoritos do Deus Rei serem levados em suas gaiolas. De vez em quando, um papagaio gritava uma palavra de boas-vindas em tibetano, que a multidão de fiéis recebia com suspiros profundos, como se fosse uma mensagem pessoal do seu Deus. Atrás dos criados, vinham monges com estandartes decorados com textos. Em seguida, vinha uma banda de músicos a cavalo usando uniformes antigos, de cores vivas, e tocando instrumentos antigos que produziam sons curiosos, lamurientos. Depois dela, seguia um exército de monges do Tsedrung, também a cavalo, e marchando por ordem de importância. Atrás deles, cavalariços levavam os cavalos favoritos do Dalai Lama, com esplêndidos adereços. As rédeas eram amarelas e os freios e as selas, de puro ouro.

Depois vinha um séquito de altos dignitários e membros mais velhos da família do Deus Rei, que têm a posição de abade. Essas eram as únicas pessoas, além dos pais e irmãos, que tinham o direito de falar com o Dalai Lama. Junto com eles, marchavam as altas figuras dos guarda-costas – sujeitos enormes, escolhidos por seu tamanho e sua força. Me disseram que nenhum tem menos de um metro e oitenta de altura e que um deles mede dois metros e quarenta. Tinham os ombros acolchoados, para parecerem ainda mais fortes e carregavam longos chicotes nas mãos. O único som que se ouvia vinha deles quando, com suas vozes profundas e graves, mandavam a multidão dar lugar e tirar os chapéus. Obviamente, isso era parte do cerimonial, já que as pessoas já estavam em silêncio absoluto, com as cabeças baixas e as mãos cruzadas.

Depois seguia o comandante em chefe do Exército. Segurava a espada numa saudação. Comparado com as sedas e os brocados dos outros dignitários, seu uniforme cáqui parecia bastante modesto. Porém, podia escolher os detalhes de seu traje; e seu distintivo de exército e dragonas eram de ouro puro. Na cabeça, usava um elmo solar.

Agora se aproximava o palanquim amarelo, forrado de seda, do Buda Vivo, brilhando como ouro à luz do sol. Os carregadores eram 36 homens com mantos de seda verde, usando toucas vermelhas em forma de prato. Um monge segurava uma enorme sombrinha iridescente feita de penas de pavão sobre o palanquim. A cena era um festim para os olhos – um quadro tirado de um conto de fadas oriental há muito esquecido.

À nossa volta, todas as cabeças estavam baixas em profunda reverência e ninguém se atrevia a levantar os olhos. Aufschnaiter e eu devíamos nos destacar por nossas cabeças levemente curvadas. Era vital que víssemos o Dalai Lama. E lá estava ele – curvando-se para nós com um sorriso atrás do vidro da cadeirinha da liteira. Suas feições finas tinham muito charme e dignidade, mas seu sorriso era de um menino, e adivinhamos que ele também estava curioso em nos ver.

O auge da procissão passara. Agora vinham as autoridades temporais. Os quatro ministros do Conselho andavam em esplêndidos cavalos a cada lado do soberano. Atrás deles, vinha outra liteira magnífica, levada por poucos carregadores, na qual sentava o regente, Tagtra Gyeltsab Rimpoche, chamado "O Tigre de Pedra", um senhor de 73 anos. Olhava rigidamente à frente e não sorria para cumprimentar. Parecia não ver as pessoas. Rígido e severo no desempenho de suas funções, tinha tantos inimigos quanto amigos. Depois dele, cavalgavam os representantes dos Três Pilares do Estado, os abades de Sera, Drebung e Ganden. Atrás, vinham os nobres por ordem de importância, cada grupo vestindo a roupa adequada à sua posição social. As ordens menores usavam pequenos e absurdos bonés que mal cobriam o topo da cabeça e eram amarrados com uma fita embaixo do queixo.

Em profunda contemplação do espetáculo, subitamente ouvi o som de uma música familiar. Sim – não havia dúvida, o Hino Nacional Britânico! A banda dos guarda-costas deve ter apressado o passo na metade do caminho, e a liteira real devia ter recém-chegado junto a ela. Assim, para homenagear o Deus, tocaram *God Save the Queen*. Eu já tinha ouvido esse hino melhor tocado, mas nunca me causara tal admiração. Soube depois que o maestro da banda fora treinado no Exército indiano. Tinha observado que essa música tinha uma parte importante em todas as cerimônias e, por isso, trouxera-a de volta com ele. Havia uma versão em tibetano, mas nunca a ouvi cantada. A banda de metais terminou o hino razoavelmente, com exceção de algumas notas erradas pelos trompetes devido ao ar rarefeito, e depois os gaiteiros da polícia tocaram uma seleção de canções escocesas.

Não há harmonia na música tibetana, mas as melodias são agradáveis ao ouvido. Na mesma peça, passam facilmente do triste para o alegre e as mudanças de ritmo são frequentes.

A procissão desapareceu atrás dos portões do Palácio de Verão e a multidão se dispersou, a maioria para passar o resto do dia ao ar livre. Os nômades, suando em seus quentes mantos de pele de ovelha, desmontam as tendas e se mudam para suas casas nas montanhas de Changthang. Nenhum tibetano fica ansioso para sair em peregrinação para a Índia e nenhum nômade quer vir para Lhasa durante a estação quente. A capital está apenas a 3.650 metros acima do nível do mar e os nômades, que vivem a 4.500 metros, acham o calor opressivo.

Caminhamos para casa profundamente impressionados com tudo o que tínhamos visto. Não poderíamos ter testemunhado exemplo melhor da distribuição da autoridade no Tibet do que na procissão que passou diante de nós – com o Dalai Lama e o regente como os pontos altos, e diferentes graus diminuindo para frente e para trás. Era significativo que os monges viessem na frente, uma demonstração do seu poder no Estado.

A religião é o centro da trama do poder. Peregrinos das partes mais remotas de Changthang sofrem inúmeras dificuldades para vir uma vez por ano testemunhar essa brilhante manifestação de sua fé religiosa; alimentam-se dessa memória em suas vidas duras e solitárias. O cotidiano dos tibetanos é regido pela crença religiosa. Textos religiosos estão constantemente em seus lábios; rezam o tempo todo; estandartes com preces tremulam nos telhados das casas e no alto das passagens nas montanhas; a chuva, o vento, todos os fenômenos da natureza, os solitários picos das montanhas nevadas são testemunho da presença universal dos deuses, cuja ira é manifestada por tempestades de granizo, e cuja benevolência é demonstrada pela fertilidade da terra. A vida das pessoas é regulada pela vontade divina, cujos intérpretes são os lamas. Antes de qualquer coisa ser realizada, devemos ver os presságios. Devemos incessantemente suplicar, aplacar ou agradecer aos deuses. Lamparinas de preces queimam em todos os lugares: da casa do nobre à tenda do nômade – a mesma fé os embala. A existência terrena tem pouco valor no Tibet e a morte não causa horror. As pessoas sabem que nascerão de novo e esperam uma forma de existência superior na próxima vida, recompensa por uma conduta piedosa nesta vida. A Igreja é a mais alta corte de apelação e o mais simples monge é respeitado pelo povo e chamado com o título de Kusho, como se fosse um membro da nobreza. Em cada família, pelo menos um dos filhos é dedicado ao claustro, como símbolo de reverência à Igreja e para dar ao filho um bom começo na vida.

Em todos esses anos, nunca encontrei ninguém que expressasse a menor dúvida quanto à verdade dos ensinamentos de Buda. Existem, é verdade, muitas seitas, mas diferem apenas no exterior. Não se pode ficar insensível ao fervor religioso que emana de todos. Depois de pouco tempo no país, não conseguia mais matar uma mosca sem pensar, e nunca esmaguei um inseto que me incomodava na presença de um tibetano. A atitude das pessoas nessa questão é verdadeiramente tocante. Num piquenique, se uma formiga sobe na roupa de alguém, é gentilmente agarrada com a mão e colocada no chão. É uma catástrofe se uma mosca cai na xícara de chá. Deve ser salva a todo custo de se afogar, pois pode ser a reencarnação da nossa falecida avó. No inverno, quebram o gelo nos tanques para salvar os peixes antes que morram congelados, e no verão os resgatam antes que os tanques sequem. Essas criaturas são mantidas em baldes ou latas até poderem ser recolocadas em suas águas natais. Enquanto isso, seus salvadores fizeram algo para o bem de suas próprias almas. Quanto mais vidas se pode salvar, mais feliz se fica.

Nunca vou esquecer uma experiência que tive com meu amigo Wangdüla. Um dia, fomos ao único restaurante chinês da cidade e vimos um ganso correndo pelo pátio, aparentemente a caminho da panela. Wangdüla tirou rapidamente uma nota de dinheiro de valor considerável do bolso e comprou o ganso do dono do restaurante. Então, fez o criado levar o ganso para casa e por anos costumava ver o sortudo animal bamboleando pela sua casa.

Típico dessa atitude em relação a todas as criaturas vivas foi o édito publicado em todas as partes do país para pessoas envolvidas em construções – isso foi durante os três anos em que o jovem Dalai Lama ficou em meditação. Foi apontado que minhocas e insetos poderiam ser facilmente mortos durante as obras de construção, e solicitava-se que fosse tomado o máximo cuidado para evitar isso. Mais tarde, quando eu estava encarregado dos diques, vi com meus próprios olhos que os cules examinavam cada pá de terra e retiravam qualquer ser vivo.

Com base nesse princípio, não há pena capital no Tibet. O assassinato é considerado o mais hediondo dos crimes, mas o assassino só é açoitado e grilhões de ferro são fundidos aos seus tornozelos. É verdade que os açoitamentos são de fato menos humanitários que a pena de morte na forma como é infligida no Ocidente. A vítima muitas vezes tem uma morte dolorosa depois que a pena foi aplicada, mas o princípio religioso não foi infringido. Os criminosos condenados a uma vida a ferros ficam presos na prisão estatal em Shö, ou são mandados para o governador de um distrito, que é responsável por sua custódia. Seu destino certamente é preferível ao dos condenados nas prisões, que só podem sair de suas celas no dia de nascimento-morte de Buda, quando podem pedir esmolas na Lingkhor, acorrentados aos outros prisioneiros.

O roubo e várias infrações menores são punidos com açoitamento público. É colocado ao redor do pescoço do infrator um disco de madeira onde está escrita sua infração e ele tem de ficar num pelourinho por alguns dias. Aqui também pessoas piedosas vêm e lhe dão comida e água. Quando salteadores de estradas e ladrões são pegos, geralmente são condenados a terem uma mão ou um pé decepados. Fiquei horrorizado ao ver como as feridas infligidas dessa forma eram esterilizadas. O membro é mergulhado em manteiga fervendo e mantido ali. Mesmo isso não detém os infratores. Um governador me disse que criminosos que estenderam suas mãos, num gesto insolente, para serem punidos, voltaram à sua vida de crimes depois de algumas semanas. Em Lhasa, essas formas selvagens de punição não são mais aplicadas.

As penalidades para infrações políticas são muito rígidas. As pessoas ainda falam dos monges de Tengyeling que, há quarenta anos, quiseram negociar com os chineses. Seu mosteiro foi demolido e seus nomes foram apagados.

Não existe um sistema organizado de cortes de justiça no Tibet. Duas ou três pessoas da nobreza são encarregadas da investigação de crimes, mas a corrupção, infelizmente, é muito disseminada; na realidade, poucos nobres têm fama de íntegros. As somas recebidas como suborno são consideradas por muitos como parte dos pré-requisitos do sistema feudal. Se um réu achar que foi condenado injustamente, é permitido que apele ao Dalai Lama. Se for provado que é inocente, ele é perdoado: e, se não, sua pena é dobrada.

Em Lhasa, o magistrado da cidade exerce as funções de juiz permanentemente, exceto durante os 21 dias que se seguiam ao ano-novo, quando a autoridade é exercida pelos monges. O magistrado é auxiliado por dois assessores, que estão sempre ocupados porque, além dos peregrinos, muitos malfeitores vêm à capital.

Depois de o Dalai Lama ter-se mudado para sua residência de verão, o tempo ficou bastante quente, mas não desagradável. Nessa estação, a temperatura nunca fica acima de trinta graus centígrados e as noites são frescas. O ar é muito seco e raramente chove. Logo todo mundo começa a rezar por chuva. Há uma série de fontes ao redor de Lhasa, mas quase todos os anos elas secam. Quando isso acontece, as pessoas têm de pegar água no rio Kyichu, que corre das geleiras, limpo e frio.

Quando as fontes param de jorrar e o centeio nos campos está seco e murcho, o governo decreta que todos os cidadãos devem molhar as ruas até ordem em contrário. Imediatamente, toda a cidade participa e todos correm ao rio, com jarras e baldes, para trazer água para a cidade. Os nobres mandam os criados buscar água, mas, quando chegam, ajudam a derramá-la nas ruas e nos vizinhos. Acontece um verdadeiro carnaval de água, no qual todos participam sem distinção de classe social ou importância. Rios de água caem das janelas e dos telhados na cabeça dos passantes, e é de mau gosto ficar ofendido se você ficar todo molhado. As crianças se divertem como nunca. Por ser alto e diferente, fiquei empapado além da conta. Todo mundo achava que o "Henrigla Alemão" era jogo limpo.

Enquanto a guerra de água acontece na rua, o Oráculo do Gadong, o fazedor de chuva mais famoso do Tibet, é chamado ao jardim do Dalai Lama. Ali estão reunidos os mais altos funcionários do governo, e o Grande Lama em pessoa preside a cerimônia. O fazedor de chuva, um monge, entra em transe. Seus braços e pernas começam a se movimentar convulsivamente e ele emite gemidos estranhos. Nesse momento, um dos funcionários monásticos suplica ao Oráculo que conceda chuva e assim salve a colheita. Os movimentos do fazedor de chuva se tornam cada vez mais arrebatados e palavras gritadas saem de sua boca. Um secretário anota a mensagem e a entrega aos ministros do Conselho. Enquanto isso, o corpo do médium em transe, agora não mais possuído pela divindade, cai inconsciente no chão e é levado embora.

Depois dessa performance, todos em Lhasa esperam ansiosamente pela chuva. E, de fato, chove. Acreditando-se em milagres ou procurando uma explicação lógica, o fato é que, logo depois que esse drama é encenado, sempre chove. Os tibetanos não duvidam que a divindade protetora entra no corpo do médium enquanto está em transe e ouve e concede os pedidos do povo.

Naturalmente, essa explicação não me satisfez e tentei encontrar uma solução mais científica. Imaginei que talvez a água que molhou as ruas tivesse causado evaporação ou que as chuvas das monções tivessem caído sobre as cordilheiras do Tibet. A Legação Britânica havia montado uma estação meteorológica e media a precipitação cientificamente. Chegava a aproximadamente 350 milímetros por ano e chovia principalmente nessa época do ano. Mais tarde, Aufschnaiter instalou uma escala no Kyichu e registrou a primeira cheia do rio quase no mesmo dia todos os anos. Se ele tivesse seguido os métodos do fazedor de chuva, poderia ter instituído um oráculo bem-sucedido.

Antigamente, a precipitação em Lhasa devia ter sido bem maior. Existiam grandes florestas, que devem ter feito com que o clima fosse mais chuvoso e mais frio. Os séculos de desmatamento tinham feito seu trabalho nas províncias. Lhasa em si, com seus campos e matos de salsos e álamos, era um oásis verde no desmatado vale do Kyichu.

Em Lhasa, éramos constantemente convidados para sair e consultados com frequência. Assim, viemos a conhecer a vida da cidade em todos os ângulos. Tivemos a oportunidade de estudar os detalhes da administração pública e da vida familiar, os pontos de vista, os hábitos e a moral. A cada dia, aparecia algo de novo e muitos mistérios se tornaram lugar--comum, mas não todos. Uma coisa certamente mudara na nossa situação. Não éramos mais intrusos. Fazíamos parte do Tibet.

Chegou a estação dos banhos. Velhos e jovens, grandes e pequenos se reuniam nos jardins junto ao rio e se divertiam nadando e chapinhando na água rasa. Os elegantes organizavam piqueniques suntuosos e montavam suas tendas. Viam-se várias jovens que haviam estudado na Índia mostrando com orgulho seus modernos trajes de banho. Nos intervalos entre mergulhos na água, os banhistas faziam piqueniques e jogavam dados, e, à noite, todos os grupos queimavam um palito de incenso na beira do rio, em agradecimento aos deuses pelo excelente dia.

Eu era muito admirado por minha habilidade como nadador. Os tibetanos não sabem nadar muito bem porque a água é fria demais para aprender. Os que conseguem nadar só conseguem se manter acima da água. Agora, havia um especialista entre eles. Eu era convidado aqui e ali, claro que para que exibisse minhas habilidades, mas minha ciática tornava a natação um passatempo doloroso porque a água era muito fria – nunca chegava acima de dez graus centígrados. Às vezes, eu mergulhava para divertir meus amigos. Ainda assim, de vez em quando, minha presença era útil. Consegui salvar três pessoas que estavam se afogando porque havia alguns lugares perigosos no rio, pois as obstruções haviam criado redemoinhos e correntezas.

Um dia, fui convidado por Surkhang, o ministro do Exterior, e sua família, à sua tenda na beira do rio. O único filho do ministro, Jigme (que significa "Intrépido"), estava lá, em férias da escola na Índia. Ele aprendera a nadar um pouco na escola. Eu boiava rio abaixo quando, de repente, ouvi gritos e vi pessoas na margem gesticulando enlouquecidas e apontando para a água. Nadei apressadamente para a margem e corri para a tenda. De lá, vi Jigme sendo sugado por um redemoinho. Imediatamente mergulhei e, apesar de também ter sido agarrado pelo redemoinho, eu era um bom nadador. Consegui segurar o rapaz inconsciente e trazê-lo até a margem. Como ex-instrutor de salva-vidas, eu sabia como revivê-lo e, dentro de pouco tempo, ele respirava novamente para grande alegria do pai, que chorava, e me encheu de expressões de gratidão. Eu tinha salvado uma vida e isso era considerado um grande mérito.

Como resultado desse episódio, minhas relações com a família Surkhang ficaram íntimas e tive a oportunidade de estudar uma combinação matrimonial que, mesmo no Tibet, era fora do comum.

O ministro era separado da primeira mulher. A segunda, a mãe de Jigme, morrera. Agora, Surkhang compartilhava a jovem esposa de um nobre de baixa posição. No contrato de casamento, Jigme entrou como terceiro marido, porque seu pai não queria deixar toda sua fortuna para a viúva. Complicações semelhantes acontecem em muitas famílias. Uma vez, vi um caso em que a mãe era a cunhada de sua própria filha. No Tibet, encontram-se poligamia e poliandria, mas a maioria das pessoas é monógama.

Quando um homem tem várias mulheres, suas relações são diferentes das que prevalecem num harém muçulmano. É comum um homem casar com várias filhas de uma família sem filhos homens ou herdeiros. Esse arranjo evita que a fortuna da família seja dispersada. Tsarong, nosso anfitrião, casara com três irmãs e obteve permissão do Dalai Lama para usar o nome da família delas.

Apesar das relações muitas vezes incomuns criadas por essas alianças, casamentos desfeitos não são tão frequentes no Tibet quanto no Ocidente. Isso se deve principalmente ao fato de que as pessoas não se deixam arrebatar pelos sentimentos. Quando vários irmãos compartilham a mesma esposa, o mais velho é sempre o patrão da casa e os outros só têm direitos quando ele viaja ou está se divertindo em outro lugar. Mas ninguém fica mal porque há um excesso de mulheres. Muitos homens vivem uma vida celibatária nos mosteiros. Em cada vila, existe um claustro. Os filhos das alianças irregulares não têm o direito de herdar, e todas as propriedades vão para os filhos da esposa legítima. Essa é a razão por que não é tão importante qual dos irmãos é o pai da criança. O importante é que a propriedade permaneça na família.

O Tibet não conhece as desvantagens da superpopulação. O número de habitantes permanece quase o mesmo há séculos. Além das práticas de poliandria e celibato, a mortalidade infantil contribui para esse estado de coisas. Calculo que a expectativa de vida média dos tibetanos seja de apenas trinta anos. Um grande número de crianças pequenas morre e, em toda a multidão de funcionários, só um é septuagenário.

Eu lera em vários livros sobre o Tibet que o anfitrião costuma oferecer sua mulher ou sua filha para o hóspede. Se tivesse contado com isso, ficaria muito desapontado. Às vezes, acontecia que uma criadinha bonita e jovem fosse despreocupadamente oferecida, mas as moças não se entregam se não forem cortejadas. É claro que garotas promíscuas podem ser encontradas em todas as partes do mundo, e mesmo em Lhasa existem certas beldades que fazem amor profissionalmente.

Antigamente, os casamentos eram arranjados pelos pais, mas hoje os jovens escolhem seus pares. Casam-se muito jovens: as moças com dezesseis anos e os rapazes com dezessete, dezoito anos no máximo. A aristocracia só pode casar-se dentro de sua classe e essa regra é aplicada com rigidez. Os parentes não podem casar-se entre si, exceto depois de sete gerações, para evitar consanguinidade. Só o Dalai Lama pode permitir exceções a essas regras. Ocasionalmente, homens destacados do povo são promovidos à nobreza, e isso traz um pouco de sangue novo ao pequeno círculo de aproximadamente duzentas famílias que constituem a aristocracia.

Os divórcios são raros e devem ser aprovados pelo governo. Penalidades bastante drásticas são infligidas às esposas infiéis, como, por exemplo, cortar fora o nariz. Mas, na realidade, nunca ouvi falar de nenhum caso em que essa punição tenha sido aplicada. Uma vez me mostraram uma velha sem nariz, que tinha sido acusada de ter sido flagrada em infidelidade – mas poderia ter sido um caso de sífilis.

As DOENÇAS VENÉREAS são muito comuns no Tibet. Ocorrem muitos casos em Lhasa, mas não lhes dão muita importância. Geralmente, são neglicenciados, e, quando o médico é chamado, já é tarde demais para fazer alguma coisa. O antigo remédio com mercúrio é conhecido pelos monges nas escolas de medicina.

Muito poderia ser feito pelo futuro do Tibet se as condições médicas e sanitárias fossem melhoradas! A cirurgia é totalmente ignorada no país. Aufschnaiter e eu entrávamos em pânico com a possibilidade de um ataque de apendicite. Cada dor suspeita nos alarmava. Parecia um absurdo morrer dessa doença neste século. Os tibetanos não sabem nada de operações no corpo humano, com exceção de lancetar bolhas. O uso de instrumentos no parto também é desconhecido. A única conexão que os tibetanos têm com a cirurgia é nas atividades das pessoas que dissecam cadáveres, os *domdens*. Esses muitas vezes relatam aos parentes a causa da morte ou informam a estudantes de medicina interessados quando encontram qualquer característica interessante num cadáver.

Infelizmente, as escolas de medicina se opõem a qualquer progresso. As doutrinas ensinadas por Buda e seus apóstolos são a lei dominante e não pode ser alterada. Existem duas escolas: a menor, situada no Chagpori ou Montanha de Ferro, e a maior, na cidade. Cada mosteiro manda alguns dos jovens mais inteligentes para essas escolas. O curso dura de dez a quinze anos. Velhos monges sábios ensinam os meninos, que sentam de pernas cruzadas com seus quadros sobre os joelhos. Ilustrações coloridas são frequentemente colocadas nas paredes. Uma vez, eu estava presente quando um professor explicava, por meio de ilustrações, os sintomas de envenenamento causado por uma certa planta. Mostrou aos alunos figuras da planta, dos sintomas, dos antídotos e suas reações – como os quadros nas nossas escolas.

A astronomia é parte integrante da ciência médica. O calendário lunar anual é estabelecido nas escolas de medicina depois de consulta a antigos trabalhos. Os eclipses do sol e da lua são cuidadosamente registrados e as previsões mensais e anuais do tempo são preparadas.

No outono, toda a escola vai para as montanhas para buscar ervas. Os meninos divertem-se tremendamente nessa expedição, apesar de se manterem muito ocupados. A cada dia, acampam num lugar diferente e, no final da excursão, levam os iaques pesadamente carregados para Tra Yerpa. Esse é um dos lugares mais sagrados do Tibet. Tem um templo no qual as ervas são classificadas e colocadas para secar. No inverno, os mais jovens desses pequenos monges devem moer as ervas secas até formar pós, que são guardados em sacos de couro sem ar e cuidadosamente marcados pelo abade encarregado da escola. Essas escolas também servem de farmácias das quais qualquer um recebe remédio grátis ou em troca de um pequeno presente. Os tibetanos são muito avançados no conhecimento de ervas e de suas propriedades curativas, às quais recorri com frequência. Suas pílulas não fizeram muito efeito na minha ciática, mas acabei com vários resfriados e febres com seus chás de ervas.

O abade da Escola de Medicina de Lhasa também é médico pessoal do Dalai Lama – um cargo importante, mas perigoso. Quando o décimo terceiro Dalai Lama morreu aos 54 anos de idade, todo o tipo de suspeitas foram declaradas abertamente, e o abade daquela época teve sorte de escapar só com o rebaixamento de classe. Poderia ter sido sentenciado ao açoite.

Nas cidades e mosteiros, pode-se receber vacina contra sarampo, mas não se praticam outras formas de inoculação, e muitas vidas são desnecessariamente perdidas em epidemias por falta de tratamento profilático. O que salva o Tibet é seu clima frio e o ar puro da montanha. Se não fosse por isso, a sujeira generalizada e as péssimas condições sanitárias certamente provocariam pestes catastróficas. Constantemente pregávamos a necessidade de um melhor saneamento e projetamos um sistema de esgotos para Lhasa. O inimigo é a superstição. Descobrimos que as pessoas tinham mais confiança em bênçãos e curas pela fé do que na ajuda dos monges das escolas de medicina. Muitas vezes, os lamas esfregam os pacientes com sua saliva sagrada. Tsampa, manteiga e até a urina de alguns homens santos são misturados numa papa e administrados aos doentes. Os selos de madeira de preces, que são mergulhados em água benta e aplicados ao local dolorido, não causam nenhum mal. Nenhum remédio é mais eficaz na cura de doenças do que objetos que pertenceram ao Dalai Lama. Todos os nobres costumavam mostrar-me com orgulho relíquias do décimo terceiro Dalai Lama costurados em saquinhos de seda. Tsarong, como seu antigo favorito, possuía vários artigos de uso pessoal que lhe pertenceram, e eu me surpreendia que Tsarong e seu filho, que foram educados na Índia, fossem tão supersticiosos a ponto de dar valor a essas relíquias.

Muitos homens e mulheres vivem da adivinhação e de fazer horóscopos. Uma característica das ruas de Lhasa são as pequenas e velhas mulheres encolhidas ao lado da rua dos peregrinos, que fazem adivinhações por uma pequena soma. Perguntam a data de seu nascimento, fazem um pequeno cálculo com ajuda de seus rosários, e você segue seu caminho consolado por suas palavras misteriosas. A maior confiança é colocada nos poderes proféticos dos lamas e das encarnações. Não se faz nada sem consultar os preságios. Não se pode nem pensar em sair em peregrinação ou aceitar um novo cargo sem se assegurar de qual a data mais favorável para começar.

Não faz muito tempo, vivia em Lhasa um famoso lama, cujas visitas e consultas estavam esgotadas por meses. Costumava viajar com seus discípulos de um lugar para outro recebendo hospitalidade. Seus pacientes lhe davam tantos presentes, fazendo com que ele e seu grupo vivessem confortavelmente. Tinha tanta reputação que até o sr. Fox, o operador de rádio inglês, que foi vítima de gota por anos, conseguiu agendar uma visita do lama. Mas o pobre Fox perdeu a vez, porque o velho morreu antes de poder vir.

O velho lama havia sido, originalmente, um monge comum. Depois de estudar por vinte anos num dos maiores mosteiros, passou nos exames de forma brilhante e retirou-se para uma ermida por vários anos. Vivia em uma das solitárias celas que são encontradas espalhadas por todo o país e nas quais os monges se estabelecem para um período de meditação. Muitos fazem com que os discípulos fechem a cela com uma parede e vivem só de tsampa e chá. Esse monge tornou-se famoso por sua vida exemplar. Nunca comia alimentos que precisassem tirar uma vida para serem preparados, e até se abstinha de ovos. Dizia-se que ele não precisava dormir e que nunca usava camas. Posso confirmar esse último detalhe, porque ele viveu perto de mim por três dias. Também dizia-se que ele fazia milagres. Uma vez, seu rosário pegou fogo pelos poderosos raios que emanavam de sua mão. Presenteou a cidade de Lhasa com uma grande estátua dourada de Buda para retribuir os presentes e contribuições que recebera dos pacientes e admiradores.

Havia uma única encarnação feminina no Tibet. Seu nome, interpretado, era "Porca do Relâmpago". Eu costumava vê-la com frequência nas cerimônias na Parkhor. Ela era então uma estudante de dezesseis anos, de aparência insignificante, usando um hábito de monja. Entretanto, era a mulher mais sagrada do Tibet e as pessoas pediam que ela as abençoasse aonde quer que fosse. Mais tarde, se tornou abadessa num convento no lago Yamdrok.

Lhasa está sempre cheia de rumores e histórias sobre monjas e lamas santos, e eu gostaria muito de ter investigado alguns de seus milagres. Porém não se devem ofender as crenças alheias. Os tibetanos estão satisfeitos com suas próprias convicções, e nunca tentaram converter Aufschnaiter ou a mim. Nos contentamos em estudar seus costumes, visitar seus templos como espectadores e presentear lenços de seda branca como prescreve a etiqueta.

11. A Vida em Lhasa – II

O Oráculo do Estado – Outono em Lhasa – Minha festa de Natal – Estrangeiros e sua vida no Tibet

Assim como as pessoas procuram os lamas e os adivinhos para obter conselhos e ajuda nas mazelas do dia a dia, o governo também consulta o Santo Oráculo antes de tomar decisões importantes. Uma vez, pedi a meu amigo Wangdüla que me levasse a uma consulta oficial, e assim, numa manhã, fomos ao Mosteiro Nechung. Naquela época, um monge de dezenove anos era o porta-voz do Oráculo.

Fora criado em circunstâncias simples, mas atraíra muita atenção por seus dons de médium. Sua técnica não era tão impressionante quanto a de seu predecessor (que cooperara com a descoberta do atual Dalai Lama), mas se esperava muito dele. Eu sempre imaginava se ele caía em transe tão rapidamente em frente das multidões por um esforço incrível de concentração, ou se usava drogas ou qualquer outro expediente. Para funcionar como oráculo, o monge deve ser capaz de deslocar o espírito do corpo para que o deus do templo se apodere dele e fale por sua boca. Naquele momento, o deus estava incorporado nele. Essa era a crença dos tibetanos e Wangdüla estava convencido da sua veracidade.

Falamos dessas coisas durante nossa cavalgada de três quilômetros até o claustro. Uma música cavernosa e sinistra nos saudou no portão do templo. Lá dentro, o espetáculo era horripilante. De cada parede, rostos pavorosos e retorcidos olhavam para baixo, e o ar estava cheio da fumaça sufocante de incenso. O jovem fora recém-trazido de seus aposentos para o sombrio templo. Usava um espelho redondo de metal sobre o peito. Auxiliares o vestiram com sedas de cores alegres e o levaram até seu trono. Então, todos se afastaram dele. Não se ouvia nenhum som, exceto a música cavernosa. Começou a se concentrar. Eu o olhava de perto, sem tirar por nenhum momento os olhos do seu rosto – nem mesmo o menor movimento de sua face me escapou. Parecia que a vida estava fluindo para fora dele. Ficou completamente imóvel, seu rosto era uma máscara contemplativa. De repente, como se tivesse sido atingido por um raio, seu corpo curvou-se para trás como um arco. Os espectadores arfaram. Estava sendo possuído pelo deus. O médium começou a tremer; todo seu corpo se sacudia e gotas de suor apareceram na testa. Os criados foram até ele e colocaram um enorme, fantástico, chapéu na sua cabeça. Era tão pesado que tinha de ser carregado por dois homens. O frágil corpo do monge afundou ainda mais nas almofadas do trono sob o peso de sua monstruosa mitra. Não se admira, pensei, que esses médiuns morram jovens. O desgaste espiritual e físico dessas sessões deve ser mortal.

O tremor ficou mais violento. A cabeça do médium, coberta com aquele peso, girava de um lado para o outro e os olhos saíam das órbitas. Seu rosto ficou inchado e coberto de manchas vermelho-vivo. Sons sibilantes escapavam pelos dentes cerrados. Subitamente, deu um salto. Os criados correram para ajudá-lo, mas ele fugiu deles e, ao lamento dos oboés, começou a girar numa dança estranha e exótica. A não ser pela música, seus gemidos e bater de dentes eram os únicos sons que se ouviam no templo. Agora, ele começou a bater em sua brilhante placa no peito com o grande anel do polegar, fazendo um estardalhaço que abafava o surdo ribombar dos tambores. Depois, ele girou sobre um pé, ereto sob o peso do chapéu gigante, que há pouco dois homens mal podiam carregar. Os auxiliares encheram suas mãos com grãos de cevada, que ele atirou na aterrorizada multidão de espectadores. Todos curvaram-se para ele e temi que reparasse que eu era um intruso. O médium ficou mais calmo. Os criados o seguraram e um ministro do conselho veio à sua frente e jogou um lenço sobre sua cabeça. Então, começou a fazer perguntas cuidadosamente preparadas pelo conselho sobre a indicação de um governador, a descoberta de uma nova encarnação, questões envolvendo guerra e paz. Pediam que o Oráculo decidisse essas coisas. Com frequência, a pergunta tinha de ser repetida várias vezes antes que o médium começasse a murmurar. Tentei discernir palavras inteligíveis, mas não consegui entender os sons. Enquanto o ministro ficava ali humildemente, tentando entender as respostas, um velho monge as anotava com rapidez. Já fizera isso centenas de vezes na vida e também fora o secretário do último Oráculo. Não consegui deixar de suspeitar que talvez o verdadeiro oráculo fosse o secretário. As respostas que ele anotava, apesar de ambíguas, sugeriam uma linha a ser seguida e aliviavam o conselho de uma pesada carga de responsabilidade. Quando um oráculo segue dando maus conselhos, dispensavam o trabalho do secretário. Ele era liberado do seu cargo. Isso sempre me pareceu ilógico. O deus falava através do médium, ou não?

Apesar dos riscos, o posto de Santo Oráculo é muito procurado. Recebe a posição de Dalama, que corresponde à terceira classe na ordem da nobreza, e seu portador é prior do claustro de Nechung, com todos os seus benefícios.

A última pergunta feita pelo ministro ao Oráculo permaneceu sem resposta. Será que o médium estava exausto ou a divindade ficara de mau humor?

Saí do templo e fiquei ao sol ofuscante me sentindo entorpecido pelo que tinha visto. Minha mentalidade europeia estava desconsertada com a experiência. Posteriormente, assisti a várias consultas ao Oráculo, mas nunca cheguei nem perto de encontrar uma mínima explicação do enigma.

Era sempre uma experiência curiosa encontrar o Santo Oráculo na vida normal. Nunca me senti muito à vontade ao sentar na mesma mesa que ele, ouvindo-o tomar ruidosamente sua sopa de massa. Quando nos encontrávamos na rua, eu costumava tirar o chapéu e ele se inclinava e sorria de volta. Seu rosto era de um jovem bem-apessoado e não lembrava a fisionomia inchada, com manchas vermelhas e retorcida do médium em êxtase.

Outra ocasião na qual o Santo Oráculo tem um grande papel é na chamada Grande Procissão, quando o Dalai Lama é carregado para a cidade para visitar a catedral. Essa cerimônia é chamada de Grande Procissão para diferenciá-la da procissão para o Jardim de Verão, que já descrevi.

Nessa ocasião, toda Lhasa está em movimento; quase não há lugar para ficar parado. Há uma tenda montada num espaço aberto e, ao seu redor, ficam os monges-guardas, geralmente ocupados em afastar curiosos com seus chicotes. Essa tenda esconde um grande mistério. Nela, o Dalama de Nechung se prepara para entrar em transe. Enquanto isso, o Deus Rei se aproxima lentamente em sua liteira com 36 carregadores. Nesse momento, o Santo para em frente à tenda, de onde sai o monge possuído pelo deus em passos vacilantes. Seu rosto está inchado, tons sibilantes saem de sua boca, e o peso do chapéu quase o atira ao chão. Afastando os carregadores, coloca os ombros sob os varais da liteira do Dalai Lama e corre alguns passos. Parece estar desequilibrando sua Santa Carga, mas está tudo bem. Os outros carregadores reequilibram a liteira e o Dalama cai no chão desmaiado e é levado embora em outra liteira, que está aguardando para recebê-lo. A procissão então continua de forma imponente. Nunca consegui entender o exato significado desse ritual.

Talvez queira simbolizar a sujeição da divindade protetora aos altos poderes do Buda Vivo.

Além do Santo Oráculo e do fazedor de chuva, existem em Lhasa pelo menos seis médiuns, incluindo uma velha considerada a manifestação de uma deusa protetora. Ela estava preparada, por uma pequena soma, a entrar em transe e permitir que a deusa falasse. Em certos dias, ela fazia essa performance quatro vezes!

Também existem médiuns que, no estado de transe, conseguem dobrar longas espadas em espiral. Vários amigos meus mantinham tais espadas em seus altares domésticos. Fiz várias tentativas de repetir esse feito, mas não consegui nem começar.

A origem da consulta aos oráculos está nos tempos pré-budistas, quando os deuses exigiam sacrifícios humanos, e acho que o ritual permanece quase inalterado. Eu ficava muito impressionado com essas performances estranhas, mas ao mesmo tempo contente em pensar que minhas próprias decisões não estavam sujeitas aos ditames de um Oráculo.

Quando o outono chegou, já estávamos há vários meses em Lhasa e completamente adaptados. Essa era a melhor estação do ano. Os jardins de flores, nos quais tinha trabalhado tanto, estavam no auge da floração, e as árvores, começando a mudar de cor. Havia frutas em abundância – pêssegos, maçãs e uvas das províncias do sul. Tomates esplêndidos e abóboras eram expostos nos mercados e era nessa estação que a nobreza dava suas grandes festas, nas quais uma inacreditável variedade de iguarias era oferecida aos convidados.

Também era a época ideal para excursões, mas, infelizmente, os tibetanos não escalariam uma montanha por prazer. Em dias especiais, os monges vão a algum pico sagrado em peregrinação, e os nobres mandam seus criados com eles para agradar aos deuses, para quem queimam incenso no cume. As ventosas alturas das montanhas ressoam com preces e novos estandartes são içados, enquanto os corvos voam ao redor, esperando para comer as oferendas de tsampa. Deve-se acrescentar que todos ficam felizes por voltar à cidade depois de dois ou três dias nas montanhas.

Aufschnaiter e eu decidimos escalar todos os picos próximos. Não nos atraíam pelas dificuldades técnicas para escalá-los, mas as vistas eram esplêndidas. Ao sul, podia-se ver o Himalaia e, bem perto de nós, erguia-se um pico de 7 mil metros da cadeia Nyenchenthangla, que havíamos escalado com dificuldade oito meses antes a caminho de Lhasa.

Não há geleiras próximas da cidade. A pressuposição que todo mundo faz de que se encontram neve e gelo em qualquer lugar do Tibet não é verdadeira. Adoraríamos ter esquiado, mas, mesmo que tivéssemos repetido nossa experiência com esquis feitos a mão, as distâncias eram muito grandes. Precisaríamos de cavalos, barracas e criados. Esportes em regiões desabitadas são um negócio caro.

Assim, tivemos de nos contentar em expedições de escalada. Nosso equipamento não era exatamente profissional. Usávamos botas do exército e outros artigos de lojas de roupas usadas, vendidas ao Tibet por negociantes americanos. Eram boas o suficiente para nossos propósitos. Os tibetanos não deixavam de se admirar com a velocidade com que completávamos nossas viagens. Uma vez, acendi uma fogueira de incenso no cume de uma montanha para que meus amigos vissem do telhado de suas casas. De outra forma, ninguém teria acreditado que havíamos chegado lá. Aufschnaiter e eu costumávamos caminhar em um dia a distância que os criados de nossos amigos faziam em três. O primeiro tibetano no qual consegui criar algum entusiasmo pelas caminhadas na montanha foi meu amigo Wangdüla, que tinha grande poder de resistência. Mais tarde, outros amigos nos acompanharam e todos gostaram muito das vistas e das maravilhosas flores da montanha que encontramos.

Minha expedição favorita era até um pequeno lago a menos de um dia de marcha de Lhasa. A primeira vez que estive lá foi durante a estação das chuvas, quando se temia que as águas transbordassem e inundassem a cidade. Segundo uma antiga lenda, esse lago está conectado por um canal subterrâneo a outro lago subterrâneo que dizem que existe embaixo da catedral. Todos os anos, o governo costumava mandar monges para agradar os espíritos do lago com preces e oferendas. Os peregrinos também costumavam ir lá e atirar anéis e moedas na água. Ao lado do lago, havia algumas cabanas de pedra para serem usadas como abrigo. Vi que o lago não ameaçava de jeito nenhum a segurança da cidade. Mesmo que tivesse transbordado, não teria feito nenhum mal. Era um lugar pacífico e idílico. Rebanhos de carneiros selvagens, gazelas, marmotas e raposas perambulavam por ali e, alto no céu, voavam os abutres. Para todas essas criaturas, o homem não era um inimigo. Ninguém se atrevia a caçar nas proximidades da Cidade Sagrada. A flora ao redor do lago seria um deleite para qualquer botânico. Maravilhosas papoulas amarelas e azuis cresciam na margem. São uma especialidade do Tibet. Outro único lugar onde podem ser encontradas é em Kew Gardens, Inglaterra.

Essas expedições não satisfaziam plenamente meu apetite por esportes. Eu ficava imaginando o que mais poderia fazer, e finalmente me veio a ideia de construir uma quadra de tênis. Consegui interessar várias pessoas e preparei uma lista de prováveis membros do Lhasa T. C. Também recolhi alguns fundos antecipadamente. A lista de membros era imponente e tinha um caráter quase internacional. Havia indianos, siquimeses, nepaleses e, é claro, vários jovens cavalheiros de Lhasa. Esses, no início, tinham hesitado em participar, tendo em vista a atitude do governo quanto ao futebol. Porém, consegui acalmar os receios, salientando que o tênis era um esporte que não atraía muitos espectadores ou que não causava conflitos. Até a Igreja perceberia que esse jogo era inocente. Além disso, já havia uma quadra de tênis na Legação Britânica.

Então, contratei operários e fiz com que nivelassem um terreno perto do rio. Não era fácil encontrar o tipo certo de solo para cobrir a quadra, mas ficou pronta em um mês. Fiquei muito orgulhoso da obra. Já encomendáramos as redes, raquetes e bolas da Índia e organizamos uma festinha para inaugurar o Lhasa Tênis Clube.

Havia uma animada competição entre as crianças para serem os boleiros. Eram terrivelmente desajeitadas, nunca tinham pegado uma bola nas mãos. Mas, quando convidamos os membros da Legação Britânica para jogarem conosco, os soldados da guarda da Missão Nepalesa vieram e juntavam as bolas para nós. Dava dó vê-los correndo atrás da bola com seus esplêndidos uniformes.

Logo, tínhamos um número grande de jogadores. Incontestavelmente, o melhor era o sr. Liu, secretário da Missão Chinesa; depois vinha o sr. Richardson, o ministro britânico, um escocês lúgubre, magro e rígido na sua profissão. Ele só tinha um passatempo – sua esplêndida horta e o jardim de flores. Quando o visitávamos, parecia que estávamos num jardim de conto de fadas.

Jogar tênis proporcionava novos e agradáveis encontros sociais. Jogavam-se partidas, ora nas nossas quadras, ora na Legação Britânica, depois das quais tomávamos chá e jogávamos bridge. Eu considerava esses encontros como meu programa de domingo e costumava esperá-los com prazer. Nos vestíamos decentemente e, por um momento, tínhamos a sensação de estarmos de volta ao meio de onde viemos. Meu amigo Wangdüla mostrou seu valor nesse campo também. Era um animado jogador de tênis e um excelente parceiro de bridge.

Nossa quadra de tênis tinha outra vantagem. Podíamos jogar durante todo o ano. Porém, na estação das tempestades de areia, tínhamos de ter cuidado. Em vez de cerca de arame, cercáramos a quadra com cortinas altas. Assim, quando víamos as nuvens de poeira se reunindo sobre o Potala, tínhamos que ser rápidos e abaixá-las antes que fossem levadas pelo vento.

No outono, os tibetanos praticam seu antigo passatempo de soltar pipas. Quando as chuvas terminam e o claro clima de outono se estabelece, os bazares ficam cheios de pipas de cores brilhantes. A prática do esporte começa pontualmente no primeiro dia do oitavo mês. Mas não é só uma brincadeira de crianças, como entre nós, ocidentais. O dia de abertura é um festival popular, e os nobres gostam tanto deste passatempo como o povo em geral. A primeira pipa voa sobre o Potala e logo o céu fica cheio delas. Crianças e adultos ficam por horas a fio nos telhados soltando suas pipas com a mesma concentração dos campeões de tênis ou de xadrez. As pipas são soltas em linhas de barbante resistente tratado com cola e vidro moído. O principal objetivo do jogo é cruzar a linha de seu oponente e cortá-la. Quando isso acontece, ouvem-se gritos de alegria dos telhados. A pipa cortada ondula lentamente para baixo e as crianças as puxam. Agora pertencem a elas. Durante um mês, esse jogo acontece em todas as horas livres. Então, a estação termina e as pipas desaparecem tão rapidamente como surgiram.

Um dia, quando estava caminhando pelo bazar, olhando as pipas, aconteceu uma coisa muito estranha. Uma pessoa totalmente desconhecida me abordou e me ofereceu um relógio para comprar – isto é, os restos de um relógio. Era velho, enferrujado e tinha perdido o mostrador. O homem disse que estava quebrado e que não tinha mais interesse nele. Sendo europeu, talvez eu pudesse consertá-lo. Eu poderia pagar o que quisesse. Peguei o relógio na mão e imediatamente o reconheci. Era o relógio de pulso de Aufschnaiter, que ele tinha vendido no Tibet Ocidental – um Rolex à prova d'água. Estava com ele na Expedição Nanga Parbat. Aufschnaiter livrou-se dele desconsolado. Achei que ele gostaria de tê-lo de volta, mesmo que jamais funcionasse de novo. De qualquer forma, era uma curiosidade. Com pouca esperança de sucesso, dei-o a um habilidoso artesão maometano para consertá-lo. Ficou entusiasmado com o mecanismo e o fez funcionar em seguida. Dei-o de volta a Aufschnaiter como presente de aniversário. Deviam ver a cara dele quando viu o relógio!

No outono são feitas as grandes feiras de cavalos. Caravanas com centenas de cavalos vêm de Siling, no noroeste da China. As pechinchas são animadas, no que os tibetanos são bastante hábeis, e são pagos altos preços por bons animais. Os nobres gostam de manter bons estábulos e insistem em ter um puro-sangue novo para cavalgar a cada ano. Claro que só os ricos têm meios para isso. Os plebeus, se cavalgam, o fazem em pôneis tibetanos, mas se espera que a nobreza gaste dinheiro com cavalos. Quando saem para cavalgar, levam criados a cavalo com eles. Espera-se que um ministro do conselho, por exemplo, tenha com ele seis homens uniformizados. O número de cavalos que um nobre mantém varia de acordo com sua posição – alguns têm até vinte.

Vi muitas vezes mulheres a cavalo. Suas saias são largas o suficiente para que cavalguem com uma perna de cada lado. Frequentemente acompanham os maridos em viagens que duram semanas, quando saem em peregrinação ou se mudam para um novo posto. Usam chapéus que parecem telhados para protegê-las do sol, esfregam o suco marrom escuro de uma planta no rosto e cobrem a boca com um xale. Quando cavalgam pelas ruas com essa maquilagem, uma mulher é igual à outra e temo ter cometido várias gafes por não ter reconhecido amigas em tais ocasiões.

Durante essas longas expedições a cavalo, as crianças pequenas sentam no colo das babás e as maiores num tipo de berço com barras de madeiras, às quais se agarram para não cair.

Houve um episódio emocionante no início de dezembro. Um eclipse da lua fora previsto e, desde o entardecer, os telhados foram tomados por curiosos esperando ansiosamente o espetáculo. Quando a sombra da Terra começou vagarosamente a encobrir a face da lua, um murmúrio foi ouvido em toda a cidade. Em seguida, todos começaram a bater palmas e gritar alto para espantar o demônio perverso que ficava na frente da lua. Quando o eclipse terminou, as pessoas voltaram felizes para suas casas e festejaram a vitória sobre o demônio.

O Natal estava próximo e pensei em fazer uma surpresa. Queria oferecer a meus amigos uma verdadeira festa de Natal, com árvore e presentes. Fora recebido com tanta bondade e hospitalidade que eu queria dar a meus amigos algum prazer em retribuição. As preparações me mantiveram muito ocupado. Meu amigo Trehong, cujo falecido pai fora ministro, me emprestou sua casa por alguns dias. Contratei criados treinados e cozinheiros e comprei pequenos presentes para meus convidados, como lanternas elétricas, canivetes, conjuntos de tênis de mesa e jogos de tabuleiro. Pensei em presentes especiais para meu anfitrião Tsarong e sua família. A maior atração era a árvore de Natal. A sra. Tsarong me emprestou um zimbro num lindo vaso e o decorei com velas, maçãs, nozes e doces. Ficou muito parecida com a árvore de verdade.

A festa começou de manhã, como é comum em Lhasa. Wangdüla ajudou como mestre de cerimônias porque eu ainda temia cometer algum barbarismo social. Meus convidados estavam muito curiosos. Examinavam a árvore de todos os lados e olhavam os pacotes enfiados embaixo dela. Todos estavam emocionados e cheios de expectativa, como as crianças na Europa na noite de Natal. Passamos o dia comendo, bebendo e jogando. Quando escureceu, pedi que meus convidados passassem para a outra sala. Acendi a árvore de Natal; Wangdüla colocou seu casaco de pele do lado avesso e fez o papel de Papai Noel. Colocamos o disco *Noite Feliz*: a porta se abriu e, com os olhos arregalados de surpresa, meus convidados se reuniram em volta da árvore. O sr. Liu liderou a cantoria e alguns dos convidados que haviam estado em escolas inglesas sabiam as canções e cantaram junto. Era uma cena estranha. Uma mistura de raças no coração da Ásia, reunidas ao redor de uma árvore de Natal e cantando velhos e queridos hinos de Natal de nossas pátrias. Em geral, eu controlava emoções muito bem, mas devo confessar que, nesse momento, não consegui segurar as lágrimas e tive um súbito ataque de saudades.

A alegria de meus convidados e seu contentamento com os presentes de Natal – ajudados por um pouco de álcool –

me fizeram esquecer as saudades. Ao saírem, meus amigos reafirmavam o quanto tinham gostado de nosso "ano-novo" alemão.

Há um ano, acháramos que dois pedaços de pão branco eram um maravilhoso presente de Natal nos solitários confins de Changthang. Hoje, sentávamos numa mesa posta com coisas gostosas, na companhia de almas amáveis. Não tínhamos o direito de reclamar da nossa sorte.

Não fizemos nada de especial para celebrar o ano-novo de 1947. Aufschnaiter terminara seu canal e tinha um novo e importante trabalho a executar. Lhasa tinha uma usina elétrica velha, construída há vinte anos por um dos ex-alunos de rugby. Estava muito descuidada e praticamente não gerava corrente. Nos dias úteis, só fornecia energia suficiente para manter as máquinas da casa da moeda funcionando, mas só aos sábados havia corrente suficiente para as necessidades das casas particulares.

Tibet produz seu próprio papel-moeda e moedas. O sang é a unidade numismática. É dividido e subdividido de forma decimal no sho e no karma. O papel-moeda é feito com o resistente papel local, com cores vivas e marca d'água. Os números são habilidosamente pintados à mão e todas as tentativas de falsificação foram frustradas pela dificuldade em imitar esses números. As notas de dinheiro são muito bonitas. Moedas de ouro, prata e cobre também são usadas. São cunhadas com emblemas do Tibet – montanhas e leões, que também aparecem nos selos de correio, ao lado do sol nascente.

Como a operação de imprimir dinheiro era tão dependente da corrente elétrica, Aufschnaiter foi consultado para ver se poderia consertar a velha instalação. Conseguiu convencer as autoridades de que não havia vantagem em fazer isso, e que o melhor seria usar a energia hidráulica do rio Kyichu. A usina existente usava o fraco fluxo de água de um pequeno afluente do rio principal. Os tibetanos disseram que tinham medo que os deuses punissem Lhasa se o rio sagrado fosse usado para tal propósito, e coube a Aufschnaiter o grande mérito de ter conseguido dissuadir as autoridades dessa ideia. Autorizaram-no a começar imediatamente o levantamento e, para evitar a cansativa viagem de ida e de volta, foi alojado fora da cidade, na casa de uma propriedade rural.

Agora, nos víamos com menor frequência. Meu trabalho de professor me mantinha na cidade, e eu também estava dando aulas de tênis. Meus alunos, grandes e pequenos, progrediram muito, mas infelizmente os tibetanos não são famosos por sua perseverança. Cheios de entusiasmo no início, e prontos para qualquer coisa nova, seu interesse esmorecia logo. Por isso, eu perdia alunos e os substituía todo o tempo. Eu não ficava contente com isso. As crianças das famílias importantes a quem ensinei eram, sem exceção, inteligentes e espertas, e não eram inferiores às nossas crianças em termos de aprendizado. Nas escolas indianas, a inteligência dos tibetanos é considerada igual à dos europeus. Devemos lembrar que eles têm de aprender a língua de seus professores. Apesar dessa desvantagem, muitas vezes são os melhores alunos da classe. Havia um menino de Lhasa no colégio St. Joseph's, em Dajirling, que não só era o melhor aluno da escola, como também o campeão em todos os jogos e esportes.

Além das minhas aulas, encontrei várias outras maneiras de aumentar a minha renda. Em Lhasa, pode-se ganhar muito dinheiro nas ruas. Só é preciso um pouco de iniciativa. Poderia, por exemplo, ter montado uma leiteria para vender leite e manteiga fresca, ou encomendado uma máquina de gelo da Índia para fazer sorvetes. Havia uma grande demanda de relojoeiros, sapateiros e jardineiros, e era fácil conseguir emprego nas casas de comércio, tendo conhecimento de inglês. Mas não tínhamos a intenção de nos tornar comerciantes ou ficar ricos. Queríamos um trabalho que também nos desse satisfação. E, mais do que tudo, queríamos nos tornar úteis ao governo e assim, de certa forma, retribuir sua hospitalidade. Éramos consultados sobre todo o tipo de assuntos e ficávamos felizes por sermos úteis. Porém, éramos considerados pau para toda obra, e, às vezes, era embaraçoso quando nos pediam conselhos sobre assuntos que sabíamos muito menos do que pensavam.

Uma vez, fomos convidados a repintar os ídolos de um templo. Por sorte, encontramos em um dos livros da inesgotável biblioteca de Tsarong uma receita para preparar tinta dourada a partir de ouro em pó. Para isto, tivemos de encomendar várias substâncias químicas da Índia, porque os nepaleses de Lhasa, entre os quais há habilidosos joalheiros, guardam seus segredos a sete chaves.

O Tibet tem consideráveis depósitos de ouro, mas os métodos modernos de mineração são desconhecidos. Desde os tempos antigos, escavam o solo de Changthang com chifres de gazela. Uma vez, um inglês me disse que provavelmente valeria a pena tratar com métodos modernos o solo que já foi peneirado pelos tibetanos. Hoje, muitas províncias devem pagar seus impostos em ouro em pó. Mas não escavam mais do que o necessário por medo de perturbar os deuses da terra e atrair represálias, e, assim, mais uma vez o progresso é retardado.

Muitos dos grandes rios da Ásia têm suas nascentes no Tibet e levam com eles o ouro das montanhas. Porém, o ouro só é explorado quando chega aos países vizinhos. A lavagem em busca de ouro só é praticada em algumas partes do Tibet, onde é especialmente lucrativa. Existem rios no Tibet Ocidental onde o curso formou cavidades em forma de banheiras. O pó de ouro acumula-se nesses lugares por si mesmo e só é preciso ir até lá e recolhê-lo de vez em quando. Como regra, o governador do distrito toma posse dessas reservas naturais para o governo.

Sempre me perguntei por que ninguém pensou em explorar esses tesouros para lucro pessoal. Quando se nada embaixo da água em qualquer dos rios ao redor de Lhasa, pode-se ver o pó de ouro brilhando à luz do sol. Porém, assim como em muitas outras partes do país, essa riqueza natural permanece inexplorada, principalmente porque os tibetanos consideram esse trabalho relativamente fácil, muito laborioso para eles.

Pouco antes de nosso segundo ano-novo tibetano em Lhasa, recebemos as primeiras cartas de casa em três anos. Estavam a caminho há tempos. Um dos envelopes tinha um carimbo de Reyjavik, Islândia, e tinha andado pelo mundo. Podem imaginar nossa alegria ao saber que, finalmente, havia uma linha de comunicação entre a nossa distante e inesquecível pátria e o "topo do mundo", onde vivíamos. Infelizmente, essa linha era muito tênue e a péssima comunicação postal não melhorou durante todos os anos de nossa estada no Tibet. As notícias da Europa não eram animadoras. Na realidade, reforçaram nosso desejo de permanecermos onde estávamos e de fazermos de Lhasa nosso lar permanente. Nenhum de nós tinha laços muito fortes com nossos antigos lares. O tempo que passamos nesse pacífico canto do mundo mudou nossa mentalidade. Passamos a entender a natureza e a mente dos tibetanos, e nosso conhecimento da língua progredira muito além do estágio de meramente nos fazermos entender. Podíamos agora manejar todas as formas de uma conversação educada.

Um pequeno aparelho de rádio nos mantinha em contato com o mundo exterior. Fora presente de um dos ministros que me pedira que lhe passasse as notícias políticas interessantes, especialmente as referentes à Ásia central. Dava uma sensação de irrealidade que essa caixinha tivesse uma recepção tão clara e límpida. Tínhamos de nos lembrar que em Lhasa não havia dentistas com suas brocas elétricas, bondes, cabeleireiros com aparelhos movidos a energia – na realidade, nada que interferisse na qualidade das transmissões.

A primeira coisa que fazia, todos os dias, era escutar as notícias, e muitas vezes me lamentava e pensava em coisas que os ocidentais acham importantes. Aqui, o ritmo do iaque dita o ritmo de vida, e assim tem sido por milhares de anos. Será que o Tibet seria mais feliz se fosse transformado? Uma boa rodovia até a Índia certamente melhoraria muito o padrão de vida, mas acelerar o ritmo da existência poderia roubar a paz e o lazer. Não se deve forçar um povo a utilizar novas invenções que estão muito à frente do seu estágio de evolução. Existe aqui um bom ditado: "Não se consegue chegar ao quinto andar do Potala sem começar do térreo".

Uma questão é se a cultura e o modo de vida tibetano não fazem mais do que equilibrar as vantagens das técnicas modernas. Em que lugar do Ocidente existe a cortesia perfeita desse povo? No Tibet, não se perde a dignidade e a agressividade é desconhecida. Até mesmo os inimigos políticos se tratam com consideração e educação e se cumprimentam cordialmente quando se encontram na rua. As mulheres da classe alta são cultas e elegantes. Suas roupas refletem seu bom gosto e são anfitriãs perfeitas. As pessoas teriam achado normal se tivéssemos levado uma ou mais mulheres para morar conosco para cuidar da casa. Nossos amigos chegaram a sugerir que deveríamos ter pelo menos uma companhia feminina. Nos momentos de solidão, muitas vezes pensei nisso, mas, mesmo achando as moças atraentes, não consegui me decidir a me comprometer. Tínhamos pouco em comum. A ideia de ter uma esposa era interessante, mas, primeiro, não tinha dinheiro, e depois a política interveio.

Assim, eu vivia sozinho e minha independência demonstrou ser uma grande vantagem quando, mais tarde, mantive maior contato com o Dalai Lama. Provavelmente, os monges desaprovariam ainda mais nossos encontros se eu fosse casado. Vivem em rígido celibato e são proibidos de ter qualquer coisa a ver com mulheres. Infelizmente, o homossexualismo é muito comum. É até tolerado, como prova de que a mulheres não participam da vida daqueles monges que o praticam. Também acontece muitas vezes de os monges se apaixonarem por mulheres, e pedem para ser liberados para poderem casar-se. Isso é concedido sem dificuldade. Um monge, ao deixar a ordem sagrada, se é nobre por nascimento, adquire a importância correspondente àquela que tinha no claustro; se for de origem humilde, perde sua classe, mas geralmente pode ganhar a vida no comércio. Penalidades severas são infligidas aos monges que se envolvem com mulheres sem pedir permissão para sair da ordem.

Apesar da minha solidão voluntária, achava que o tempo passava rápido. Minhas horas de lazer eram ocupadas com leitura e visitas. Aufschnaiter e eu nos visitávamos regularmente, desde que deixamos de viver juntos. Precisávamos trocar ideias. Não estávamos totalmente satisfeitos com nossas atividades e, às vezes, achávamos que poderíamos usar melhor o nosso tempo. Havia tanto a ser feito no campo da exploração nessa terra quase virgem. Muitas vezes pensamos em deixar Lhasa e perambular, como fizéramos, pelo país como pobres peregrinos de estação em estação e assim conhecer o Tibet como nenhum outro europeu. Aufschnaiter sonhava em passar um ano às margens do Namtso, o grande, misterioso, mar interior, e estudar suas marés.

Nossa vida no Tibet perdeu aos poucos a sensação de novidade, mas isso não nos impediu de nos darmos conta da sorte de estarmos aqui. Os escritórios do governo frequentemente nos davam cartas para traduzir, que vinham de todas as partes do mundo e eram escritas por pessoas das mais variadas profissões. A maioria eram pedidos de permissão para entrar no país. Muitos dos inscritos se ofereciam para trabalhar para o governo em troca de casa e comida, com a ideia de conhecerem o país. Outros eram tuberculosos que esperavam curar-se nas montanhas do Tibet. Essas últimas eram sempre respondidas, enviando a bênção e cumprimentos do Dalai Lama e, às vezes, um presente em dinheiro. Nenhuma resposta era dada às outras cartas e ninguém recebia a permissão para vir ao Tibet. A política do governo era a de que o Tibet permanecesse como Terra Proibida.

Os estrangeiros que conheci nos cinco anos da minha estada em Lhasa não foram mais de sete.

Em 1947, por recomendação da Legação Britânica, um jornalista francês chamado Amaury de Riencourt foi oficialmente convidado. Ficou três semanas em Lhasa. Um ano depois, o professor Tucci, o famoso tibetólogo, chegou de Roma. Era considerado a maior autoridade em história e civilização do Tibet e traduzira vários livros tibetanos, assim como havia publicado muitos trabalhos originais. Sempre surpreendia os chineses, nepaleses, indianos e tibetanos por seu conhecimento da história de seus países. Eu o encontrava com frequência nas festas e uma vez, diante de um grande número de pessoas, me deixou numa má posição ao tomar partido dos tibetanos quanto à forma da Terra. No Tibet, a crença tradicional é de que a Terra é um disco chato. Isso estava sendo discutido numa festa e eu defendi a teoria esférica. Meus argumentos pareciam estar convencendo os tibetanos e apelei ao professor Tucci para me apoiar. Para minha grande surpresa, ele adotou uma atitude cética, dizendo que, em sua opinião, os cientistas deviam revisar constantemente suas teorias, e que, algum dia, a teoria tibetana também poderia ser provada como verdadeira! Todo mundo deu risadinhas porque sabiam que eu dava aulas de geografia. O professor Tucci ficou oito dias em Lhasa e depois foi visitar o mosteiro mais famoso do Tibet, Samye. Depois disso, deixou o país levando com ele espécimes científicos e muitos livros valiosos da Imprensa de Potala.

Outros convidados interessantes foram os americanos Lowell Thomas e seu filho, que vieram em 1949. Também permaneceram uma semana e foram a várias recepções dadas em sua honra. Tiveram uma audiência com o Dalai Lama. Ambos tinham filmadoras e tiraram algumas fotos esplêndidas. O filho escreveu um interessante livro que virou *best-seller* e o pai, um comentarista de rádio nos EUA, fez gravações para seus programas futuros. Eu os invejava muito por seu esplêndido equipamento fotográfico e, especialmente, pela abundância de filmes. Naquela época, me associara a Wangdüla para comprar uma Leica, mas sempre sofríamos com a escassez de filmes. Os americanos me deram dois filmes coloridos de presente, meus primeiros e únicos.

A situação política nesse momento fez com que a petição dos americanos para entrar no Tibet tivesse uma resposta favorável. A atitude ameaçadora da China, apesar de tradicional, agora se intensificara. Todos os governos chineses – imperiais, nacionalistas ou comunistas – sempre consideraram o Tibet como uma província chinesa. Essa pretensão era inteiramente contrária aos desejos dos tibetanos, que amavam sua independência e que claramente tinham o direito de tê-la. O governo tibetano, consequentemente, decidira admitir os dois americanos, que assumiram a tarefa de fazer uma campanha publicitária mundial a favor da independência tibetana.

Além desses quatro convidados do governo, um engenheiro inglês e um mecânico vieram ao Tibet em missão profissional. O engenheiro fora contratado pela companhia General Electric, e sua tarefa era instalar as novas máquinas para gerar eletricidade. Falou muito bem do trabalho feito por Aufschnaiter. O mecânico, Nedbailoff, era um russo branco que perambulava pela Ásia desde a revolução. Finalmente, aterrissara em nosso campo de prisioneiros em Dehradun e, em 1947, quase foi repatriado para a Rússia. Para salvar sua vida, fugiu para o Tibet, mas foi preso novamente na fronteira. Finalmente foi decidido deixar que ele ficasse em Sikkim por ser um mecânico habilidoso. De lá, foi chamado a Lhasa para consertar as máquinas da velha hidroelétrica, mas poucos meses depois de sua chegada, os exércitos da China Comunista invadiram o Tibet e ele teve de fugir outra vez. Eu acho que finalmente acabou na Austrália. Sua vida era uma fuga contínua. Era um aventureiro por natureza e resistente ao perigo e às dificuldades.

A declaração da independência da Índia selou o destino da Legação Britânica em Lhasa. Os ingleses foram substituídos por indianos, mas o sr. Richardson permaneceu até setembro de 1950 porque os indianos não tinham um funcionário treinado para ocupar seu posto. Reginald Fox foi incorporado pelo governo tibetano como seu operador de rádio. Foi instruído a colocar estações de rádio em todos os pontos estratégicos do Tibet, pois o perigo de uma invasão surpresa pelas forças da China Comunista crescia diariamente. Era necessário um homem leal em Chamdo, um ponto-chave no Tibet Oriental, e Fox trouxe um jovem inglês chamado Robert Ford. Gostava de dançar e introduziu o samba em Lhasa. Dançava-se muito nas festas tibetanas. As danças nacionais, como as das estepes do norte, eram as mais populares, mas foxtrote era o preferido, apesar de os mais velhos torcerem o nariz, por acharem indecente que os parceiros se segurassem tão próximos um do outro.

Ford saiu com uma grande caravana para Chamdo e logo pudemos falar com ele pelo rádio. Parece que radioamadores de todo o mundo competiam pelo privilégio de falar com esse solitário europeu em seu remoto posto avançado, e Ford e Fox recebiam inúmeras cartas e presentes. Infelizmente, as anotações que Ford fez dessas conversações inofensivas foram mais tarde a sua desgraça. Fugindo dos invasores chineses, foi preso. Fizeram as mais disparatadas acusações. Entre outras coisas, foi acusado de envenenar um lama, e suas anotações foram interpretadas como espionagem. Esse jovem simpático e totalmente inocente ainda é prisioneiro dos comunistas, apesar dos esforços do embaixador britânico em Pequim para libertá-lo.

Conheci um outro branco durante minha estada no Tibet – o americano Bessac. Mais tarde, contarei o que aconteceu com ele.

12. Uma Tentativa de Golpe de Estado

Uma audiência com o Dalai Lama – A conspiração dos monges de Sera – Festivais religiosos em comemoração ao Buda

Durante meu segundo ano-novo tibetano em Lhasa, assisti a todas as cerimônias do festival desde o início. Dezenas de milhares de pessoas se reuniram na cidade e Lhasa parecia um grande acampamento. Nesse ano, celebravam o início do "Ano do Porco de Fogo". O esplendor das cerimônias não era menor que o do ano anterior, e eu, é claro, estava especialmente interessado nos eventos que perdera no ano anterior devido a minha doença. O espetáculo do qual guardo a memória mais vívida foi a procissão de mil soldados com trajes históricos. Esse costume comemora um episódio histórico. Há muito tempo, um exército muçulmano que marchava sobre Lhasa foi detido por pesadas tempestades de neve no sopé das montanhas Nyenchenthangla e foi completamente coberto pela neve. Os bönpos da região trouxeram em triunfo as armas e as armaduras dos soldados congelados para Lhasa. Hoje, eram mostradas por mil homens a cada ano. Os velhos estandartes são carregados; ouve-se o tinido das cotas de malha usadas pelos homens e pelos cavalos; capacetes com inscrições em urdu refletem à luz do sol; estrondos de armas de antecarga são ouvidos nas ruas estreitas; o quadro vivo da pompa medieval nessa cidade antiquada. A parada era encenada de forma tão bonita que dava a impressão de absoluta realidade, e não de uma reencenação histórica precisa. As tropas lideradas por dois generais marchavam através da Parkhor para um terreno nos limites da cidade. Dezenas de milhares de pessoas lá esperavam no calor de uma enorme fogueira cujas chamas eram alimentadas por incontáveis oferendas de manteiga e grãos. A multidão parecia estar em transe, enquanto monges jogavam máscaras mortuárias e efígies simbólicas dos espíritos do mal no fogo. Canhões enterrados no chão eram disparados em saudação em direção aos diferentes picos das montanhas. O momento culminante era quando o monge do oráculo cambaleava em direção da fogueira e, depois de uma dança curta, louca, desmaiava no chão. Era o momento em que as pessoas rompiam sua imobilidade congelada em gritos e gestos arrebatados.

Em 1939, os membros da única expedição alemã que viera ao Tibet estavam presentes nesse festival. Mal escaparam com vida, pois tiveram a audácia de tentar filmar o Oráculo e foram imediatamente apedrejados pela multidão. Tiveram de fugir do local pulando por cima de muros e telhados. Esta atitude da multidão não tinha nada de política ou qualquer traço de ódio a estrangeiros. Foi inspirada pela fanática lealdade religiosa do povo, que era sempre capaz de produzir tais surtos. Mais tarde, quando estava fazendo filmes para o Dalai Lama, tinha de ter muito cuidado. Quase sempre havia cenas de perturbação e eu ficava feliz quando conseguia filmar sem ser incomodado.

Neste Festival do ano-novo, o alto camareiro nos informou que estávamos na lista de recepção de Sua Santidade. Apesar de termos visto várias vezes o jovem Deus e termos sido honrados por seu sorriso de reconhecimento durante as procissões, ficamos muito excitados com a perspectiva de sermos apresentados a ele, no Palácio Potala. Achei que esse convite teria um grande significado para nós e, de fato, foi o início do caminho que me levou a ter intimidade com o jovem Deus Rei.

No dia marcado, colocamos nossos casacos de pele, compramos os lenços mais caros que achamos na cidade e, no meio de uma colorida multidão de monges, nômades e mulheres em seus trajes de festa, subimos a longa escadaria até o Potala. À medida que subíamos, a visão sobre a cidade ficava cada vez mais impressionante. Daqui, olhávamos os jardins e as casas, que pareciam quintas. Em nosso caminho, passamos por incontáveis rodas de oração, que os passantes mantinham em movimento. Depois, passamos através do grande portão principal para o interior do palácio.

Corredores escuros, com as paredes decoradas com pinturas de estranhas divindades protetoras, levavam através dos prédios do térreo até um pátio. Dali, escadas íngremes, de vários andares de altura, levavam ao telhado plano. Os visitantes subiam com cuidado e em silêncio. Lá em cima, uma densa multidão já estava reunida, pois todos têm o direito de receber a bênção do Magnífico no ano-novo.

No telhado havia uma série de pequenas construções com telhados dourados. Eram os aposentos do Dalai Lama. Com os monges mostrando o caminho, uma longa e sinuosa fila de crentes movia-se lentamente em direção a uma porta. Nós dois vínhamos diretamente depois dos monges na fila. Quando chegamos ao salão de audiências, esticamos o pescoço para ver o Buda Vivo sobre o mar de cabeças. Ele também, momentaneamente esquecido de sua dignidade, olhou para cima com ansiedade para dar uma olhada nos dois estranhos de quem ele tanto tinha ouvido falar.

Na postura de Buda, levemente inclinado para a frente, o Dalai Lama sentava num trono coberto por um rico brocado. Tinha de sentar por horas, olhando os fiéis passarem em fila e abençoando-os ao passarem. Aos pés do trono, estava uma montanha de sacos de dinheiro, rolos de seda e centenas de lenços brancos. Sabíamos que não deveríamos dar os lenços diretamente ao Dalai Lama; um abade os pegaria. Ao nos encontrarmos de pé, com as cabeças baixas, frente à presença, não consegui resistir a tentação de olhar para cima. Um sorriso entusiasmado, de menino, iluminou o rosto encantador do Dalai Lama, e sua mão, erguida em bênção, pousou por um instante sobre a minha cabeça. Tudo aconteceu muito rápido: em um minuto, estávamos em frente a um trono um pouco menor no qual sentava o regente. Ele também colocou a mão em nós em uma bênção. Então o abade colocou em nossos pescoços lenços vermelhos como amuletos e pediram que sentássemos nas almofadas. Serviram arroz e chá, e, obedecendo ao costume, jogamos alguns grãos no chão como oferenda aos deuses.

Do nosso canto silencioso, tínhamos uma magnífica visão de tudo o que acontecia. Uma interminável fila de pessoas passava em frente ao Deus Rei para receber sua bênção. Com as cabeças baixas em humilde reverência e as línguas para fora, apresentavam um estranho quadro. Ninguém ousava olhar para cima. Um leve toque com um tipo de pano de seda substitui a colocação de mãos com que nós e os monges fomos agraciados. Nenhum dos visitantes vinha de mãos vazias. Alguns traziam apenas lenços puídos, mas havia peregrinos com um séquito de carregadores cheios de presentes. Cada oferenda era imediatamente registrada pelo tesoureiro e, se fosse útil, era adicionada aos armazéns do Potala. Os numerosos lenços de seda eram posteriormente vendidos ou dados como prêmio aos vencedores de competições esportivas. As oferendas em dinheiro permaneciam como propriedade pessoal do Dalai Lama. Eram colocadas nas salas de ouro e de prata, nas quais imensos tesouros eram acumulados por séculos e herdados por uma Encarnação depois da outra.

Mais impressionante que os presentes era a expressão de intensa devoção nos rostos de todas essas pessoas. Para muitos, era o grande momento de suas vidas. Frequentemente, andavam centenas de quilômetros em suas peregrinações, atirando-se na poeira e, às vezes, caminhando de joelhos. Alguns levaram meses e anos, sofrendo de frio e de fome na sua jornada, para receber a bênção do Deus Rei. Me parecia que um toque do pano de seda não era recompensa suficiente para tanta devoção, mas não se podia deixar de reconhecer a expressão de suprema felicidade que iluminava seus rostos, quando um monge colocava um lenço claro no pescoço de cada peregrino. Levam estes lenços até o fim de suas vidas em medalhões ou costurados em carteiras, e acreditam que eles os protegem de todos os males. A qualidade do lenço corresponde à posição social de quem o recebe, mas cada lenço tem um misterioso nó triplo. Esses lenços com nós são preparados pelos monges, mas, para os ministros e os abades mais importantes, o Dalai Lama faz ele mesmo os nós. A atmosfera nesta sala lotada, cheia do aroma de incenso e do cheiro das lamparinas de manteiga, tornou-se pesada à medida que o tempo passava, e ficamos contentes quando a cerimônia terminou.

Assim que o último peregrino saiu da sala, o Dalai Lama levantou-se e, apoiado por seus criados, foi para seus aposentos particulares, enquanto permanecíamos imóveis, de cabeça baixa. Ao sairmos, veio um monge e deu a cada um de nós uma nota nova de cem sang dizendo: *Gyalpo Rimpoche ki söre re* (Este é um presente de um nobre rei).

Ficamos muito surpresos com este gesto, ainda mais quando soubemos que até agora ninguém tinha recebido um presente nessa forma. Era típico de Lhasa que todo mundo na cidade soubesse a honra que nos tinha sido feita antes de a termos mencionado a qualquer um. Guardamos essas notas como talismã por muitos anos, e, quando finalmente deixamos o Tibet, tivemos de admitir que elas foram de grande ajuda.

Depois da audiência, aproveitamos a oportunidade de visitar os inúmeros lugares sagrados do Potala na companhia dos peregrinos. O Potala, um dos prédios mais imponentes do mundo, foi construído na forma atual há mais ou menos trezentos anos pelo quinto Dalai Lama. Antes disso, havia nesse local uma fortaleza que pertencia aos reis do Tibet, e que fora destruída pelos mongóis em uma de suas invasões. De uma pedreira distante, equipes de prisioneiros em trabalho forçado levaram pedra por pedra nas costas até o local de construção. Sem a ajuda de qualquer dispositivo técnico, habilidosos pedreiros criaram o atual palácio. Quando o quinto Dalai Lama morreu subitamente, havia o perigo de que o trabalho nunca fosse terminado, mas o regente, que não podia contar com a lealdade do povo para completar esta formidável obra, escondeu a notícia da morte de Sua Santidade. Primeiro, foi anunciado que ele estava gravemente doente e, depois, que havia se retirado do mundo para meditar. Esse engodo continuou por dez anos, até o palácio ser terminado. Hoje, ao olhar esse singular prédio, entende-se e perdoa-se a fraude que tornou possível finalizá-lo.

Encontramos no telhado do Potala a tumba do governante a quem o prédio deve sua origem. Os restos do quinto Dalai Lama repousam num santuário perto dos outros Deuses Reis. Há sete túmulos, em frente aos quais os monges sentam e rezam, ao som abafado das batidas do tambor. Para chegar aos *stupas* (santuários budistas) é necessário subir escadas íngremes – uma aventura perigosa. Há pouca luz, e os degraus são escorregadios pela sujeira dos séculos. O maior stupa é o do décimo terceiro Dalai Lama, construído com vários andares de profundidade para dentro do palácio. Mais de uma tonelada de ouro foi usada para fazer as placas de ouro que recobrem as paredes.

Depois de visitar uma série de templos, chegamos à parte ocidental do Potala, onde vivem 250 monges. A Namgyetratsang, como essa seção é chamada, é estreita e cheia de cantos, pouco convidativa aos olhos europeus, mas a vista de suas pequenas janelas compensa o interior sombrio e desconfortável. Não conseguia deixar de admirar como Lhasa, com suas casas cúbicas e telhados planos, parecia bonita dessa altura. Estávamos alto demais para ver a sujeira das ruas estreitas.

Nos anos seguintes, tive várias oportunidades de ficar no Potala como hóspede de amigos que lá viviam. A vida nessa fortaleza religiosa lembra a de um castelo medieval. Quase nenhum objeto pertence aos dias de hoje. De noite, todos os portões são fechados sob a supervisão do tesoureiro, e depois as sentinelas percorrem todo o palácio para ver se tudo está em ordem. Seus gritos, que ecoam através dos corredores, são o único som no opressivo silêncio. Todos vão para cama cedo. Em contraste com a animada vida social na cidade, aqui não há festas ou divertimentos. Dos túmulos dos mortos sagrados emana uma atmosfera de morte, sombria e solene, que faz todo o palácio parecer uma grande tumba. Eu conseguia entender muito bem por que o jovem governante ficava feliz quando podia se mudar para seu Jardim de Verão. Uma criança solitária, sem os pais ou companheiros, leva uma vida melancólica no Potala. Só se distraía nas raras visitas de seu irmão Lobsang Samten, que lhe trazia cumprimentos dos pais e lhe contava todas as notícias da cidade.

O Dalai Lama possui um elefante, o único no país, presente do marajá do Nepal, onde há muitos adeptos religiosos do Deus Rei. Muitos nepaleses entram para os mosteiros do Tibet. Formam comunidades separadas nos claustros e têm fama de ser bons alunos. Originalmente, o marajá dera dois elefantes ao Dalai Lama como sinal de respeito, mas um deles não sobreviveu à viagem através do Himalaia, apesar de as pedras terem sido cuidadosamente retiradas da estrada de 435 quilômetros de extensão até Lhasa. Estábulos especiais em todos os pontos de parada foram preparados para esses animais. Um deles, pelo menos, chegou à capital em boa forma, para grande satisfação de todos. Ninguém tinha visto um animal tão grande. Chamavam-no "Langchen Rimpoche". Tinha um estábulo próprio no lado norte do Potala, e, adornado com preciosos brocados, frequentemente tomava parte das procissões. Os cavalheiros, cujos cavalos não estavam acostumados a tal monstro, davam-lhe amplo espaço.

Durante as celebrações de ano-novo, morreu o pai do Dalai Lama. Fizeram todo o possível para mantê-lo vivo. Os monges e os xamãs tentaram todos os tipos de remédios. Chegaram até a preparar um boneco no qual encantaram a doença do paciente e depois queimaram com grande solenidade à margem do rio. Nada funcionou. Eu acho que deveriam ter chamado o médico inglês, mas é claro que a família do Dalai Lama deve ser sempre modelo de ortodoxia e não se pode desviar das práticas tradicionais em tempo de crise.

O corpo foi levado, como sempre, a um terreno consagrado fora da cidade, onde foi desmembrado e oferecido aos pássaros. Os tibetanos não ficam de luto pelos mortos no nosso sentido da palavra. A dor da separação é aliviada pela perspectiva do renascimento, e a morte não tem terrores para o budista. Lamparinas de manteiga queimam por 59 dias, depois dos quais há uma cerimônia de preces na casa do falecido. E este é o fim da história. Viúvas ou viúvos podem casar-se logo e a vida volta ao seu curso habitual.

EM 1947, HOUVE UMA PEQUENA guerra civil em Lhasa. O antigo regente, Reting Rimpoche, que renunciara voluntariamente ao seu cargo, parecia, mais uma vez, ter ambições de poder. Reting tinha muitos adeptos entre o povo e funcionários, que estimularam descontentamento contra o seu sucessor. Queriam ver Reting de volta ao cargo. Decidiram entrar em ação. O golpe de estado deveria ser levado a cabo através do moderno expediente de uma bomba. A bomba foi entregue como presente de um admirador desconhecido na casa de um alto funcionário monástico, mas, antes que o regente recebesse o pacote, a máquina infernal explodiu. Felizmente, ninguém foi morto. Foi através desse infeliz atentado que a conspiração foi descoberta. O enérgico Tagtra Rimpoche agiu rápida e decisivamente. Um pequeno exército liderado por um dos ministros marchou para o mosteiro de Reting e prendeu o antigo regente. Os monges do Claustro de Sera se revoltaram e o pânico disseminou-se pela cidade. Os negociantes fizeram barricadas em suas lojas e guardaram seus produtos em segurança. Os nepaleses se refugiaram em sua legação, levando com eles todos seus objetos de valor. Os nobres fecharam os portões de suas casas e armaram os criados. Toda a cidade estava em estado de alerta.

Aufschnaiter vira as colunas marchando para prender Reting e veio correndo de sua casa de campo para a cidade, onde organizamos a defesa da mansão de Tsarong. As pessoas estavam menos preocupadas com a crise política do que com o medo de que os monges de Sera, que eram milhares, invadissem Lhasa e saqueassem a cidade. Muitos não confiavam no Exército, equipado com armas modernas. As revoluções militares não eram desconhecidas em Lhasa.

A chegada de Reting como prisioneiro foi esperada com excitação, mas, enquanto isso, ele havia sido secretamente levado para o Potala. Os monges, que haviam planejado libertá-lo, foram enganados por esse procedimento, mas, na realidade, depois que seu líder foi preso, a causa estava perdida. Presos ao seu fanatismo, se recusaram a render-se e logo começou o tiroteio. Só quando o governo bombardeou a cidade e o mosteiro de Sera com morteiros foi que a resistência cessou. As tropas conseguiram esmagar os monges e a paz voltou à capital. Por semanas, as autoridades se ocuparam em trazer os culpados à justiça, e muitos açoitamentos severos foram infligidos.

Enquanto as balas ainda zuniam pela cidade, as notícias da morte de ex-regente rebelde espalhou-se como um rastilho de pólvora entre o povo. Rumores sussurrados conjeturavam a forma de sua morte. Muitos achavam que tinha sido vítima de um assassinato político, mas a maioria acreditava que, por meio de concentração e força de vontade inflexível, tinha se projetado para o outro mundo sem a formalidade de morrer. A cidade ficou subitamente cheia das histórias mais incríveis, de milagres atribuídos a ele e aos poderes sobre-humanos que possuía. Numa ocasião, quando a panela de barro de um peregrino transbordou, diz-se que ele fechou e levantou as bordas da panela com suas mãos, como se o barro ainda estivesse mole e maleável.

O governo recusou-se a confirmar ou a negar os rumores. Provavelmente, poucos sabiam o que acontecera de verdade. O falecido regente tinha feito muitos inimigos durante o exercício de seu cargo. Uma vez, fez com que os olhos de um ministro que planejava uma rebelião fossem arrancados. Agora, tinha pago seu crime. Como geralmente acontece durante levantes políticos, inocentes pagam pelos culpados. Os antigos protegidos de Reting foram demitidos de seus cargos. Um dos homens mais proeminentes do seu partido se suicidou. Esse foi o único caso de suicídio de que ouvi falar durante minha permanência no Tibet.

A cadeia não tinha lugar suficiente para todos os condenados. Por isso, os nobres tiveram de assumir a responsabilidade de alojá-los e mantê-los sob custódia. Assim, encontrava-se em quase todas as casas um condenado acorrentado e com um disco de madeira em volta do pescoço. A anistia a presos políticos e comuns só foi concedida quando o Dalai Lama assumiu oficialmente os poderes de governante. A maioria dos monges de Sera fugiu para a China. Quando acontecia um levante no Tibet, geralmente havia alguma interferência dos chineses. Todas as propriedades dos rebeldes foram confiscadas pelo governo e vendidas em leilão público. As casas e pavilhões do Reting Rimpoche foram demolidos e suas lindas árvores frutíferas foram transplantadas para outros jardins. O mosteiro foi totalmente saqueado pelos soldados e várias semanas depois, taças de ouro, brocados e outros objetos valiosos apareciam nos bazares. A venda das propriedades de Reting rendeu vários milhões de rupias ao tesouro. Entre os bens, havia centenas de fardos de lã inglesa e oitocentas roupas de seda e brocado, o que mostra como se pode ficar rico no Tibet. Reting era um homem do povo, de origem humilde. Sua carreira começara ao ser reconhecido como uma encarnação quando era criança.

13. Encargos do Governo

Trabalho no Jardim das Joias – Em minha própria casa – A política mundial afeta até o Tibet – A visita do Dalai Lama aos mosteiros – Problemas agrícolas do Tibet – Introduzimos a patinação

As cerimônias religiosas em comemoração ao nascimento e morte de Buda durante o quarto mês do ano tibetano fizeram o povo esquecer gradualmente a revolta. No outono, fomos convidados pelo governo para traçar uma nova planta para a cidade. Aufschnaiter interrompeu seu trabalho e começamos a fazer um levantamento. Nunca havia sido feita uma planta adequada da cidade. No século passado, agentes secretos da Índia levaram alguns rascunhos de mapas para casa, mas tinham sido feitos de memória e eram muito imprecisos. Agora podíamos usar o teodolito de Tsarong e, com nossas fitas métricas, fomos a todas as partes da Cidade Sagrada. Só podíamos trabalhar no início da manhã porque, assim que as ruas começavam a encher, éramos cercados por bandos de curiosos. O governo nos forneceu dois policiais, pois não conseguíamos manter as pessoas afastadas. Mas mesmo assim tínhamos dificuldades. Os passantes achavam interessante olhar pela lente de agrimensura de Aufschnaiter, do lado errado, é claro, prejudicando consideravelmente nossas operações. Não era nenhum prazer nos arrastarmos pelas ruas imundas no cortante frio da manhã, e foi necessário todo o inverno para coletar material para nosso levantamento. Tínhamos de subir nos telhados para marcar as casas nos diferentes quarteirões; e tive de registrar mais de mil nomes diferentes dos proprietários, tudo em escrita tibetana. Quando as cópias para o Dalai Lama e para todos os escritórios governamentais importantes ficaram prontas, foi introduzido um novo jogo de salão. As pessoas aprenderam como ler a planta e se divertiam em localizar suas casas.

Nessa época, o governo teve a ideia de instalar modernos sistemas de esgotos e de eletricidade nos quais queriam empregar Aufschnaiter e a mim. Nenhum de nós estudara a técnica desses assuntos, mas meu camarada tinha um excelente conhecimento de matemática, adquirido no estudo de agronomia, e, é claro, quando em dúvida, recorríamos a livros adequados. Aufschnaiter já estava recebendo um salário mensal em rupias, e eu recebi o cargo de funcionário assalariado em 1948. Guardei a carta da nomeação e ainda tenho orgulho dela.

Alguns meses depois de nossa audiência com o Dalai Lama, fui chamado no meio da noite ao Palácio Norbulingka e informado de que a cheia do rio ameaçava inundar o Jardim de Verão. As chuvas da monção transformam rapidamente o riacho calmo num rio caudaloso que, em certos pontos, tinha mais de seiscentos metros de largura. Quando cheguei ao local, vi que o antigo dique estava a ponto de desmoronar. Na chuva forte e sob a luz desmaiada das lanternas, os guarda-costas, sob minhas instruções, começaram a trabalhar para construir um novo dique. Conseguimos reforçar o velho dique o suficiente para que não desmoronasse no momento, e no dia seguinte trouxemos todos os sacos de juta que havia no mercado e os enchemos de argila e torrões de turfa. Quinhentos soldados e cules trabalharam duro, e conseguimos erguer novas defesas antes que o velho dique desmoronasse.

Ao mesmo tempo, o oráculo do tempo foi chamado de Gadong e, durante os dias seguintes, foi meu vizinho em uma das casas do palácio. Ambos tínhamos a mesma missão: controlar as enchentes. Felizmente, não dependíamos só do oráculo e tínhamos a força alternativa de mil mãos para trabalhar. Assim que jogamos as últimas pás de terra sobre o dique, o oráculo cambaleou até a margem e fez a sua dança. No mesmo dia, a chuva parou, a cheia diminuiu, e ambos recebemos elogios do Dalai Lama.

Mais tarde, me perguntaram se eu poderia construir algo permanente para impedir as cheias que ameaçavam o Jardim de Verão todos os anos. Concordei de bom grado, pois confiava que, com a ajuda de Aufschnaiter, poderia encontrar meios de controlar a enchente. Sabia que os tibetanos sempre construíam seus diques com muros perpendiculares e me dei conta de que era por isso que desmoronavam tão facilmente.

Começamos a trabalhar na primavera de 1948, e tínhamos de terminar antes da monção. Recebi uma equipe de quinhentos soldados e mil cules. Nenhum empreiteiro do Tibet jamais teve tantos operários. Insisti em outra inovação e convenci o governo de que o trabalho poderia ser completado muito mais rapidamente se o trabalho forçado não fosse utilizado. Assim, cada homem recebia seu pagamento diariamente e o bom humor reinava na obra. É claro que não se pode comparar a produtividade dos operários tibetanos com a dos europeus. A força física dos nativos era muito inferior à dos nossos operários. Olhavam-se admirados quando eu pegava impaciente uma pá e lhes mostrava como cavar. E havia muitas interrupções e pausas. Era uma perturbação cada vez que alguém encontrava uma minhoca na pá. A terra era jogada para o lado e a criatura colocada num lugar seguro.

Acho que a baixa produtividade dos operários se deve à sua dieta pouco nutritiva. O homem pobre geralmente vive de tsampa, chá com manteiga e alguns rabanetes com páprica. Durante todo o dia na obra, todos tomavam chá com manteiga e a sopa era servida ao meio-dia.

Além dos soldados e cules, havia uma flotilha de quarenta barcos de couro de iaque. Os barqueiros – que são associados à pele dos animais e consequentemente estão contra os princípios do budismo – são considerados, assim como os que trabalham com couro, cidadãos de segunda classe. Um exemplo da forma com que são tratados permanece viva na minha memória. Um dos Dalai Lama, a caminho do mosteiro de Samye, atravessou uma passagem que os barqueiros sempre usavam a caminho do rio. A passagem foi santificada pela passagem do Deus Rei e dali em diante não foi permitido que nenhum barqueiro a usasse. Com os barcos nas costas, eram obrigados a escalar uma passagem mais alta e mais difícil, com a consequente perda de tempo e de energia. Os barcos pesam mais de cem quilos e as passagens estão sempre a mais de 4.800 metros de altitude. Isso dá uma ideia do poder extraordinário da religião sobre o cotidiano das pessoas no Tibet. Sempre me entristecia ver homens cambaleando com os barcos nas costas. Marchavam rio acima ao longo da margem com passos vagarosos e compassados; nunca poderiam ter remado contra a corrente. Cada barqueiro era seguido por uma ovelha com um embrulho no lombo. A ovelha, tão treinada quanto um cachorro, não precisava de rédea, e, quando seu dono entrava na água de novo, ela pulava sozinha no barco.

Os quarenta barcos empregados na construção do meu dique tinham de trazer granito de uma pedreira rio acima. Não era uma tarefa fácil; as laterais dos barcos tinham de ser reforçadas com tábuas para que as pedras não os furassem. Os barqueiros tinham melhor físico e seu pagamento era maior do que o dos outros operários. Notei que não eram tão humildes quanto os outros "cidadãos de segunda classe". Formavam uma corporação à parte e tinham orgulho de pertencer a ela.

Uma feliz coincidência fez com que o bönpo de Tradün fosse um de meus colaboradores. Sua tarefa era pagar os salários a cada noite. Tínhamos as melhores lembranças um do outro e muitas vezes falávamos de quando estávamos em Tradün – uma época infeliz para mim! Hoje consigo rir disso. Quando nos encontramos pela primeira vez, ele estava numa viagem de inspeção com vinte criados e nos tratou com cortesia e amizade. Quem imaginaria que um dia trabalharíamos lado a lado e que eu seria, mais ou menos, seu chefe? Não parecia que haviam se passado quatro anos desde o nosso primeiro encontro. Quatro anos nos quais eu parecia ter me tornado meio tibetano. Muitas vezes, me pegava fazendo gestos tipicamente tibetanos, que eu via cem vezes por dia e inconscientemente imitava. Como meu trabalho servia para proteger o jardim de Sua Santidade, meus chefes eram monges da mais alta importância. O governo também se interessava muito por minhas atividades. Em várias ocasiões, todo o conselho vinha ver as obras com seus secretários e criados e nos cumprimentavam pelo sucesso, nos dando lenços de honra e presentes em dinheiro. Nessas ocasiões, os operários também recebiam dinheiro e tinham meio dia de folga.

Meus diques ficaram prontos em junho; bem a tempo, porque a primeira enchente veio logo depois. Naquele ano, o rio ficou bem cheio, mas os diques funcionaram. Na terra que costumava ser inundada, plantamos salsos, cujas folhas verdes e novas aumentaram a beleza do Jardim de Verão.

Enquanto trabalhava construindo os diques para proteger o Jardim das Joias, fui muitas vezes convidado por altos funcionários monásticos para jantar e dormir lá. Certamente, eu era o primeiro europeu a receber permissão de ficar no Potala e na Residência do Jardim de Verão. Assim, tive novas oportunidades para admirar o lindo local e as esplêndidas árvores frutíferas e coníferas trazidas de todas as partes do Tibet. Uma horda de jardineiros cuida das flores e das árvores e mantém os caminhos em ordem. O parque é cercado por um muro alto, mas é acessível a todos os visitantes que usam roupas tibetanas. Dois homens da guarda inspecionam as visitas no portão para garantir que nenhum chapéu ou sapato europeu entre no parque. Amavelmente, me dispensaram dessa regra, exceto nas festas no jardim, quando eu era obrigado a suar sob o peso de um chapéu forrado de pele. A guarda apresenta armas para os nobres da quarta classe para cima, e eu também recebia a saudação.

No meio do parque está o jardim particular do Buda Vivo, cercado por um muro alto e amarelo. Tem dois portões fortemente guardados por soldados, através dos quais, além de Sua Santidade, só os abades designados como seus guardiães podem passar. Nem mesmo os ministros do conselho são admitidos. Através da folhagem, podem-se ver os telhados dourados do templo, mas o grito dos pavões é o único som que escapa para o mundo exterior. Ninguém sabe o que acontece nesse santuário interno. Muitos peregrinos vêm visitar esse muro e seguem um caminho, no sentido horário, ao redor do muro. A curtos intervalos, há canis construídos no muro, cujos selvagens ocupantes, de pelo longo, latem quando alguém se aproxima demais. Chicotes de pelo de iaque impedem que os cães ataquem, mas seu rosnado rouco é uma nota dissonante nesse mundo pacífico. Mais tarde, quando tive o privilégio de entrar no jardim secreto pelos portões do muro amarelo, fiz amizade, na medida do possível, com esses seres peludos.

Todos os anos, são encenadas peças no grande palco de pedra fora do jardim interno. Grandes multidões vêm ver as peças, que são apresentadas desde o amanhecer até o pôr do sol. São encenadas por grupos de atores masculinos e quase todas têm caráter religioso. Os atores não são profissionais. Vêm do povo e pertencem a todos os tipos de profissões. Quando a semana de teatro termina, voltam à sua vida privada. As mesmas peças são encenadas ano após ano. As palavras são recitadas e uma orquestra de flautas e tambores estabelece o ritmo das danças. Só as partes cômicas são faladas. As roupas, lindas e caras, pertencem ao governo e são guardadas no Palácio de Verão.

Um dos sete grupos de atores, o Gyumalungma, é famoso por suas paródias. Foi o único grupo que consegui apreciar realmente. Sua franqueza era de admirar. É uma prova do bom humor e da sanidade de um povo poder rir de suas próprias fraquezas e até mesmo de suas instituições religiosas. Chegam até a encenar o oráculo, com a dança, o transe e tudo, o que faz o teatro vir abaixo. Homens aparecem vestidos de monjas e imitam, de forma muito cômica, o fervor das mulheres pedindo esmolas. Quando os monges e as monjas começam a flertar no palco, ninguém consegue segurar o riso, e lágrimas escorrem pelo rosto até dos monges mais severos da plateia.

O Dalai Lama assiste a essas encenações por trás de uma cortina de gaze na janela do primeiro andar de um pavilhão no jardim interno, atrás do muro amarelo. Os funcionários ficam em tendas no outro lado do palco. Ao meio-dia, a caminho da refeição coletiva preparada na cozinha do Dalai Lama, fazem fila em frente à janela do governante.

Quando acaba a semana de teatro no Jardim de Verão, os atores são convidados a encenar suas peças nas casas dos nobres e nos mosteiros. Assim, a estação teatral dura um mês. As encenações são aclamadas pelo público e a polícia frequentemente intervém para manter a ordem.

DURANTE ESSE ANO, minha situação pessoal melhorou muito. Eu me sustentava e achei que merecia uma casa própria onde pudesse ter uma vida independente. Nunca esqueci da minha dívida com Tsarong, que abrira sua casa para nós e nos ajudara a nos estabelecer em Lhasa. Desde que comecei a ganhar dinheiro, lhe pagava um aluguel. Há pouco, recebera várias ofertas de amigos temporariamente transferidos para as províncias para me emprestarem suas casas e jardins com alguns criados.

Finalmente me decidi por uma das casas do ministro do Exterior, Surkhang, que era, segundo a visão tibetana, um dos prédios mais modernos da cidade. Tinha grossas paredes e uma fachada de vitrais, mas tinha peças demais para minha necessidade. O problema foi facilmente resolvido. Fechei aquelas que não precisava e vivia nos outras. Escolhi a peça que batia mais sol de manhã para ser meu quarto de dormir. Ao lado da cama ficava o rádio e nas paredes colei ilustrações de um calendário alpino que, de alguma forma – provavelmente brinde de relógios suíços –, chegou até Lhasa. Os armários e baús eram entalhados e pintados de cores vivas, como os que se encontram na casa de camponeses europeus. Todos os pisos eram de pedra e meu criado tinha orgulho de encerá-los até brilharem como espelhos. Costumava esfregar cera de vela e depois deslizar com sapatos de lã, combinando trabalho com prazer. Havia tapetes coloridos em todas as salas. Como em Lhasa os tetos são apoiados em colunas, os tapetes individuais eram geralmente pequenos. Havia em Lhasa famosos tapeceiros que vinham à casa dos nobres e teciam no local tapetes do tamanho e da forma desejados. Sentavam-se no chão com um bastidor de madeira à sua frente e atavam lã de cores vivas fiada a mão em desenhos clássicos: dragões, pavões, flores, e as mais variadas formas de ornamentação crescem sob seus dedos experientes. Esses tapetes duram gerações. A lã é incrivelmente durável, e as cores, feitas de casca de árvores do Butão, casca de nozes verdes e sucos vegetais, permanecem vivas por anos.

Encomendei uma escrivaninha e um bastidor de desenho para minha sala de estar. Os carpinteiros locais são muito bons na restauração de móveis antigos, mas para fazer qualquer coisa nova são lamentavelmente incompetentes. Em todas as formas de artesanato e nas profissões, a capacidade criativa não é estimulada e os experimentos não são encorajados nas escolas ou nas empresas privadas.

Na minha sala de estar, havia um altar doméstico que meus criados cuidavam com especial devoção. Todos os dias, sete potes eram cheios com água fresca para os deuses, e as lamparinas de manteiga nunca se apagavam. Eu vivia com medo constante de ladrões porque os ídolos usavam diademas de ouro puro e de turquesa. Felizmente, meus criados eram dignos de confiança e, em todos aqueles anos, nunca dei falta de nada.

Meu telhado, como todos os outros, tinha um mastro para os estandartes de preces em cada canto. Fixei a antena do rádio em um deles. Todas as casas tinham um fogão para o incenso e outros acessórios para trazer sorte, e costumava tomar muito cuidado para que tudo fosse mantido em ordem e que nenhum costume nacional fosse infringido ou esquecido.

Minha casa logo se tornou um verdadeiro lar e era sempre um grande prazer voltar para lá depois do trabalho ou de fazer visitas. Meu criado, Nyima, estaria esperando por mim com água quente e chá e tudo estaria arrumado, em paz e confortável. Tive certos problemas para preservar minha privacidade, pois no Tibet os criados estão acostumados a ficar sempre junto ou a entrarem sem avisar e servir chá. Nyima respeitava meus desejos, mas se ligou muito a mim e, quando eu saía de noite, me esperava no portão da casa do meu anfitrião, mesmo que mandasse que ele fosse para a cama. Tinha medo de que eu fosse atacado a caminho de casa, e era por isso que sempre aparecia armado com um revólver e com uma espada, pronto a arriscar a vida pelo patrão. Não poderia me ofender com tal devoção.

Sua mulher e seus filhos moravam na casa e me deram uma lição do amor que os tibetanos têm pelos filhos. Se um deles ficava doente, Nyima não poupava gastos para trazer o melhor lama para seu lado. De minha parte, fiz o que podia para manter meus criados com boa saúde, pois gostava de ver rostos alegres à minha volta. Consegui mandá-los à Missão Estrangeira da Índia para que fossem vacinados e tratados, mas sempre tinha de me preocupar com eles porque os tibetanos geralmente não prestam atenção a doenças em adultos.

Além do meu criado pessoal, que recebia um salário mensal de aproximadamente cinco libras, o governo me deu um mensageiro e um cavalariço. Já que estava trabalhando no Norbulingka, podia usar um cavalo dos estábulos reais sempre que precisasse. Na realidade, eu deveria usar um cavalo diferente a cada dia, pois o mestre dos estábulos tinha de cuidar para que nenhum dos cavalos trabalhasse demais. Perderia seu posto se algum deles emagrecesse. Como se pode imaginar, eu achava essa mudança contínua desagradável. Os cavalos ficavam sempre pastando nas esplêndidas pastagens do Norbulingka, e, quando entravam nas ruas estreitas e no tráfego da cidade, tinham medo de tudo que viam. Finalmente, consegui que permitissem que usasse o mesmo cavalo durante uma semana e que só três cavalos fossem revezados para que eu e minhas montarias nos acostumássemos um ao outro. Meus cavalos tinham rédeas amarelas – a cor real – e, quando montava um deles, teoricamente tinha o direito de entrar no Potala ou no anel, o que era proibido até para os ministros.

Meus estábulos, cozinha e aposento dos criados estavam situados num jardim ao lado da casa – circundado por um muro alto. O jardim era de bom tamanho e consegui plantar vários canteiros de flores e verduras. Havia lugar para *badminton*[9] e *croqué*[10] na grama, e também coloquei uma mesa de pingue--pongue. Consegui plantar algumas verduras numa pequena estufa e colhi valiosas contribuições para minhas refeições no início do ano. Todos os visitantes ficavam admirados ao ver meus canteiros, dos quais eu tinha muito orgulho.

---

9. Espécie de jogo de tênis, jogado com peteca. (N.T.)

10. Jogo com bolas de madeira impelidos por tacos em forma de marreta. (N.T.)

O sr. Richardson me ajudou com sua experiência e eu dedicava minhas manhãs e noites à jardinagem, e logo meu trabalho foi recompensado. No primeiro ano, consegui plantar tomate, couve-flor, alface e repolho. Era extraordinário como cresciam sem perder a qualidade. Mas a explicação é bastante simples. Era essencial que as raízes recebessem umidade adequada. O ar seco e o sol quente criavam uma atmosfera de estufa, na qual tudo florescia de forma exuberante. O problema da água não era tão fácil, pois não há água encanada e não se podem usar mangueiras para regar o jardim. Os canteiros devem estar dispostos de forma que a água escorra através deles. Eu tinha duas ajudantes regulares no jardim. Faziam a limpeza dos canteiros, o que dá muito trabalho, porque as ervas daninhas crescem rapidamente nesse solo, assim como as flores e as frutas, e as recompensas desse trabalho eram grandes. De um canteiro de cinquenta metros quadrados, colhi mais de cem quilos de tomate, alguns dos quais pesavam duzentos gramas. Outras verduras também desenvolviam-se muito. Não acho que haja qualquer tipo de verdura europeia que não prospere aqui, apesar de o verão ser curto.

NESSA ÉPOCA, COMEÇAMOS a sentir as repercussões da política mundial, mesmo na pacífica cidade de Lhasa. A guerra civil na China adquiria um aspecto cada vez mais inquietante, e temia-se que pudessem surgir problemas entre os chineses que residiam em Lhasa. Para mostrar que o Tibet se considerava independente da política chinesa, um dia o governo decidiu notificar ao ministro chinês para que deixasse o país. Aproximadamente cem pessoas foram afetadas por essa decisão, contra a qual não havia apelação.

As autoridades tibetanas agiram com muita habilidade. Escolheram o momento em que o operador de rádio chinês estava jogando tênis para ir à sua casa e apoderar-se de seu transmissor. Quando soube que seu chefe recebera ordens para partir, ele não podia mais se comunicar com o governo chinês. O correio e os escritórios de telégrafo foram fechados por quinze dias e o mundo achou que havia outra guerra civil no Tibet.

Os diplomatas chineses expulsos foram tratados com muita cortesia e convidados para festas de despedida. Permitiram que trocassem seu dinheiro tibetano por rupias a uma taxa favorável e receberam transporte gratuito até a fronteira da Índia. Os chineses não entendiam exatamente o que estava acontecendo com eles, mas todos estavam tristes por partir. A maioria voltou à China ou Formosa. Alguns viajaram direto para Pequim, onde Mao Tsé-tung já havia estabelecido a sede de seu governo.

Assim, a desavença secular entre a China e o Tibet começou de novo. A China comunista interpretou a expulsão do ministro e sua equipe como uma afronta, e não como um gesto de neutralidade, como era a intenção dos tibetanos. Em Lhasa, compreenderam imediatamente que uma China Vermelha constituiria uma grave ameaça à independência do Tibet e à religião tibetana. As pessoas citavam declarações do oráculo e apontavam vários fenômenos naturais que pareciam confirmar seus temores. O grande cometa de 1948 foi considerado como um presságio de perigo e acreditavam que o nascimento de animais defeituosos entre os animais domésticos era agourento. Eu também fiquei apreensivo, mas minha apreensão era baseada numa estimativa sombria da situação. O futuro da Ásia parecia negro.

Nessa época, o governo decidiu mandar quatro altos funcionários numa viagem pelo mundo. Os membros dessa missão foram cuidadosamente selecionados por sua cultura e suas ideias progressistas, pois queriam mostrar ao mundo que o Tibet era um país civilizado.

O líder da missão era o secretário de Finanças, Shekabpa, e os outros membros eram um monge chamado Changkhyimpa; Pangdatsang, um rico negociante; e o general Surkhang, filho do ministro do Exterior. Os dois últimos falavam um pouco de inglês e tinham alguma ideia dos hábitos e costumes ocidentais. O governo providenciou para que usassem ternos ocidentais e sobretudos da melhor qualidade e corte. Além disso, levaram com eles esplêndidas túnicas de seda para serem usadas em recepções oficiais, pois viajavam como uma delegação nacional. Foram primeiro para a Índia e depois foram de avião até a China. Depois de ficar um tempo nesse país, tomaram um avião para São Francisco, via Filipinas e Havaí. Nos Estados Unidos, pararam em vários lugares, visitando inúmeras fábricas, especialmente as que manufaturavam matéria-prima tibetana.

Seu programa na Europa foi semelhante. Toda a viagem durou aproximadamente dois anos e cada carta deles recebida causava excitação em Lhasa. Quando voltaram, haviam conseguido novos compradores para a lã tibetana, e trouxeram uma enorme quantidade de prospectos de máquinas agrícolas, teares, máquinas para fazer tapetes, e assim por diante. Na sua bagagem também havia um jipe desmontado, que o chofer do décimo terceiro Dalai Lama remontou. Foi usado uma vez, e depois retirado da vista do público. Muitos nobres gostariam de comprar um automóvel naquela época, mas ainda não era o momento adequado. Nos Estados Unidos, a missão comprou lingotes de ouro, que foram trazidos a Lhasa sob forte guarda.

Enquanto os quatro delegados aproveitavam sua viagem ao redor do mundo, a situação política na Ásia mudara muito. A Índia ficara independente, os comunistas conquistaram toda a China; mas esses acontecimentos tiveram pouca influência em Lhasa, onde a tradicional visita do Dalai Lama aos mosteiros era considerada mais importante que a política mundial.

TODO JOVEM DALAI LAMA DEVE, antes de obter oficialmente a maioridade, visitar os mosteiros de Drebung e Sera, onde dá provas de sua maturidade participando de discussões religiosas. As preparações para essa viagem foram o principal tópico de conversas por meses. Sua Santidade devia, é claro, ser acompanhada pelos nobres, e os monges de Drebung construíram um palácio especial para alojar o Dalai Lama e seu séquito.

Um dia, a procissão partiu com o esplendor costumeiro na estrada de três quilômetros até o mosteiro, onde os quatro arquiabades de Drebung, com um brilhante séquito, receberam o visitante divino e o levaram ao seu palácio. No mesmo dia, cavalguei até Drebung, pois alguns dos monges com quem tinha feito amizade me convidaram para ficar lá durante os festejos. Eu sempre quis conhecer a vida de um mosteiro por dentro. Até então, como qualquer peregrino, vira os templos e os jardins apenas de relance. Meus amigos me levaram a uma das várias casas de pedra padrão, onde me deram alojamentos espartanos. Pema, um monge que logo faria seus exames e já tinha seus próprios alunos, foi meu guia na cidade monástica e me explicou a planta e a organização. Nenhuma comparação pode ser feita entre essa e outras organizações religiosas. Por trás dessas paredes do claustro, os braços do relógio do tempo parecem ter parado mil anos atrás; não há nada que demonstre que estamos no século XX. As grossas paredes acinzentadas dos prédios têm uma aparência milenar, e o sufocante cheiro de manteiga rançosa e de monges sujos adere-se profundamente às pedras.

Cada casa tem de cinquenta a sessenta habitantes e é dividida em celas minúsculas. Há uma cozinha em cada andar e comida em abundância. O monge médio não tem outra satisfação mundana, mas os mais inteligentes se apoiam na perspectiva de atingir altas posições que compensem seu zelo nos estudos. Não têm propriedade privada, exceto suas lamparinas de manteiga e um ícone, ou talvez uma caixa com amuletos. Uma cama simples é a única concessão ao conforto. Obediência absoluta é a regra. Os estudantes entram no mosteiro quando crianças e imediatamente vestem o capuz vermelho, que usam até o resto de suas vidas. Durante os primeiros cinco anos, devem fazer os serviços mais ignóbeis para seus professores. Os inteligentes aprendem a ler e a escrever e podem fazer os exames. Só poucos conseguem passar de um grau para o outro, e a maioria permanece na classe de criado. Os eleitos são os que, depois de estudar os ensinamentos de Buda por trinta ou quarenta anos, conseguem passar nos testes finais. Assim, estão qualificados para indicações para os cargos mais altos da Igreja. Os mosteiros são as academias de educação religiosa, e o pessoal de todas as instituições puramente religiosas é escolhido de seus graduados. Os funcionários monásticos do governo recebem sua educação na Escola Tsedrung.

Os exames finais das escolas monásticas são feitos uma vez por ano em público, na catedral. De todo o Tibet, apenas 22 candidatos são admitidos no exame. Depois de um severo teste oral feito pelos próprios professores do Dalai Lama, os cinco melhores candidatos são promovidos ao grau monástico mais alto. O estudante que passa em primeiro lugar pode tornar-se um eremita e devotar-se a exercícios religiosos ou pode entrar para a vida pública com a possibilidade de um dia tornar-se regente. Isso raramente ocorre porque esse alto posto é, em geral, reservado para as Encarnações, mas houve casos em que um homem do povo – que não era um nobre nem um Buda Vivo – fosse indicado para esse grande posto. A última vez que isso aconteceu foi em 1910, quando o décimo terceiro Dalai Lama fugiu para a Índia, devido à invasão dos chineses, e um delegado teve de ser indicado para representá-lo.

Os 10 mil monges do Drebung são divididos em grupos, cada um tem seu próprio templo e jardim. Aqui, passam a manhã em exercícios religiosos comuns e depois tomam seu chá com manteiga e sopa, só retornando para estudar em casa de tarde. Entretanto, têm bastante tempo livre para fazer caminhadas e jogar jogos simples. Também é permitido que cozinhem a comida que recebem de suas comunidades. Os grupos são organizados por seus lugares de origem. Em algumas casas, só há mongóis ou nepaleses, ou estudantes de certa cidade, como Xigazê.

Dentro do mosteiro, é claro, nenhuma criatura viva pode ser morta, mas o clima frio faz com que seja necessário comer um pouco de carne. Assim, as comunidades de onde vêm os monges mandam suprimentos de carne-seca de iaque e, deve-se dizer, os monges frequentemente obtêm carne fresca nas vilas vizinhas.

Além de casa e comida de graça, os monges recebem uma pequena mesada derivada de doações do governo e de presentes de peregrinos. Entretanto, quando um monge possui dons destacados, geralmente encontra um patrono entre os nobres e os ricos comerciantes. A Igreja no Tibet é muito rica. É proprietária de quase todas as terras, e os lucros das enormes propriedades são compartilhados pelos mosteiros. Cada mosteiro tem seu próprio negociante, que compra provisões e outras necessidades. É quase impossível acreditar nas enormes somas que são gastas para manter os mosteiros e seus moradores. Uma vez, ajudei um monge nas suas contas e reparei que, durante o primeiro mês do ano, para todos os monges que passam em Lhasa, o governo forneceu três toneladas de chá e cinquenta toneladas de manteiga, além de mesadas que chegaram a mais de 40 mil libras.

Os seres de capuzes vermelhos não são sempre educados e gentis. A maioria são homens grosseiros, duros, para quem o chicote não é disciplina suficiente. Os piores pertencem à organização não autorizada, mas tolerada, dos Dob-Dobs, ou tropa de monges. Usam uma braçadeira vermelha e escurecem os rostos com fuligem. Nos cintos, levam uma enorme chave que usam como cassetete ou projétil e, muitas vezes, têm uma faca de sapateiro afiada no bolso. Muitos são conhecidos valentões. Têm um caminhar provocativo e são rápidos para atacar. Quem tem bom senso abre caminho para deixá-los passar. Na guerra contra os comunistas chineses, formaram um batalhão que ficou famoso pela coragem. Em tempos de paz, também têm oportunidade de gastar sua energia excessiva, pois os Dob-Dobs de diferentes mosteiros sempre estão em guerra uns contra os outros. É justo acrescentar que suas diferenças nem sempre são resolvidas pela violência, e que parte de sua belicosidade é gasta em competições atléticas entre mosteiros rivais. Geralmente, Drebung é o vencedor porque tem maior número de atletas que seus competidores.

Como antigo instrutor de esportes, eu costumava ir a Drebung e os monges gostavam que eu participasse dos treinamentos. Esse foi o único lugar do Tibet onde encontrei homens com corpos atléticos e músculos treinados.

Os grandes claustros de Drebung, Sera e Ganden – os Três Pilares do Estado – têm um papel decisivo na vida política do Tibet. Seus abades, junto com oito funcionários do governo, presidem a Assembleia Nacional. Nenhuma decisão é tomada sem a concordância desses clérigos, que estão naturalmente interessados, acima de tudo e de todos, na supremacia dos mosteiros. Sua intervenção impediu a realização de muitas ideias progressistas. Certa época, olhavam Aufschnaiter e a mim como espinhos em sua carne, mas, quando viram que não tínhamos ambições políticas, que nos adequávamos aos costumes da terra e que fazíamos tarefas que também lhes davam lucro, deixaram de opor-se a nós.

Os claustros são, como disse, as academias da Igreja. Por essa razão, o Lama – e há mais de mil no Tibet – deve ser educado num mosteiro. Estas Encarnações são atração constante para os peregrinos, que vêm aos milhares para visitá-los e receber sua bênção.

Mesmo durante a visita do Dalai Lama a Drebung, estas Encarnações assistiram a todas as cerimônias e sentaram na frente da comitiva – um verdadeiro encontro de deuses! Enquanto isso, era feita uma discussão religiosa todos os dias nos sombreados jardins do claustro entre o governante e um dos abades. Esse é um dos atos mais íntimos da vida religiosa do lamaísmo, e eu nunca tive a menor esperança de permitirem que o assistisse.

Entretanto, um dia, quando estava tomando café da manhã com Lobsang, me perguntou se eu queria acompanhá-lo. Devo a esse gesto inesperado de sua parte o privilégio de haver testemunhado um drama que ninguém de outra fé jamais testemunhou. Como estava na companhia do irmão do Dalai Lama, ninguém pensou em me impedir de entrar no jardim secreto. Uma estranha cena acontecia. Na frente de um escuro grupo de árvores, uma grande multidão de monges com capuzes vermelhos, talvez dois mil, agachavam-se sobre o cascalho, enquanto, de um lugar alto, o Dalai Lama pregava a Sagrada Escritura. Ouvi pela primeira vez sua voz clara e infantil. Falava desembaraçadamente e com a segurança de um adulto. Era sua primeira aparição pública. O menino de catorze anos vinha estudando há anos e agora seu conhecimento estava sendo testado diante de um público crítico. Esse primeiro aparecimento poderia ter consequências fatais. É verdade que nunca seria permitido que ele renunciasse à carreira prescrita, mas seu desempenho naquele dia mostraria se estava destinado a ser um instrumento dos monges ou o seu governante. Nem todos seus predecessores foram tão hábeis como o quinto e o décimo terceiro Dalai Lama. Muitos permaneceram por toda a vida como marionetes nas mãos dos homens que o treinaram, e o destino do país era controlado pelos regentes. As pessoas diziam que a inteligência desse menino era milagrosa. Dizia--se que bastava que lesse um livro para que o soubesse de memória; e era sabido que tinha muito interesse em tudo o que acontecia em seu país e que costumava criticar ou elogiar as decisões da Assembleia Nacional.

Agora que o debate começou, vi que seus poderes não haviam sido exagerados. O Dalai Lama sentou no cascalho, para não enfatizar a superioridade de seu nascimento, enquanto o monge, em cujo mosteiro a discussão estava acontecendo, ficou em pé à sua frente e pontuou suas perguntas com os gestos convencionais. O Dalai Lama respondeu a todas as perguntas feitas, até as mais habilidosas, prontamente e com bom humor, e nunca ficou desconcertado.

Depois de um tempo, os antagonistas trocaram de lugar e o Dalai Lama fez perguntas ao abade sentado. Percebia-se que não era um ato preparado para exibir a inteligência do jovem Buda; era uma genuína competição de perspicácia em que foi difícil para o abade sair-se bem.

Quando o debate terminou, o jovem Deus Rei sentou-se outra vez em seu trono dourado e sua mãe, a única mulher presente, lhe ofereceu chá numa xícara dourada. Me deu uma olhada amável como que para assegurar-se de minha aprovação do seu desempenho. De minha parte, estava profundamente impressionado com o que vira e ouvira, e senti uma genuína admiração pela presença de espírito desse Deus Menino de uma família humilde. Ele quase me convenceu a acreditar em reencarnação.

No final do debate religioso, todos rezaram em coro. Parecia uma litania e durou bastante tempo. Depois disso, o Dalai Lama, apoiado em seus abades, voltou ao palácio. Eu sempre notara o caminhar senil do Dalai Lama, mas agora soube que é parte do ritual e que todos esses movimentos diferentes estão prescritos. Supostamente, é uma imitação do caminhar de Buda, e ao mesmo tempo serve para aumentar a dignidade do Dalai Lama.

Gostaria muito de ter tirado algumas fotos dessa singular cerimônia, mas felizmente não estava com minha máquina, como se viu mais tarde. No dia seguinte, houve uma grande confusão quando meu amigo Wangdüla (sem eu saber de nada) tentou fotografar o Dalai Lama, que estava indo a um dos mosteiros. Ele já tinha conseguido tirar uma fotografia quando um monge zeloso o denunciou. Wangdüla foi levado ao secretário do regente e interrogado nos mínimos detalhes. Como punição por sua ofensa, foi condenado ao degredo, e disseram que teve sorte de não ser expulso da ordem monástica. Além disso, sua máquina foi confiscada – tudo isso, apesar de ser um nobre da quinta classe e sobrinho de um antigo regente. Por um tempo, os monges só falavam desse incidente, mas o próprio Wangdüla encarou a situação calmamente. Conhecia bem os altos e baixos da vida oficial.

O próximo item do programa do Dalai Lama era a subida até o cume do Monte Gompe Utse, um pico a mais de 5 mil metros de altitude, que domina o mosteiro de Drebung.

De manhã cedo, saiu uma enorme caravana montada, formada de pelo menos mil homens e centenas de cavalos. O primeiro objetivo era uma colônia na metade do caminho montanha acima. O cavalo do Dalai Lama era conduzido por dois cavalariços. Vários locais de descanso foram preparados no caminho. Cada um era mobiliado com um trono sobre tapetes. Ao entardecer, a caravana chegou na estação da metade do caminho. Incenso foi queimado como oferenda de agradecimento pela chegada em segurança e preces foram feitas. Nesse lugar, as tendas foram armadas e ali passaram a noite. Os iaques foram preparados para a viagem do dia seguinte, e, antes do amanhecer, o Dalai Lama e seus altos dignitários saíram para a subida até o cume. Os monges de Drebung já haviam organizado um trajeto para essa peregrinação. Quando o grupo chegou ao cume, murmuraram preces e fizeram oferendas aos deuses.

No vale, lá embaixo, as pessoas esperavam em grupos pelo momento que a fumaça de incenso subisse do pico. Sabiam que seu governante estava lá, rezando pelo bem-estar de seu povo. Eu escalara o cume no dia anterior e agora olhava a cerimônia de uma distância discreta. Entre os espectadores, havia bandos de corvos e gralhas, que sentiam o cheiro das oferendas de tsampa e manteiga, e esperavam, grasnando, pelo momento de se atirarem sobre os restos.

Para a maioria dos que acompanhavam o Dalai Lama, essa era a primeira vez que subiam ao topo de uma montanha. Os membros mais jovens do grupo pareciam estar gostando muito da experiência e mostravam uns para os outros os diferentes detalhes do lindo panorama. Por outro lado, os monges e os funcionários mais velhos, na sua maioria gordos, não olhavam as belezas da paisagem, mas sentavam-se exaustos enquanto eram atendidos pelos criados.

No mesmo dia, o grupo todo voltou para o mosteiro. Alguns dias depois, o Dalai Lama visitou o mosteiro de Sera e fez um debate público semelhante ao anterior. Seus conselheiros estavam apreensivos com a visita a Sera, tendo em vista a recente revolta dos monges. Porém, a entusiástica recepção oferecida a ele nesse mosteiro era prova, como se precisasse, de que ele estava acima de todas as facções e querelas do partido.

ENQUANTO ISSO, MINHA VIDA continuava imperturbável. Estava a serviço do governo, para quem traduzia as notícias dos jornais e de vez em quando construía pequenos diques e canais de irrigação. Visitava Aufschnaiter regularmente na sua obra do canal fora da cidade. No curso de suas escavações, fez achados muito interessantes. Os operários desenterraram fragmentos de cerâmica, que Aufschnaiter cuidadosamente guardou e começou a colar, pedaço por pedaço. Como resultado de seus consertos, tinha uma coleção de lindos vasos e jarras, com formas muito diferentes daquelas feitas hoje. Dava recompensas aos operários pelo que encontravam, e ordenou que cavassem com o máximo cuidado e o chamassem imediatamente se desenterrassem alguma coisa interessante. Havia descobertas todas as semanas. Túmulos contendo esqueletos junto a potes e pedras semipreciosas foram abertos. Meu companheiro achara uma nova ocupação nas suas horas de lazer. Cuidava muito de suas coleções, que datavam de milhares de anos. Tinha muito orgulho delas por ter sido o primeiro a descobrir a prova de uma antiga civilização tibetana. Nenhum dos lamas que consultou pôde dar uma pista sobre seus achados, e, nos velhos livros de História, não havia menção de uma época em que os tibetanos costumavam enterrar seus mortos e colocar presentes em suas tumbas.

Aufschnaiter tinha a intenção de colocar suas descobertas à disposição de um museu arqueológico na Índia, e, quando os comunistas chineses invadiram o Tibet, levamos embora conosco as coleções cuidadosamente embaladas.

Pouco tempo depois, tive uma oportunidade inesperada de sair de Lhasa e de conhecer um pouco uma nova parte do país. Alguns amigos me pediram para cuidar de suas propriedades e fazer sugestões de melhorias. Conseguiram que o governo me desse permissão para ausentar-me e visitei suas propriedades, uma depois da outra. As condições que encontrei eram totalmente medievais. Os camponeses ainda usavam arados de madeira com uma lâmina de ferro. Eram puxados por *dzos*. (O dzo é uma cruza entre um boi e um iaque e é um ótimo animal de tiro. Parece muito com o iaque, e o leite das fêmeas, que tem alto teor de gordura, é muito apreciado.)

Um dos problemas que os tibetanos pouco fizeram para resolver foi a irrigação dos campos. A primavera é geralmente muito seca, mas ninguém pensa em levar água dos riachos e rios cheios pela neve até a terra.

As propriedades da nobreza são, em geral, muito grandes. Às vezes, leva-se um dia inteiro para atravessar uma delas a cavalo. Cada propriedade tem vários servos, que recebem pequenos campos para cultivo próprio, mas são obrigados a passar certo tempo trabalhando para o dono da terra. Os administradores, geralmente criados leais ao proprietário, mandam nos servos como pequenos reis. Seu próprio patrão mora em Lhasa, onde trabalha para o governo e tem pouco tempo para se incomodar com a propriedade. Entretanto, o serviço público é muitas vezes recompensado com terras e há funcionários nobres que recebem até vintes fazendas grandes ao longo da carreira. O funcionário que cai em desgraça provavelmente perderá suas terras, que passam para as mãos do governo. Mesmo assim, há muitas famílias que vivem em seus castelos há séculos e têm o sobrenome dos territórios de origem. Seus ancestrais construíam essas fortalezas nos promontórios rochosos que dominam os vales. Quando construídos na planície, são cercados por fossos, que agora estão secos e vazios. As antigas armas preservadas nos castelos testemunham o espírito guerreiro dos antigos senhores, que estavam sempre prontos a defender-se dos ataques dos mongóis.

Passei semanas viajando, e cavalgar por um interior desconhecido era uma mudança bem-vinda depois da vida em Lhasa. Eu não andava sempre a cavalo. Parte do tempo, naveguei num barco de couro de iaque no poderoso Brahmaputra, parando para visitar mosteiros que me atraíam e tirando fotografias.

Quando voltei a Lhasa, já era inverno. O pequeno afluente de Kyichu já estava congelado – e isso nos fez pensar em algo novo. Com um pequeno grupo de amigos, incluindo o irmão do Dalai Lama, fundamos um clube de patinação. A equipe da Legação Britânica já praticara patinação para a imensa surpresa dos nativos. Na realidade, éramos seus herdeiros porque adquirimos seus patins, que tinham sido dados aos criados quando foram embora. Nossas primeiras tentativas foram muito engraçadas e sempre tínhamos vários espectadores para rir de nós e para imaginar quem seria o próximo a cair de cabeça ou quebrar o gelo. Os pais viram com horror o entusiasmo dos filhos, determinados a aprender a patinar a todo custo.

As famílias nobres antiquadas, não esportivas, não podiam conceber que alguém temerariamente atasse uma faca na sola das botas e deslizasse por aí sobre ela.

14. O Tibet Prepara-se para a Luta

Fotógrafo do Buda Vivo – Hospitalidade tibetana
– Reorganização do Exército e intensificação
da observância religiosa – Tipografia e livros –
Construo um cinema para o Dalai Lama

O Dalai Lama soubera por seu irmão do nosso novo esporte, mas infelizmente nosso ringue não era visível do telhado do Potala. Ele gostaria muito de nos ver enquanto nos divertíamos sobre o gelo, mas, como isso era impossível, me mandou uma filmadora com instruções para filmar o ringue e os patinadores para ele. Como eu nunca tinha filmado, estudei cuidadosamente o prospecto e as instruções antes de começar a trabalhar. Terminei o filme e mandei-o para a Índia através do ministro do Exterior para que fosse revelado. Em dois meses, estava nas mãos do Dalai Lama. Tinha ficado muito bom. Através desse filme, fiz meu primeiro contato pessoal com o jovem governante do Tibet. Parece estranho que um produto do século XX fosse o ponto de partida de uma relação que, apesar de todas as convenções, acabou por tornar-se uma amizade íntima.

Logo depois disso, Lobsang Samten me disse que seu irmão queria que eu filmasse diferentes cerimônias e cenas de festivais para ele. Fiquei surpreso em ver como era grande seu interesse nesses filmes. Sempre me mandava instruções muito precisas, às vezes escritas e outras vezes verbalmente, através de Lobsang Samten. Ele me dava conselhos de como utilizar de forma mais favorável certos ângulos, ou mandava avisar quando certa cerimônia deveria começar. Eu também conseguia mandar recados, sugerindo que em determinados momentos durante a procissão mantivesse os olhos fixos na filmadora.

Naturalmente, eu fazia o possível para não aparecer durante essas cerimônias. Ele também achava isso importante e me disse para ficar no fundo, discretamente, e, se não pudesse, que evitasse tirar fotos. Obviamente, não conseguia evitar ser visto, mas, assim que souberam que estava filmando e fotografando sob as instruções de Sua Santidade, eu não era mais interrompido. Na verdade, os temidos Dob-Dobs muitas vezes faziam a multidão abrir espaço para que eu tivesse o campo de visão livre; e, quando pedi que posassem para mim, obedeceram como cordeiros. Dessa forma, consegui fazer muitas fotos singulares das cerimônias religiosas. Além da filmadora, sempre levava a minha Leica comigo e tirei muitas fotografias de cenas raras.

Tirei lindas fotos da catedral. A Tsu Lag Khang, como é chamada, foi construída no século VII e abriga a estátua de Buda mais preciosa do Tibet. A origem desse templo data do reino do famoso rei Srongtsen Gampo. Suas duas esposas eram princesas, e ambas pertenciam à fé budista. Uma veio do Nepal e fundou o segundo maior templo de Lhasa, o Ramoche;

enquanto a outra era uma chinesa e trouxe o ídolo com ela da China. O rei, que seguia a religião antiga, foi convertido por suas esposas ao budismo, que se tornou a religião oficial. Mandou então construir a catedral como lar do ídolo dourado. Esse prédio tem os mesmos defeitos do Potala. Externamente é grandioso e imponente, mas seu interior é escuro, cheio de cantos e desagradável. Está cheio de tesouros, que crescem diariamente com novas oferendas. Cada ministro nomeado deve comprar novas roupas bordadas de seda para as imagens dos santos e um prato de manteiga de ouro maciço. Montes de manteiga são queimados incessantemente nas lamparinas, e verão e inverno o ar se enche de fumaça com cheiro rançoso. As únicas criaturas que se beneficiam das oferendas são os camundongos, que sobem e descem aos milhares as pesadas cortinas de seda e empanturram-se de manteiga e tsampa das tigelas. É escuro no templo: nenhum raio de luz penetra de fora, e só as lamparinas de manteiga dos altares lançam um brilho bruxuleante. A entrada para o Sagrado dos Sagrados geralmente é fechada por uma pesada cortina de ferro, que só é erguida em horários estabelecidos.

Numa passagem escura, estreita, encontrei um sino pendurado do teto. Quase não acreditei quando vi a inscrição "*Te Deum Laudamus*". Provavelmente, era a única relíquia que sobrou da capela que os missionários católicos construíram em Lhasa vários séculos atrás. Não conseguiram se manter no Tibet e foram obrigados a ir embora. Pode ser que a preservação do sino na sua catedral fosse devida ao respeito que os tibetanos sentem por todas as religiões. Eu gostaria de ter sabido mais sobre a capela dos jesuítas, mas não restou nenhum traço do prédio.

À noite, a catedral fica cheia de fiéis. A cortina é erguida e uma longa fila se forma em frente ao altar de Buda. Cada fiel toca a estátua com a cabeça baixa e faz uma pequena oferenda. Água benta, tingida com açafrão, é derramada nas mãos em concha por um monge. O fiel bebe parte dessa água e borrifa o resto sobre a cabeça. Muitos monges passam a vida toda na catedral. Seu dever é cuidar dos tesouros e encher as lamparinas de manteiga.

Uma vez, foi feita uma tentativa de instalar luz elétrica na catedral, mas houve um incêndio causado por um curto-circuito e todos ligados à instalação foram demitidos. Assim, nunca mais se falou em luz artificial.

Na frente da catedral, há um terraço de laje, polido como um espelho e escavado por mais de mil anos de prostrações dos fiéis. Quando se olham essas concavidades e se vê a expressão de profunda devoção nos rostos dos fiéis, se entende por que uma missão cristã nunca teria sucesso em Lhasa. Um lama do Drebung numa visita a Roma para converter os católicos reconheceria a futilidade de sua missão quando visse os degraus da escada sagrada gastos pelos joelhos dos inumeráveis peregrinos, e deixaria o Vaticano resignado. O cristianismo e o budismo têm muito em comum. Ambos se baseiam na crença de felicidade em um outro mundo e ambos pregam humildade nesta vida. Porém, hoje existe uma diferença. No Tibet, ninguém é perseguido noite e dia pelos chamados da "civilização". Aqui, há tempo para se ocupar com a religião e cada um é dono da sua própria alma. No Tibet, a religião ocupa a maior parte da vida do indivíduo, como acontecia no Ocidente durante a Idade Média.

Os mendigos fazem ponto na porta da catedral. Sabem muito bem que o homem é caridoso e gentil quando está na presença de Deus. No Tibet, como na maioria dos outros lugares, os mendigos são um transtorno público. Quando estava construindo meu dique, o governo decidiu fazer os mendigos mais fortes trabalharem. Reuniram os mil mendigos de Lhasa e escolheram setecentos que podiam trabalhar. Foram colocados no serviço e receberam comida e pagamento por seu trabalho. No dia seguinte, só a metade apareceu para trabalhar e, alguns dias depois, ninguém apareceu. Não é por falta de trabalho ou a necessidade extrema que fazem dessas pessoas mendigos, nem, na maioria dos casos, enfermidades físicas. É pura preguiça. A mendicância oferece um bom meio de vida no Tibet e ninguém expulsa um mendigo da sua porta. Se um mendigo recebe apenas um pouco de tsampa e um que outro centavo de cada cliente, o produto de duas horas de "trabalho" é suficiente para mantê-lo pelo resto do dia. Depois, ele senta sem fazer nada encostado no muro e cochila alegremente ao sol. Muitos mendigos têm doenças horríveis que merecem solidariedade, mas exploram suas deformidades jogando-as na cara do passante.

UMA DAS CARACTERÍSTICAS mais interessantes do Tibet é o hábito de receber e de se despedir dos amigos. Quando alguém parte, seus amigos frequentemente montam uma tenda no caminho a vários quilômetros da cidade e esperam por ele com uma refeição. Não deixam que o amigo parta sem enchê-lo de lenços brancos e de votos de felicidade. Quando ele volta, a mesma cerimônia é observada. Às vezes, é recebido em vários lugares a caminho de casa. Talvez de manhã tenha avistado o Potala; mas a caminho da cidade ele é detido de tenda em tenda por seus amigos e só chega a Lhasa de noite, com sua modesta caravana aumentada em grandes proporções pelos amigos e seus criados. Chega em casa contente por não ter sido esquecido.

Quando estrangeiros chegam, são recebidos por um representante do Ministério do Exterior, que traz saudações do ministro e providencia alojamentos e recepções. Os novos embaixadores são recebidos com honras militares e recebem lenços brancos de um delegado do conselho. Em Lhasa, há alojamentos especiais para convidados, onde são acomodados com seus criados e animais e onde encontram presentes esperando por eles na chegada. Em nenhum outro lugar do mundo os viajantes são tratados com tanta atenção e hospitalidade.

Durante a guerra, aviões indo da Índia para a China muitas vezes se perdiam. Provavelmente, essa é a rota aérea mais difícil do mundo, porque a passagem através do Himalaia força muito a habilidade e a experiência do piloto. Se ele perde a direção, dificilmente consegue voltar à rota devido aos mapas incompletos do Tibet.

Uma noite, o zumbido dos motores foi ouvido sobre a Cidade Sagrada e causou grande alarme. Dois dias mais tarde, chegou a notícia de Samye que cinco americanos haviam saltado de paraquedas. O governo convidou-os a vir a Lhasa no caminho de volta à Índia. Os pilotos devem ter ficado muito surpreendidos por terem sido recebidos em tendas fora da cidade e calorosas boas-vindas acompanhadas de chá com manteiga e lenços. Em Lhasa, contaram que se perderam totalmente e que as asas do avião tocaram as encostas nevadas do Nyenchenthangla. Depois disso, deram meia-volta, mas, vendo que tinham pouco combustível para chegar à Índia, decidiram livrar-se do avião e saltar. Exceto por um tornozelo torcido e um braço quebrado, tinham chegado ao solo em segurança. Depois de uma curta estadia em Lhasa, foram enviados pelo governo até a fronteira com a Índia, a cavalo, que é o mais confortável possível quando se viaja pelo Tibet.

Tripulações de outros aviões americanos que aterrissaram no Tibet durante a guerra não tiveram tanta sorte. No Tibet Oriental, foram encontrados restos de dois aviões acidentados; os membros das tripulações tinham sido todos mortos. Outro avião deve ter caído ao sul do Himalaia, numa província cujos habitantes são um povo selvagem. Essas pessoas não são budistas, mas selvagens nus, famosos pelo uso de flechas envenenadas. De tempos a tempos, saem de suas florestas para trocar peles e almíscar por sal e contas. Numa destas ocasiões, soube-se que ofereceram objetos que só podiam ter vindo de um avião americano. Não se ouviu falar nada mais desse desastre. Eu gostaria de ter ido em busca do local do acidente, mas a distância era grande demais.

A SITUAÇÃO POLÍTICA NO TIBET estava ficando cada vez pior. Os chineses haviam solenemente declarado em Pequim que iriam "libertar" o Tibet. Mesmo em Lhasa, as pessoas sabiam da gravidade da ameaça. Na China, os comunistas sempre realizavam o que prometiam.

O governo tibetano se pôs a trabalhar febrilmente para reorganizar o exército sob a supervisão de um ministro do conselho. O Tibet tinha um Exército na ativa para o qual cada distrito contribuía com sua quota em proporção ao número de habitantes. Essa concepção de serviço militar obrigatório é diferente da nossa porque aqui o Estado só está interessado em números, e não em indivíduos. Um homem convocado para o serviço militar pode comprar um substituto. Muitas vezes, esses substitutos permanecem a vida toda no Exército.

Os instrutores militares serviram na Índia e conhecem o uso de armas modernas. Até então, as ordens de comando eram dadas numa mistura de tibetano, urdu e inglês. A primeira decisão do novo ministro da Defesa foi de que todas as ordens fossem dadas em tibetano. Um novo hino nacional foi composto para substituir o *God Save the Queen*, música até então tocada em paradas militares importantes. O texto consistia de uma glorificação da independência do Tibet e um tributo ao ilustre governante, o Dalai Lama.

As planícies ao redor de Lhasa foram transformadas em campos de treinamento para as tropas. Novos regimentos foram formados e a Assembleia Nacional decidiu convocar as classes mais ricas para vestir e equipar mil homens a mais. Podiam alistar-se em pessoa ou encontrar substitutos. Foram organizados cursos para o treinamento de oficiais para os monges e para os funcionários civis. Havia um grande fervor patriótico.

Nos antigos dias de paz, as pessoas não davam muita importância ao Exército. As comunidades distritais tinham de fornecer a seus contingentes provisões e pagamento suplementar. Agora, as autoridades reconheciam a importância de uma organização regular e estabeleceram soldos fixos para oficiais e soldados.

Não foi fácil, no início, suprir as necessidades do novo Exército. Todo o sistema de transporte estava sobrecarregado.

O cereal necessário frequentemente tinha de ser trazido de depósitos distantes. Esses armazéns, encontrados em todas regiões onde há colheita abundante, são edifícios de pedra enormes, sem janelas, ventilados por buracos nas paredes. Aqui, os cereais podem permanecer por décadas sem estragar devido à secura do ar. Mas agora os depósitos estavam sendo rapidamente esvaziados porque as provisões deviam ser armazenadas próximas da linha de batalha, se chegasse a guerra. Entretanto, o país não estava ameaçado pela escassez de alimentos. Se um muro fosse construído ao redor do Tibet, ninguém sofreria de frio ou de fome, pois tudo o que é necessário para os três milhões de habitantes é encontrado no país, de uma forma ou de outra. As cantinas militares forneciam refeições fartas e o soldo permitia que os soldados comprassem cigarros e *chang*. As tropas estavam satisfeitas.

No Exército tibetano, é fácil reconhecer a diferença entre oficiais e soldados. Quanto mais alta sua patente, mais condecorações de ouro ele usa. Parece não haver regulamentos adequados quanto ao uniforme. Uma vez, vi um general que, além das dragonas de ouro, tinha uma coleção de objetos brilhantes presos no peito. Provavelmente, ficou tempo demais olhando jornais estrangeiros ilustrados e condecorou-se de acordo, pois não há medalhas militares no Tibet. Em vez de menções e distinções, o soldado tibetano recebe recompensas mais palpáveis. Depois de uma vitória, ele tem direito ao butim, e, assim, o saque é a regra geral. Entretanto, é obrigado a entregar as armas que capturar. Um bom exemplo da utilidade desse sistema pode ser visto nas lutas contra os bandidos. Os bönpos locais podem chamar o governo para ajudá-los quando não conseguem mais lidar com os ladrões. Um pequeno destacamento militar é enviado em seu auxílio. Apesar da maneira brutal com que os bandidos lutam, o serviço nesses comandos é muito popular. Os soldados estão de olho no roubo e ignoram o perigo. O direito dos soldados aos espólios de guerra tem sido causa de muitos problemas. Em um caso, no qual fui pessoalmente envolvido, custou a vida de várias pessoas.

Quando os comunistas chineses ocuparam o Turquistão, o cônsul americano, Machierman, com um jovem estudante americano chamado Bessac e três russos brancos, fugiram para o Tibet, tendo antes requisitado que a embaixada americana na Índia pedisse que o governo tibetano facilitasse sua viagem. Mensageiros foram mandados de Lhasa em todas as direções para dar instruções aos postos e patrulhas de fronteira para que não criassem dificuldades aos fugitivos. O grupo viajava numa pequena caravana sobre as montanhas Kuen Lun. Os camelos aguentaram bem a viagem, e conseguiam carne fresca abatendo burros selvagens. Por azar, o mensageiro do governo chegou tarde ao lugar onde o grupo cruzaria a fronteira. Sem perguntar ou descobrir quem se aproximava, os soldados, tentados pela visão de uma dúzia de camelos pesadamente carregados, dispararam contra a caravana, matando na hora o cônsul americano e dois dos russos. O terceiro russo foi ferido e apenas Bessac escapou sem ferimentos. Foi feito prisioneiro e levado junto com o ferido para o governador do distrito próximo. No caminho, os dois homens foram insultados e ameaçados pelos soldados, que primeiro dividiram o saque e ficaram muito felizes por terem descoberto objetos valiosos, como binóculos e máquinas fotográficas. Antes de chegarem ao bönpo próximo, o mensageiro do governo chegou com uma escolta, com ordem de tratar os americanos e seu grupo como hóspedes do governo. Isso causou uma mudança de atitude. Os soldados se superavam em educação, mas o dano já estava feito. O governador mandou um relatório para Lhasa, e as autoridades, horrorizadas com as notícias, fizeram o possível para expressar seu pesar. Um enfermeiro treinado num hospital indiano foi enviado com presentes ao encontro de Bessac e de seu companheiro ferido. Foram convidados para vir a Lhasa e serem testemunhas de acusação contra os soldados, que já haviam sido presos. Um alto funcionário que falava um pouco de inglês saiu a cavalo para encontrar os viajantes que se aproximavam. Juntei-me a ele achando que poderia ser de algum consolo para o jovem americano poder falar com um branco. Eu também esperava convencê-lo de que o governo não podia ser culpado pelo incidente, o qual lamentava profundamente. Encontramos o jovem debaixo de chuva. Era alto como um jerivá, e dava a impressão que o pônei tibetano que ele montava era um anão. Podia bem imaginar como ele se sentia. A pequena caravana estivera meses na estrada, sempre fugindo de inimigos e exposta a perigos, e seu primeiro encontro com as pessoas do país que pediram asilo político resultou na morte de três membros do grupo.

Novos sapatos e roupas os esperavam numa tenda no caminho e, em Lhasa, foram alojados em uma casa ajardinada, com um cozinheiro e um criado para servi-los. Felizmente, Vassiliev, o russo, não estava gravemente ferido, e logo conseguiu andar de muletas pelo jardim. Ficaram um mês em Lhasa, durante o qual fiquei amigo de Bessac. Não tinha ressentimentos contra o país que o tinha recebido tão mal a princípio. Ele só pediu que os soldados que o haviam maltratado no caminho do governador do distrito fossem punidos. Foi requisitado que estivesse presente na execução da sentença para que tivesse certeza de que não havia fraude. Quando viu o açoitamento, pediu que o número de chicotadas fosse reduzido. Tirou fotografias da cena, que mais tarde apareceram na revista *Life* como testemunho da atitude correta do governo tibetano. Foi feito o possível para prestar as últimas homenagens aos mortos segundo os costumes ocidentais. Assim, três cruzes de madeira estão hoje sobre seus túmulos no Changthang. Bessac foi recebido pelo Dalai Lama e depois foi para Sikkim, onde foi recebido por seus compatriotas.

Esses tempos difíceis trouxeram muitos fugitivos ao Tibet, mas nenhum grupo foi tão azarado quanto esse. Outra caravana de camelos que veio pelo Changthang pertencia a um príncipe mongol que trouxe com ele suas duas esposas, uma polonesa e a outra mongol. Fiquei cheio de admiração por essas duas mulheres, que fizeram essa imensa viagem, e minha surpresa aumentou quando vi seus dois encantadores filhos, que também tinham aguentado bem as agruras da estrada.

É claro que nesses tempos de crise o governo queria mobilizar não apenas os meios materiais de defesa como também a força espiritual do povo. Para esse fim, a religião, o elemento mais poderoso da vida do país, devia ser invocada. Mais monges e mais funcionários foram colocados a serviço dessa política. Os funcionários receberam grandes somas e liberdade para organizar a campanha. Foi ordenado que todos os monges do Tibet assistissem aos cultos nos quais a Kangyur, a Bíblia tibetana, era lida em voz alta. Novos estandartes e novas rodas de preces foram colocados em todos os lugares. Amuletos raros e poderosos foram retirados de velhos baús. Dobraram-se as oferendas e, em todas as montanhas, queimavam fogueiras de incenso, enquanto os ventos, girando as rodas de preces, levavam súplicas às divindades protetoras de todos os cantos do céu. O povo acreditava que, com uma fé firme como uma rocha, o poder da religião seria suficiente para proteger sua independência. Enquanto isso, a Rádio Pequim já mandava mensagens ao Tibet prometendo que os tibetanos seriam logo libertados.

Mais gente do que nunca vinha aos festivais religiosos que, nos primeiros dias de 1950, sobrepujavam em pompa e esplendor tudo o que havia visto antes. Era como se toda a população do Tibet estivesse reunida, em entusiasmo piedoso, nas estreitas ruas de Lhasa. Mas eu não conseguia deixar de pensar que sua tocante fé não abalaria os deuses de ouro. Se não viesse ajuda do exterior, o Tibet logo seria brutalmente acordado de seu pacífico sono.

O Dalai Lama novamente me encarregou de tirar fotografias dos festivais, assim pude ver tudo de uma posição excelente. Quatro semanas depois do "Grande" Festival de ano-novo, há o "Pequeno" Festival de Preces que só dura dez dias, mas provavelmente supera o "Grande" Festival em esplendor. Nessa época, começa a aparecer o verde da primavera, e a cidade apresentava um aspecto inesquecível.

O festival é o ponto alto do ano para os habitantes de Shö. Por duas horas, um imenso estandarte é pendurado do setor Shö do Potala. Com certeza, esse é o maior estandarte do mundo. São necessários cinquenta monges para levá-lo até o seu lugar e desdobrá-lo. É feito de seda pesada e de boa qualidade e adornado com imagens em cores vivas dos deuses. Quando finalmente flutua sobre a cidade a partir do Potala, uma alegre procissão vai da Tsug Lag Khang até Shö, e lá se dispersa. É seguida por um estranho ritual. Grupos de monges fazem danças primitivas, girando vagarosamente ao rufar dos tambores. Usam máscaras e colares de raros ornamentos de ossos entalhados. As pessoas olham em transe essas estranhas figuras. Às vezes, um murmúrio corre pela multidão. Alguém acha que viu o Dalai Lama em cima do telhado do Potala, noventa metros acima de suas cabeças, olhando a performance com seu telescópio.

SHÖ, QUE FICA NO FUNDO DO POTALA, abriga a prensa tipográfica do Estado – um prédio alto, escuro, de onde nunca sai um som para o mundo exterior. Não há zumbido de máquinas e só as vozes dos monges ecoam pelos corredores. Blocos de madeira ficam empilhados em longas prateleiras. Só são usados quando um novo livro é impresso. A preparação de um novo livro requer um trabalho interminável. Primeiro, os monges cortam pequenas tábuas de madeira a mão, pois aqui não existem serras elétricas, e depois entalham as complicadas letras uma a uma em tábuas de bétula. Quando ficam prontos, esses tabletes são cuidadosamente colocados em ordem. Em vez de usar tinta de impressão, usam uma mistura de fuligem, que os monges fazem queimando esterco de iaque. A maioria fica preto da cabeça aos pés durante o trabalho. Finalmente, as chapas separadas são impressas em papel tibetano feito a mão. Os livros não são costurados. Consistem de folhas soltas, impressas em ambos os lados e fechadas por duas capas de madeira entalhada. Podem-se encomendar livros na tipografia ou comprá-los de um dos livreiros na Parkhor. Em casa, geralmente são enrolados em papel de seda e muito bem-cuidados. Como o assunto é sempre religioso, são tratados com muito respeito e usualmente colocados no altar doméstico. Em todas as casas de classe alta encontra-se a Bíblia completa, assim como os duzentos volumes de comentários. Esses livros são tratados com tanta reverência, que ninguém pensaria em colocar um desses volumes sobre uma cadeira. Por outro lado, dão pouca importância aos livros que interessam a nós, ocidentais. Uma vez, encontrei um valioso livro em língua tibetana num lugar bastante inadequado. Estavam faltando as primeiras páginas. Levei o livro comigo e escrevi as páginas que faltavam a partir de outro exemplar, muito contente com minha descoberta.

O preço dos livros tibetanos depende da qualidade do papel usado. A Bíblia e seus comentários custam tanto quanto uma boa casa ou uma dúzia de iaques.

Existe outra grande tipografia em Narthang, nas proximidades de Xigazê, e quase todo mosteiro tem o equipamento para imprimir livros sobre os santos locais e os anais dos feitos dos lamas.

Toda a cultura do Tibet é inspirada pela religião, como nos primeiros dias da civilização ocidental. As obras-primas de arquitetura e escultura, de poesia e pintura, glorificam a fé e aumentam o poder e a fama da Igreja. Ainda não há conflito entre a religião e a ciência, e, consequentemente, o conteúdo da maioria dos livros é uma combinação de lei religiosa, conhecimento filosófico e sabedoria adquirida pela experiência. Os poemas e canções são geralmente manuscritos, escritos em páginas soltas e não agrupadas em coleções. Os poemas do sexto Dalai Lama são uma exceção a essa regra. Estão impressos em um volume. Comprei um exemplar no bazar e o lia com frequência. Dão a perfeita impressão da ansiedade do poeta pelo amor. Eu não era o único a apreciar os versos desse prisioneiro solitário; muitos tibetanos adoram os poemas de seu governante há muito falecido. Era uma figura original na linhagem dos Dalai Lama. Amava as mulheres e costumava disfarçar-se para fugir para a cidade a fim de encontrá-las. O povo não o condenava por seu desejo de satisfazer sua alma poética.

Os manuscritos copiados por monges habilidosos são ainda mais caros que os livros. O assunto geralmente é despretensioso e muitas vezes são crônicas. Um dos mais conhecidos é uma coleção de crônicas escritas pelo escritor de comédias mais famoso do Tibet, Agu Thönpa, que comentava de forma engraçada a vida política e religiosa de seu tempo e ainda é extremamente popular. Em todas as festas, alguém sempre conta uma de suas histórias para divertir os convidados. O gosto dos tibetanos pelo humor e por situações cômicas fez com que Agu Thönpa fosse apreciado como um clássico, e quando eu vivia em Lhasa o principal comediante da cidade tinha seu nome.

Todos os anos, no outono, todas as casas particulares e os templos de Lhasa, inclusive o Potala, são pintados e arrumados. É uma tarefa perigosa pintar as altas paredes perpendiculares do Potala, e todos os anos são empregados os mesmos operários. Esses homens ficam pendurados em cordas de couro de iaque e passam tinta de pequenos potes de barro nas paredes. Podem ser vistos montados, em posições de quebrar o pescoço, sobre um ornamento ou uma cornija, polindo. Em muitos lugares, onde a chuva não consegue lavar, a tinta adquire uma grossa crosta de cal. As ofuscantes paredes brancas do Potala erguendo-se acima de Lhasa são uma visão estonteante.

Fiquei muito contente quando o Dalai Lama me mandou fazer um filme mostrando esse trabalho. Me deu a chance de registrar algo único no mundo. De manhã cedo, subia a alta escada de pedra em meio a um mar de mulheres carregando baldes de cal da vila de Shö. São necessários cem cules e catorze dias para que as paredes recebam uma nova camada de tinta. Isso me deu tempo suficiente para fazer as tomadas e a oportunidade de testar todos os ângulos possíveis para obter as melhores imagens. Tinha especial prazer em filmar os operários se balançando em suas cordas entre o céu e a terra. Para fazer meu trabalho, foi permitido que eu entrasse em qualquer sala do palácio. Muitas eram totalmente escuras, com suas janelas bloqueadas por pilhas de madeira acumulada durante séculos, através da qual tive de encontrar um caminho até a luz. O esforço valeu a pena. Encontrei velhas estátuas de Buda esquecidas, em frente às quais lamparinas de manteiga não eram acesas e, escondidos sob grossas camadas de pó, vários tankas esplêndidos. Os museus do mundo se considerariam com sorte se recebessem uma parte dos tesouros que mofam aqui. No porão do palácio, meu guia me mostrou uma outra característica notável desse singular edifício. Cunhas foram colocadas embaixo dos pilares para sustentar o telhado. O grandioso prédio afundou ao longo dos séculos, mas os habilidosos artesãos de Lhasa conseguiram recolocá-lo no nível original – um desempenho brilhante para um povo sem técnicas modernas. Consegui fazer um bom filme da pintura do Potala, e mandei-o para a Índia para ser revelado.

UM DIA, LOBSANG SAMTEN me surpreendeu perguntando se eu gostaria de construir uma sala para exibir os filmes. Seu irmão expressara o desejo de que eu o fizesse. A vida em Lhasa me ensinara que não se deve dizer não, mesmo quando nos pedem para fazer coisas que nos são totalmente desconhecidas. Aufschnaiter e eu éramos conhecidos como "pau para toda obra" e já tínhamos resolvido uma série de problemas difíceis. Quando determinei quanta corrente elétrica o projetor do Dalai Lama necessitava e a que distância o projetor deveria ficar da tela, declarei-me pronto para fazer o trabalho. Fui então oficialmente encarregado de executá-lo pelos monges guardiães do Dalai Lama. A partir daí, os portões do Jardim Interno do Norbulingka estavam sempre abertos para mim. Comecei a tarefa no inverno de 1949-1950, depois de o jovem rei já haver retornado ao Potala. Depois de ver todos os prédios, escolhi uma casa sem uso, junto à parede interna do muro do jardim, que eu achava que podia ser transformada num cinema. Os melhores pedreiros de Lhasa e os soldados da guarda pessoal foram colocados à minha disposição. Não permitiram que eu empregasse mulheres, cuja presença profanaria o lugar sagrado. Usei barras de ferro curtas aparafusadas para formar vigas para sustentar o telhado, a fim de dispensar os costumeiros pilares. O cinema tinha dezoito metros de comprimento e tive de construir uma plataforma para o projetor, que era acessível tanto de dentro da sala quanto de fora do prédio. A uma certa distância da casa, construí uma casa de força para o motor e o gerador. Fiz isso por desejo expresso do Dalai Lama, que não queria que o som do motor fosse audível no cinema, pois não queria incomodar o velho regente (a instalação de um cinema no Norbulingka já era suficientemente revolucionária). Construí uma sala especial para os canos de descarga, com o que não faziam nenhum barulho. Como o velho motor a gasolina não era nem um pouco confiável, propus que o motor do jipe fosse usado para impulsionar o gerador em caso de necessidade. O Dalai Lama aprovou a sugestão, e, como sua vontade era lei, o jipe foi adaptado para esse fim. Tivemos alguns problemas no início, porque o portão do jardim era muito estreito para o jipe entrar. Entretanto, o jovem governante, desconsiderando a tradição, mandou que o portão fosse alargado. Um novo portão substituiu o antigo, e todos os traços da operação foram removidos assim que possível para que nada pudesse atrair a atenção dos espíritos reacionários. A vantagem desse menino é que ele conseguia colocar suas ideias em prática sem perder o apoio dos que o rodeavam.

Assim, o jipe ganhou sua própria casa, e muitas vezes ajudou quando o velho motor entrava em greve. O chofer do décimo terceiro Dalai Lama me ajudou a fazer a fiação e logo toda a máquina funcionou como um relógio. Me deu muito trabalho remover todos os traços das nossas atividades de construção do jardim, e fazer novos canteiros e caminhos no chão que fora pisoteado pelos operários. E, é claro, aproveitei essa oportunidade única para explorar detalhadamente o jardim fechado, não sabendo que no futuro seria um hóspede frequente.

Quando chegou a primavera, o Norbulingka era uma visão adorável. Os pessegueiros e as pereiras estavam em plena floração. Os pavões andavam orgulhosamente pelos jardins e centenas de plantas raras ficavam ao sol nos vasos. Em um canto do parque, havia um pequeno zoológico, mas a maioria das jaulas estava vazia. Permaneciam apenas alguns gatos selvagens e linces. Antigamente, havia panteras e ursos, mas logo sucumbiram em suas estreitas cavernas. O Dalai Lama recebia muitos animais selvagens de presente, especialmente os feridos, que encontravam um refúgio seguro no Jardim das Joias.

Além dos templos, há muitas casas pequenas embaixo das árvores. Cada uma tem uma finalidade especial – uma para meditação, outra para leitura e estudo e outras serviam para reuniões dos monges. O prédio mais alto, com vários andares, ficava no centro do jardim, e era metade templo, metade residência de Sua Santidade. As janelas eram pequenas demais para o meu gosto, e eu achava o título "palácio" imponente demais para essa casa comum. Certamente, era mais atraente como residência que o Potala, que mais parecia uma prisão do que um palácio, mas era muito escura. Assim como o jardim. Deixaram que as árvores crescessem sem cuidado e, em alguns lugares, pareciam uma densa floresta. Ninguém jamais pensou em tirá-las. Os jardineiros reclamavam que as flores e as frutas simplesmente não cresciam à sombra das grandes árvores. Ficaria muito feliz se tivessem me deixado arrumar e reformar o Jardim Interno. Havia muitos jardineiros, mas nenhum tinha sentido de estilo. Afinal, consegui convencer o alto camareiro de que algumas árvores deviam ser cortadas e permitiram que eu supervisionasse o trabalho do corte. Os jardineiros quase não sabiam fazer esse tipo de coisa e se ocupavam principalmente do cultivo de flores em vasos, que eram deixados na rua durante todo o dia e colocados sob um teto à noite.

Um dos portões do Jardim Interno levava diretamente aos estábulos, que abrigavam os cavalos prediletos do Dalai Lama e um burro selvagem que recebera de presente. Esses animais viviam uma vida contemplativa, pacífica, cuidados por muitos cavalariços. Ficaram gordos e preguiçosos porque seu dono nunca andava neles.

Os professores e os criados pessoais do Dalai Lama viviam fora do muro amarelo, no parque de Norbulingka. Eles e a guarda pessoal, quinhentos homens fortes, viviam num quarteirão de casas confortáveis e (para o Tibet) extraordinariamente limpas. O décimo terceiro Dalai Lama interessou-se pessoalmente pelo bem-estar de seus homens. Vestiu-os em uniformes de corte europeu e costumava assistir de um dos seus pavilhões enquanto se exercitavam. Fiquei surpreendido pelo fato desses soldados terem o cabelo cortado no estilo ocidental, em contraste com os outros tibetanos. Provavelmente, o décimo terceiro Dalai Lama tenha ficado favoravelmente impressionado com a aparência das tropas britânicas e indianas durante sua estada na Índia, e as tenha usado como modelo para sua guarda pessoal. Os oficiais viviam em pequenos bangalôs com canteiros floridos ao redor. As obrigações dos oficiais e dos soldados eram simples. Consistiam principalmente em montar guarda e marchar nas procissões cerimoniais.

Bem antes de o Dalai Lama se mudar para a Residência de Verão, terminei minha obra. Me perguntava se ele iria gostar do cinema. Contava em saber sua opinião através de Lobsang Samten, que certamente estaria presente na primeira sessão. O Dalai Lama provavelmente chamaria o homem que passava filmes da Legação Indiana para fazer o equipamento funcionar. A legação frequentemente exibia filmes, indianos e ingleses, em agradáveis festas e era um prazer ver o entusiasmo infantil com que os tibetanos viam esses filmes, principalmente os que mostravam cenas de países distantes. A questão era como o jovem governante reagiria a este filmes.

Naturalmente, estava presente com minha filmadora para ver a procissão do Potala ao Norbulingka. Tive, como sempre, dificuldade em encontrar um lugar adequado para filmar a cerimônia, mas meu assistente, um gigante com o rosto marcado por varíola e de formidável aspecto, tornou as coisas fáceis para mim. Carregou as máquinas, e a multidão abriu espaço para passarmos. Ele tinha uma aparência ameaçadora e, de fato, era um sujeito muito valente, como mostra a história a seguir.

Às vezes, leopardos entram nos jardins de Lhasa. Não devem ser mortos, e por isso as pessoas tentam atraí-los para armadilhas ou pegá-los de qualquer maneira. Uma vez, um leopardo entrou no Jardim das Joias. Acossado por todos os lados e ferido numa pata por uma bala, foi empurrado para um canto, onde ficou afastado, rosnando para quem se atrevesse a chegar perto. Subitamente, meu assistente atacou-o com as mãos e o segurou até que os soldados o colocassem num saco. O homem ficou muito arranhado e o leopardo foi colocado no zoológico do Dalai Lama, onde logo morreu.

Quando o Dalai Lama passou por mim em sua liteira e me viu filmando, sorriu para mim. Era claro que estava contente com o seu pequeno cinema, o que era natural para um solitário menino de catorze anos. Ao ver ao meu redor as pessoas com o olhar humilde e enlevado dirigido a ele, percebi só para mim que ele era um garoto de catorze anos. Para todos os demais, ele era um deus.

15. Professor do Dalai Lama

Face a face com o Kündun – Amigo e professor do Dalai Lama – O Tibet é ameaçado pela China Comunista – Terremotos e outros maus presságios

Depois de filmar as cenas no Norbulingka, cavalgava lentamente para casa quando, um pouco antes de Lhasa, fui detido por um excitado soldado da guarda pessoal, que me disse que estavam procurando por mim em todos os lugares e que eu devia voltar imediatamente para o Jardim de Verão. Meu primeiro pensamento foi de que o equipamento de cinema estava estragado, pois não podia imaginar que o jovem governante, ainda um menor, pusesse de lado todas as convenções e me chamasse diretamente. Imediatamente, dei meia-volta e logo estava de volta ao Norbulingka, onde agora tudo estava calmo e quieto. No portão do muro amarelo, dois monges me aguardavam. Assim que me viram, fizeram sinais para que me apressasse, e quando cheguei até eles me levaram para o Jardim Interno. Ali me esperava Lobsang Samten. Cochichou-me alguma coisa e colocou um lenço branco nas minhas mãos. Não havia dúvida. Seu irmão iria me receber.

Fui imediatamente em direção do cinema, mas, antes que eu pudesse entrar, a porta abriu-se por dentro e eu estava em frente ao Buda Vivo. Escondendo minha surpresa, curvei-me profundamente e ofereci o lenço. Ele tomou-o com a mão esquerda e, com um gesto impulsivo, abençoou-me com a direita. Parecia mais a expressão impetuosa de um sentimento de um menino do que uma bênção cerimonial. No cinema, três abades esperavam de cabeça baixa – os guardiães de Sua Santidade. Eu os conhecia bem e não pude deixar de notar que responderam friamente a meus cumprimentos. Certamente, não aprovavam essa intrusão em seus domínios, mas não se atreveram a se opor abertamente à vontade do Dalai Lama.

O jovem governante foi extremamente cordial. Seu rosto brilhava e derramava torrentes de perguntas. Me parecia uma pessoa que meditara sozinho sobre diferentes problemas e que agora, finalmente, tinha com quem falar e queria saber todas as respostas de uma só vez. Não me deu tempo de pensar nas respostas, mas me pressionou a ir para o projetor e colocar um filme que esperara muito para ver. Era um documentário sobre a capitulação do Japão. Ficou comigo junto ao projetor e mandou os abades até a frente para serem espectadores.

Devo ter parecido vagaroso e desajeitado para manejar o projetor porque ele me empurrou impacientemente para o lado e, pegando o rolo de filme, me mostrou que era um operador muito mais experiente do que eu. Me disse que passou o inverno aprendendo como o aparelho funcionava, chegando até a desmontar e montar novamente o projetor. Observei então, pela primeira vez, que ele gostava de chegar no fundo das coisas, em vez de aceitá-las como óbvias. E assim, mais tarde, como muitos pais que querem merecer o respeito dos filhos, muitas vezes passei a noite reavivando meu conhecimento de coisas meio esquecidas ou estudando novas. Cheguei a me dar ao trabalho de tratar todas as questões séria e cientificamente, pois estava claro para mim que minhas respostas formariam a base de seu conhecimento sobre o mundo ocidental.

Seu talento evidente para as coisas técnicas me surpreenderam no primeiro encontro. Era um desempenho impressionante para um menino de catorze anos desmontar e montar novamente um projetor sem nenhuma ajuda, pois ele não conseguia ler o prospecto em inglês. Agora que o filme estava rodando bem, estava encantado com o arranjo, e nada era suficiente para elogiar meu trabalho. Sentamos juntos na sala de projeção e vimos o filme através das aberturas na parede. Gostou muito do que viu e ouviu, muitas vezes segurando minhas mãos com a vivacidade da juventude. Apesar de ser a primeira vez em sua vida que estava sozinho com um branco, não ficou envergonhado ou tímido. Enquanto colocava o próximo rolo no carretel, pôs o microfone em minhas mãos e insistiu em que eu falasse nele. Ao mesmo tempo, olhava pelas aberturas para o cinema iluminado por luz elétrica onde os professores se sentavam sobre tapetes. Percebi que ele estava curioso para observar a expressão de surpresa dos leais abades, quando uma voz saísse subitamente pelo alto-falante. Não queria desapontá-lo, assim convidei a plateia inexistente a permanecer sentada, pois o próximo filme apresentaria cenas sensacionais do Tibet. Ele riu com entusiasmo dos rostos surpresos e chocados dos monges quando ouviram meu tom alegre e desrespeitoso. Tal linguagem, leve e sem cerimônia, jamais fora usada na presença do Divino Governante, cujos olhos brilhantes demonstravam o quanto ele tinha se divertido com a situação.

Me fez passar o filme que eu tinha feito em Lhasa enquanto ele cuidava dos controles. Eu estava tão curioso quanto ele para ver os resultados, pois esse era meu primeiro filme de longa-metragem. Um especialista encontraria defeitos, mas estava bastante satisfatório para nós. Continha minhas tomadas do "pequeno" Festival do ano-novo. Mesmo os abades formais esqueceram sua dignidade quando se reconheceram na tela. Houve um ataque de riso quando apareceu uma tomada de corpo inteiro de um ministro que tinha caído no sono durante as cerimônias. Não havia malícia em suas risadas, porque os próprios abades tinham às vezes de lutar contra o sono nessas intermináveis festividades. De qualquer forma, as classes mais altas devem ter sabido que o Dalai Lama testemunhara a fraqueza de seu ministro, porque, quando aparecia com minha máquina fotográfica, todos se endireitavam e posavam.

O próprio Dalai Lama se divertia mais do que qualquer outro com os filmes. Seus movimentos geralmente lentos tornavam-se juvenis e vivos e fazia comentários entusiasmados em todos os filmes. Depois de um certo tempo, pedi que mostrasse um filme que ele mesmo tinha feito. Modestamente, disse que não se atreveria a mostrar suas tentativas de aprendiz depois dos filmes que víramos. Porém, eu estava ansioso para ver que assuntos ele escolhera para filmar e o persuadi a projetar seu filme na tela. Tinha feito uma panorâmica do vale de Lhasa, que filmou rápido demais. Depois vinham algumas tomadas mal-iluminadas e a distância de nobres a cavalo e caravanas passando pelo Shö. Um *close-up* do cozinheiro me fez perceber que ele gostaria de fazer retratos. O filme que me mostrou fora sua primeira tentativa, feita sem instruções ou ajuda. Quando terminou, pediu que eu anunciasse ao microfone que a sessão acabara. Então, abriu a porta que levava à plateia e disse aos abades que não precisava mais deles, dispensando-os com um abanar de mãos. Ficou novamente claro para mim que aqui não estava uma marionete animada, mas alguém com uma vontade individual bem definida, capaz de impor-se aos outros.

Quando ficamos sozinhos, guardamos os filmes e colocamos capas amarelas sobre as máquinas. Depois, sentamos no magnífico tapete da plateia com o sol entrando pelas janelas abertas. Felizmente, eu adquirira o hábito de sentar no chão com as pernas cruzadas, já que cadeiras e almofadas não estão incluídas na mobília do Dalai Lama. No começo, quis declinar seu convite para sentar, sabendo que até os ministros não devem sentar-se em sua presença, mas ele me pegou pela manga e me puxou para baixo, o que deu fim à minha hesitação.

Me disse que há tempos planejava esse encontro porque não conseguia pensar em outra forma de conhecer o mundo exterior. Esperava que o regente fizesse objeções, mas estava determinado a fazer o que queria e já pensara em uma réplica no caso de oposição. Estava resolvido a estender seus conhecimentos além de assuntos puramente religiosos, e achava que eu era a única pessoa que podia ajudá-lo nisso. Não sabia que eu era um professor formado, e, mesmo que soubesse, provavelmente isso não o teria influenciado. Perguntou a minha idade e ficou surpreso em saber que eu só tinha 37 anos. Como muitos tibetanos, achava que meu cabelo "amarelo" era um sinal de velhice. Estudou meu rosto com uma curiosidade infantil e implicou com o meu longo nariz que, apesar de ter tamanho normal para os nossos padrões ocidentais, atraía a atenção dos mongólicos com narizes arrebitados. Finalmente, reparou que cresciam pelos nas costas das minhas mãos e disse, com um largo sorriso: "Henrig, você é peludo como um macaco". Eu tinha uma resposta pronta, pois sabia da lenda de que os tibetanos são descendentes da união do deus Chenrezi com um demônio feminino. Antes de copular com sua amante demônio, Chenrezi assumiu a forma de um macaco, e, já que o Dalai Lama é uma das encarnações desse deus, eu achava que era uma honra ser comparado com um macaco.

Com comentários como esse, nossa conversa foi ficando mais solta e perdemos a timidez. Me sentia atraído por sua personalidade, que percebera em nossos rápidos contatos anteriores. Sua tez era mais clara que a do tibetano médio. Seus olhos, um pouco mais puxados que a maioria dos europeus, eram expressivos e cheios de encanto e vivacidade. Seu rosto brilhava com animação e, sentado, balançava-se de um lado para outro. Suas orelhas eram um pouco abanadas. Essa era uma característica do Buda e, como soube depois, um dos sinais através do qual foi reconhecido como uma encarnação quando criança. Seu cabelo era mais comprido que o usual. Provavelmente, ele o usava assim para proteger-se do frio do Potala. Era alto para sua idade e parecia que chegaria à mesma estatura dos pais, que tinham uma figura impressionante. Infelizmente, por ficar muito tempo sentado estudando com o corpo curvado para frente, sua postura não era boa. Tinha lindas mãos aristocráticas, com longos dedos, geralmente dobrados num gesto de paz. Reparei que ele olhava frequentemente para minhas mãos com admiração quando eu enfatizava o que estava dizendo com um gesto. Gesticular é algo completamente estranho para os tibetanos, que, em suas atitudes contidas, expressam a calma da Ásia. Ele sempre usava a túnica vermelha de monge, prescrita por Buda, e suas roupas não tinham nenhuma diferença das dos funcionários monásticos.

O tempo passou rapidamente. Parecia que um dique se rompera, de tão urgente e contínua era a torrente de perguntas que me fazia. Fiquei admirado de ver quanto conhecimento desencontrado adquirira através de livros e jornais. Possuía uma coleção inglesa em sete volumes sobre a Segunda Guerra Mundial, que tinha mandado traduzir para o tibetano. Sabia distinguir diferentes tipos de aviões, automóveis e tanques. Os nomes de personagens como Churchill, Eisenhower e Molotov eram conhecidos, mas, como não tinha ninguém para fazer perguntas, muitas vezes não sabia como as pessoas e eventos eram conectados. Agora estava feliz, porque tinha encontrado alguém para quem podia fazer todas as perguntas que o confundiam há anos.

Devia ser umas três horas quando Sopön Khenpo veio dizer que era hora de comer. Esse era o abade que tinha o dever de zelar pelo bem-estar físico do Dalai Lama. Quando deu seu recado, levantei-me imediatamente, com a intenção de partir, mas o Deus Rei me puxou para o chão de novo e disse ao abade que voltasse mais tarde. Então, modestamente, tirou um livro de exercícios com todo o tipo de desenhos na capa e me pediu que olhasse seu trabalho. Para minha surpresa, vi que havia transcrito as letras maiúsculas do alfabeto latino. Que versatilidade e iniciativa! Cansativos exercícios religiosos, manusear complicados aparelhos mecânicos e, agora, línguas modernas! Insistia em que eu deveria começar imediatamente a ensinar-lhe inglês, transcrevendo a pronúncia nos elegantes caracteres tibetanos. Deve ter passado mais uma hora até que Sopön Khenpo veio novamente e insistiu que seu mestre fosse jantar. Recebeu um prato de bolos, pão branco e queijo de ovelha, que me ofereceu. Como quis recusar, embrulhou a comida num pano branco para que eu levasse para casa.

Porém, o Dalai Lama ainda não queria terminar nossa conversa. Em tom persuasivo, suplicou a seu copeiro que esperasse um pouco mais. Com um olhar de adoração ao seu tutelado, o monge concordou e nos deixou. Senti que ele gostava do menino e lhe era devotado como se fosse seu pai. Esse idoso monge de cabelos brancos servira ao décimo terceiro Dalai Lama no mesmo cargo e permanecera no serviço. Isso era um grande tributo à sua confiança e lealdade, porque no Tibet, quando há troca de patrões, há troca de criados. O Dalai Lama propôs que eu visitasse sua família, que vivia no Norbulingka durante o verão. Me disse que esperasse em sua casa até que mandasse me chamar. Quando deixei-o, sacudiu minha mão calorosamente – um novo gesto para ele.

Ao caminhar pelo jardim vazio e empurrar as trancas do portão, mal me dava conta de que havia passado cinco horas com o Deus Rei da Terra do Lama. Um jardineiro fechou o portão às minhas costas, e a guarda, que fora trocada mais de uma vez desde que entrara, apresentou armas com alguma surpresa. Cavalguei lentamente até Lhasa e, se não fosse pelo embrulho com bolos que levava, acharia que tudo fora um sonho. Que amigo me acreditaria se eu contasse que acabara de passar várias horas conversando sozinho com o Dalai Lama?

Não preciso nem dizer que estava muito feliz com os novos deveres que me foram designados. Ensinar a esse rapaz inteligente – o governante de um país do tamanho da França, Espanha e Alemanha juntas – o conhecimento e a ciência da mundo ocidental parecia uma tarefa que valia a pena, para dizer o mínimo.

Na mesma noite, olhei algumas revistas que continham detalhes da construção de aviões a jato, sobre o que meu aluno fizera perguntas para as quais eu não tinha resposta. Prometi dar explicações completas em nosso próximo encontro. Com o passar do tempo, eu sempre preparava material para nossas aulas, pois queria introduzir uma sistemática na instrução desse aplicado estudante.

Tive vários contratempos por causa de sua curiosidade insaciável, que o fazia me perguntar coisas que revelaram campos totalmente novos. Eu só conseguia responder baseado no que sabia. Por exemplo, para poder discutir a bomba atômica, tinha de lhe falar sobre os elementos químicos. Isso levou a uma discussão formal sobre metais, para os quais não há uma palavra genérica em tibetano. Assim, tive de entrar em detalhes sobre os diferentes tipos de metal – um assunto que, é claro, provocou uma avalanche de perguntas.

Minha vida em Lhasa entrou numa nova fase. Minha existência tinha um objetivo. Não me sentia mais insatisfeito ou incompleto. Não abandonei minhas antigas tarefas. Ainda juntava notícias para o ministro, ainda desenhava mapas. Mas agora os dias eram curtos demais e frequentemente trabalhava até tarde da noite. Tinha pouco tempo para o prazer ou para passatempos, pois, quando o Dalai Lama me chamava, tinha de estar livre. Em vez de ir a festas pela manhã, como os outros, chegava no final da tarde. Mas isso não era um sacrifício. Estava feliz por saber que minha vida tinha um objetivo. As horas passadas com meu aluno eram tão instrutivas para mim quanto para ele. Me ensinou bastante sobre a história do Tibet e os ensinamentos de Buda. Era uma verdadeira autoridade nesses assuntos. Muitas vezes, discutíamos assuntos religiosos por horas e ele estava convencido de que conseguiria me converter ao budismo. Me disse que estava fazendo um estudo de livros que continham conhecimento dos antigos mistérios através dos quais o corpo e a alma podem ser separados. A história do Tibet é cheia de histórias sobre santos cujos espíritos costumavam agir a centenas de quilômetros de seus corpos físicos. O Dalai Lama estava convencido de que, por meio de sua fé e da realização dos ritos prescritos, poderia fazer coisas acontecerem em lugares distantes como Samye. Disse que, quando fizesse progresso suficiente, me mandaria para lá e me dirigiria de Lhasa. Lembro-me de dizer-lhe com uma risada: "Tudo bem, Kündun, quando você fizer isso, também me tornarei um budista".

Infelizmente, não chegamos a fazer essa experiência. O início de nossa amizade foi obscurecido por nuvens políticas. O tom da Rádio de Pequim tornou-se cada vez mais arrogante e Chiang Kai-shek já havia se retirado com seu governo para Formosa. A Assembleia Nacional em Lhasa fazia uma sessão depois da outra; novas tropas foram convocadas; paradas e exercícios militares eram feitos em Shö; e o Dalai Lama em pessoa consagrou as novas cores do Exército.

Fox, o especialista inglês em rádio, tinha muito o que fazer, pois todas as unidades militares tinham de ter pelo menos um transmissor.

A Assembleia Nacional do Tibet, que toma todas as decisões importantes, é composta por cinquenta funcionários civis e monásticos. É presidida por quatro abades de Drebung, Sera e Ganden, sendo cada um assessorado por um monge e um secretário de finanças. Os outros membros da assembleia, civis ou religiosos, pertencem a diferentes escritórios do governo, mas os quatro ministros do conselho não são membros. A constituição estabelece que o conselho deve encontrar-se numa câmara adjacente e deve cumprir todas as decisões da assembleia, sem o direito de veto. A decisão final de todas as questões pertence ao Dalai Lama ou, se este ainda for menor, ao regente. É claro que ninguém se atreve a contestar uma proposta vinda de tão alta autoridade.

Até alguns anos atrás, a chamada Grande Assembleia Nacional era convocada anualmente. Era composta por funcionários e por representantes de todas as associações de artesãos – alfaiates, pedreiros, marceneiros e assim por diante. Esses encontros anuais de aproximadamente quinhentas pessoas foram silenciosamente interrompidos. Só aconteciam para satisfazer a lei. Na realidade, o poder do regente era supremo.

Nesses tempos difíceis, o Santo Oráculo era frequentemente consultado. Suas profecias eram negras e não ajudaram a levantar o moral do povo. Costumava dizer que "Um poderoso mal ameaça nossa terra sagrada do norte e do leste". Ou "Nossa religião está em perigo". Todas as consultas eram feitas em segredo, mas as sentenças do oráculo vazavam para o povo e eram difundidas para o exterior por espiões. Como sempre em tempos de guerra, em toda a cidade zumbiam rumores como uma colmeia, e a força do inimigo foi aumentada para dimensões fabulosas. Os adivinhos se deram bem, não só porque o destino do país estava em risco, mas também porque todo mundo estava preocupado com seu bem-estar pessoal. Mais do que nunca, os homens buscavam os conselhos dos deuses, consultavam os presságios e davam a todos os acontecimentos um significado mau ou bom. As pessoas de maior visão começaram a mandar seus tesouros para serem guardados no sul ou em propriedades distantes. Mas o povo em geral acreditava que os deuses os ajudariam e que um milagre salvaria o país da guerra.

A Assembleia Nacional tinha uma visão mais sombria. Finalmente ficara claro que o isolacionismo trazia um grave perigo para o país. Era tempo de estabelecer relações diplomáticas com os estados estrangeiros e de dizer ao mundo todo que o Tibet queria ser independente. Até então, a alegação da China de que o Tibet era uma de suas províncias permanecia sem contestação. Os jornais e as rádios podiam dizer o que quisessem do país: nunca houve resposta do Tibet. Em conformidade com sua política de completa neutralidade, o governo recusava-se a dar explicações ao mundo. Agora, reconhecia-se o perigo dessa atitude e as pessoas começaram a entender o significado da propaganda. Todos os dias, a Rádio Lhasa difundia suas ideias em tibetano, chinês e inglês. Missões foram designadas pelo governo para visitar Pequim, Délhi, Washington e Londres. Seus membros eram funcionários monásticos e jovens nobres que haviam aprendido inglês na Índia. Mas nunca foram além da Índia, graças à falta de resolução de seu próprio governo e das intrigas das grandes potências.

O jovem Dalai Lama se dava conta da gravidade da situação, mas não deixava de esperar um resultado pacífico. Durante minhas visitas, observei o grande interesse do futuro governante pelos eventos políticos. Sempre nos encontrávamos sozinhos no pequeno cinema, e consegui perceber com frequência, através de pequenos detalhes, a sua ansiedade pela minha chegada. Algumas vezes vinha correndo pelo jardim para me cumprimentar, brilhando de felicidade e estendendo a mão. Apesar do calor dos meus sentimentos em relação a ele e do fato de chamar-me de amigo, sempre tive muito cuidado em demonstrar o devido respeito ao futuro rei do Tibet. Ele me encarregara de dar-lhe aulas de inglês, geografia e aritmética. Além disso, eu tinha de cuidar dos filmes e mantê-lo a par dos acontecimentos mundiais. Subiu meu salário por sua própria iniciativa, porque, apesar de não poder ainda dar ordem constitucionalmente, tinha apenas de expressar um desejo para que fosse executado.

Me surpreendia continuamente por seus poderes de compreensão, sua pertinácia e seu esforço. Quando lhe dava como dever de casa dez frases para traduzir, ele geralmente aparecia com vinte. Aprendia línguas com muita rapidez, como a maioria dos tibetanos. É muito comum que as pessoas das classe altas e negociantes falem mongol, chinês, nepalês e hindi. A maior dificuldade do meu aluno era pronunciar a letra "F", que não existe em tibetano. Como meu inglês estava longe da perfeição, costumávamos escutar as notícias em inglês num rádio portátil e aproveitávamos as passagens faladas a ritmo de ditado.

Me disseram que em um dos escritórios do governo havia uma série de livros escolares ingleses guardados em caixas seladas. Foi dada uma dica para o ministro e, no mesmo dia, os livros foram mandados para o Norbulingka. Fizemos uma pequena biblioteca para ele no cinema. Meu aluno estava encantado com a descoberta, que era fora do comum em Lhasa. Quando vi seu zelo e sua sede de conhecimento, fiquei envergonhado ao me lembrar de minha própria juventude.

Havia também muitos livros em inglês e mapas da propriedade do décimo terceiro Dalai Lama, mas reparei que pareciam muito novos e obviamente não haviam sido lidos. O antigo governante aprendera muito em suas longas viagens para a Índia e para a China, e devia seu conhecimento sobre o mundo ocidental à sua amizade com Sir Charles Bell. Eu já conhecia o nome desse cavalheiro inglês e lera seus livros quando estava no campo de prisioneiros. Era um grande defensor da independência do Tibet. Como adido diplomático em Sikkim, Tibet e Butão, veio a conhecer o Dalai Lama durante sua fuga para a Índia. Foi o início de uma estreita amizade entre os dois, que durou muitos anos. Sir Charles Bell foi, sem dúvida, o primeiro homem branco a entrar em contato com um Dalai Lama.

Meu jovem aluno ainda não podia viajar, mas isso não diminuía seu interesse pela geografia mundial, que era sua disciplina favorita. Desenhei para ele grandes mapas do mundo e outros do Tibet e da Ásia. Tínhamos um globo, com a ajuda do qual consegui explicar a ele por que a Rádio Nova Iorque estava onze horas mais atrasada que Lhasa. Logo, sabia de todos os países e conhecia o Cáucaso tanto quanto o Himalaia. Estava particularmente orgulhoso pelo fato de a montanha mais alta do mundo estar na sua fronteira e, como muitos tibetanos, ficou surpreso ao saber que poucos países excedem seu reino em área.

Nossas tranquilas lições foram perturbadas nesse verão por um acontecimento inesperado. A 15 de agosto, um violento terremoto causou pânico na Cidade Sagrada. Outro mau presságio! As pessoas mal tinham superado o pânico causado pelo cometa, que no ano anterior fora visível durante o dia e a noite como um brilhante rabo de cavalo nos céus. Os mais velhos lembravam que o último cometa fora o precursor de uma guerra com a China.

O terremoto veio totalmente de surpresa, sem os tremores premonitórios. As casas de Lhasa começaram subitamente a tremer e se ouviram a distância quarenta detonações surdas, sem dúvida causadas por uma rachadura na crosta terrestre. No céu limpo, via-se um enorme brilho no leste. Os tremores subsequentes duraram dias. A Rádio da Índia relatava grandes deslizamentos de terra na província de Assam, que faz fronteira com o Tibet. Montanhas e vales foram deslocados, e o Brahmaputra, bloqueado pela queda de uma montanha, causou grande devastação. As notícias da extensão da catástrofe no próprio Tibet só chegaram a Lhasa semanas depois. O epicentro do terremoto deve ter sido no sul do Tibet. Centenas de monges e freiras foram soterrados em seus mosteiros de pedra e, frequentemente, não havia sobreviventes para levar as notícias ao oficial distrital mais próximo. Torres foram quebradas ao meio, deixando as arruinadas paredes apontando para o céu, e seres humanos, como se agarrados pela mão de um demônio, desapareceram na terra subitamente aberta.

Os maus presságios se multiplicaram. Nasceram monstros. Uma manhã, o capitel de uma coluna de pedra aos pés do Potala foi encontrado aos pedaços no chão. Em vão o governo mandou monges para os centros dos maus presságios para banir os espíritos maus com suas preces, e quando num tórrido dia do verão começou a sair água de uma gárgula na catedral, as pessoas de Lhasa foram tomadas pelo horror. Sem dúvida, poderiam ser encontradas explicações naturais para todos esses acontecimentos, mas, se os tibetanos perdessem sua superstição, estariam perdendo uma vantagem. Deve ser lembrado que, se os maus agouros podem desmoralizá-los pelo medo, os bons presságios os inspiram pela força e confiança.

O Dalai Lama mantinha-se informado de todos esses eventos sinistros. Apesar de naturalmente supersticioso como seu povo, tinha sempre curiosidade em ouvir minha visão sobre essas coisas. Nunca nos faltava assunto para conversar e nosso tempo de aula era muito curto. Na realidade, passava suas horas de lazer comigo, e poucas pessoas se davam conta de que ele usava seu tempo livre para estudar mais. Mantinha pontualmente seu programa e, se esperava minha chegada com prazer, isso não o impedia de sair assim que o relógio lhe dizia que nosso tempo de conversação terminara e que um professor de religião o esperava em um dos pavilhões.

Soube, por acaso, a importância que ele dava às nossas aulas. Um dia, no qual aconteceriam muitas cerimônias, não esperava ser chamado ao Norbulingka, e assim fui caminhar com amigos numa montanha perto da cidade. Antes de começar, disse a meu criado que me fizesse um sinal com um espelho se o Dalai Lama mandasse me chamar. Na hora usual, veio o sinal e eu corri a toda velocidade de volta para a cidade. Meu criado estava esperando com o cavalo a postos, mas, mesmo cavalgando a toda velocidade, cheguei dez minutos atrasado. O Dalai Lama correu para me encontrar e animadamente me tomou ambas as mãos, dizendo: "Onde você estava todo esse tempo? Estou lhe esperando há horas,

Henrig". Pedi que me perdoasse por tê-lo perturbado. Só então percebi o quanto estas horas significavam para ele.

Nesse mesmo dia, sua mãe e o irmão mais moço estavam presentes e exibi um dos oitenta filmes que o Dalai Lama possuía. Era muito interessante para mim ver a mãe e o filho juntos. Sabia que, desde o momento do reconhecimento oficial do menino como o Buda Encarnado, a família não podia mais considerá-lo filho ou irmão. Por isso, a visita da mãe era uma espécie de visita oficial, para a qual ela vinha com suas melhores roupas e joias. Quando ela saiu, curvou-se diante dele e ele colocou a mão na sua cabeça em bênção. Esse gesto expressava bem a relação entre essas duas pessoas. A mãe não recebia nem mesmo a bênção com as duas mãos, reservada a monges e altos funcionários.

Raramente éramos perturbados quando estávamos juntos. Uma vez, um soldado da guarda pessoal lhe trouxe uma carta importante. Esse gigante jogou-se três vezes ao chão, respirou ofegante como manda a etiqueta, saiu da sala andando de costas e fechou a porta silenciosamente atrás de si. Nesse momento, percebia o quanto eu quebrava o protocolo.

A carta que mencionei veio do irmão mais velho do Dalai Lama, o abade de Kumbum, na província chinesa de Chinghai. Os comunistas já estavam no poder lá e agora esperavam influenciar o Dalai Lama a seu favor através de seu irmão, Tagtsel Rimpoche. A carta anunciava que Tagtsel estava a caminho de Lhasa.

No mesmo dia, visitei a família do Dalai Lama. Sua mãe me repreendeu quando cheguei. O amor de mãe não deixou de reparar o quanto ele confiava em mim e como ele olhava para o relógio quando esperava minha chegada. Expliquei por que não tinha chegado na hora e consegui convencê-la de que a minha falta de pontualidade não se devia à falta de atenção. Quando saí, ela me pediu que nunca esquecesse que seu filho tinha poucas oportunidades de se divertir a seu próprio modo. Talvez, uma coisa boa foi que ela vira por si mesma o quanto nossas horas de aula significavam para o Dalai Lama.

Depois de alguns meses, todos em Lhasa sabiam para onde eu cavalgava ao meio-dia. Como era de esperar, os monges criticavam minhas visitas regulares, mas sua mãe apoiava os desejos do filho.

A próxima vez que passei pelo portão amarelo do Jardim Interno, pensei ter visto o Dalai Lama me olhando de sua janela, e parecia que ele estava usando óculos. Isso me surpreendeu, porque eu nunca o vira usando óculos. Em resposta à minha pergunta, me contou que, há algum tempo, tinha dificuldade com os olhos e por isso usava óculos para estudar. Seu irmão buscou-lhe um par na Legação da Índia. Provavelmente estragou os olhos quando era menor, quando seu único prazer era ficar horas olhando Lhasa pelo telescópio. Além disso, a leitura contínua e o estudo na penumbra do Potala não foram exatamente calculados para melhorar sua visão. Nessa ocasião, estava usando uma jaqueta vermelha sobre seu hábito monástico. Ele mesmo a tinha desenhado e estava muito orgulhoso, mas se permitia usá-la apenas em suas horas de lazer. A principal novidade dessa peça de roupa é que tinha bolsos. As roupas tibetanas não têm bolsos, mas o modelista deve ter notado sua existência nas revistas e nas minhas jaquetas e deve ter percebido como poderiam ser úteis. Agora, como qualquer menino de sua idade, podia levar com ele uma faca, uma chave de fenda, balas etc. Também guardava seus lápis de cor e canetas a pena em seus bolsos, e era, sem dúvida, o primeiro Dalai Lama a gostar dessas coisas. Ele também se interessava muito por sua coleção de relógios de parede e de pulso, alguns dos quais herdara do décimo terceiro Dalai Lama. Sua peça predileta era um relógio Omega com calendário que comprara com seu próprio dinheiro. Enquanto fosse menor, só podia dispor do dinheiro que era deixado como oferenda aos seus pés. Mais tarde, os cofres de tesouros do Potala e do Jardim das Joias seriam abertos para ele e, como governante do Tibet, se tornaria um dos homens mais ricos do mundo.

16. O Tibet é Invadido

"Dalai Lama ao poder" – O reconhecimento da
Encarnação – Os comunistas invadem o Tibet –
Preparações para a fuga do Dalai Lama

Agora, pela primeira vez, se ouviam vozes dizendo que a maioridade do Dalai Lama seria oficialmente declarada antes de chegar à idade normal. Nesses tempos difíceis, o povo queria ter um soberano jovem, intocável no trono, e não ficar mais à mercê da camarilha corrupta e impopular que cercava o regente. O atual regime não estava, de forma alguma, em posição de ser um apoio e um exemplo para um povo à beira da guerra.

Mais ou menos nesta época, aconteceu uma coisa sem precedentes em Lhasa. Uma manhã, encontramos cartazes nas paredes da rua que leva ao Norbulingka com a inscrição: "Dalai Lama ao poder". Em apoio a esse apelo, seguiu-se uma série de acusações contra os favoritos do regente. Naturalmente falamos destes cartazes no encontro seguinte com Sua Santidade. Já ouvira falar deles por seu irmão. Adivinhara-se que os monges de Sera eram os responsáveis. O Dalai Lama não estava nem um pouco contente com os rumos que as coisas estavam tomando; ainda não se considerava maduro para o trono. Sabia que ainda tinha muito o que aprender. Por isso, não quis dar muita importância aos cartazes, e estava mais interessado em levar adiante nosso programa de estudos. Sua maior preocupação era se seu conhecimento era igual ao de um escolar ocidental da mesma idade, ou se na Europa seria classificado como um tibetano atrasado. Consegui assegurar-lhe com muita honestidade que seria fácil para ele alcançar o maior conhecimento dos meninos europeus. Não era só o Dalai Lama que tinha complexo de inferioridade. Constantemente se ouvem tibetanos dizendo: "Não sabemos nada. Somos tão burros!". Mas é claro que o fato de dizerem isso prova o contrário. Os tibetanos não são nada estúpidos, e, ao fazer esse julgamento, confundem educação com inteligência.

Com a ajuda da Legação Indiana, conseguia de vez em quando pegar filmes de ficção para o nosso cinema. Eu queria construir um repertório mais abrangente para agradar o Dalai Lama. O primeiro filme de ficção que peguei foi *Henrique V*, e estava muito curioso para ver a reação do jovem governante. Permitiu que os abades estivessem presentes durante a exibição e, quando ficou escuro, os jardineiros e cozinheiros que trabalhavam dentro do muro amarelo insinuaram-se no cinema. O público ficou agachado sobre tapetes no chão do cinema, enquanto o Dalai Lama e eu sentamos, como sempre, nos degraus que iam da plateia à sala de projeção. Sussurrei para ele uma tradução do texto e tentei responder às suas perguntas. Felizmente, havia me preparado antes, porque não é muito fácil para um alemão traduzir o inglês de Shakespeare para o tibetano. O público ficou um pouco embaraçado com as cenas de amor, que cortei quando exibi o filme na vez seguinte. O Kundün ficou entusiasmado com o filme. Estava profundamente interessado na vida dos grandes homens e seu interesse não estava limitado a reis. Queria saber tudo sobre generais e cientistas e estudar suas descobertas. Viu um documentário sobre Mahatma Gandhi várias vezes. O Mahatma era um personagem muito apreciado no Tibet.

Eu já tinha razões para aprovar seu gosto. Uma vez, quando estávamos selecionando uma série de filmes, colocou todos os filmes cômicos e de divertimento puro de lado e me pediu que os trocasse. Estava interessado em filmes educacionais, militares e culturais. Certa vez, pensei em agradá-lo exibindo um filme especialmente bonito sobre cavalos, mas devo admitir que o assunto não o atraiu. "É engraçado", disse ele, "que o antigo corpo"– assim se referindo ao décimo terceiro Dalai Lama – "gostasse tanto de cavalos e que eles signifiquem tão pouco para mim."

Nessa época, ele estava crescendo rapidamente e mostrava as características usuais dessa estranha idade. Certa vez, deixou seu fotômetro cair e ficou triste como uma criança pobre que quebrou seu único brinquedo. Tive de lembrá-lo que era o governante de um grande país e que poderia comprar tantos fotômetros quantos quisesse. Sua modéstia era fonte de surpresa permanente para mim. Um filho de um rico negociante certamente era mais mimado que ele. Seu estilo de vida era ascético e solitário e, em muitos dias, ele jejuava e mantinha silêncio.

Seu irmão, Lobsang Samten, a única pessoa que podia gozar livremente de sua companhia, apesar de ser mais velho, era muito menos desenvolvido mentalmente. No início das nossas aulas, o Dalai Lama insistiu em que seu irmão se juntasse a nós, mas, para Lobsang, essa obrigação era um tormento e ele sempre pedia que eu inventasse desculpas para sua ausência. Admitiu para mim que não entendia quase nada da nossa conversação e que tinha de lutar para ficar acordado. Por outro lado, ele tinha uma compreensão muito mais prática dos negócios do governo e já era capaz de ajudar o irmão a cumprir seus deveres oficiais.

O Kundün recebia as frequentes desculpas do irmão com resignação, o que me surpreendeu, pois Lobsang me contara que ele era genioso quando pequeno. Não permanecia nenhum traço dessa qualidade; na realidade, era contido e sério demais para sua idade. Mas, quando ria, ria calorosamente como qualquer criança comum e adorava piadas inofensivas. Às vezes, costumava fingir lutar comigo e gostava de implicar comigo.

Mesmo aberto à influência do pensamento ocidental, ele tinha de se ater às tradições centenárias de seu cargo. Todos os objetos que foram de uso pessoal do Dalai Lama eram considerados remédios infalíveis contra doenças ou amuletos contra os maus espíritos. Havia uma grande competição pelos bolos e frutas que eu costumava trazer para casa das cozinhas de Sua Santidade, e não poderia dar maior prazer aos meus amigos do que compartilhar estas coisas com eles.

Eu sabia o quanto o jovem rei desejava levar seu povo, um dia, para longe da obscura neblina da superstição. Sonhávamos e falávamos interminavelmente sobre educação e futuras reformas. Já tínhamos feito um plano. Propusemos trazer ao Tibet especialistas de países pequenos e neutros, que não tivessem interesses na Ásia. Com sua ajuda, construiríamos sistemas de educação e de saúde pública e treinaríamos os tibetanos para continuar esse trabalho. Uma grande tarefa estava reservada ao meu amigo Aufschnaiter. Como engenheiro agrônomo no Tibet, teria trabalho mais que suficiente para o resto de sua vida. Ele mesmo estava entusiasmado com essas ideias e só pedia para continuar trabalhando aqui. De minha parte, queria dedicar-me a organizar a educação e sonhava em realizar a grande tarefa de criar uma universidade com seus diferentes cursos. Mas o futuro não trazia perspectivas de realizar as nossas visões, e Aufschnaiter e eu éramos realistas o suficiente para não alimentar falsas esperanças. Era inevitável que a China Comunista invadisse o Tibet, e então não haveria lugar para nós, dois simpatizantes da independência tibetana.

QUANDO JÁ ESTÁVAMOS íntimos um do outro, pedi ao Kündun que me contasse algo sobre o seu reconhecimento como Encarnação. Eu já sabia que nascera a 6 de junho de 1935, nas proximidades do lago Kuku-Nor, mas, quando o cumprimentei por seu aniversário, pela sua surpresa, concluí que fui a única pessoa a fazê-lo. Os aniversários não são datas importantes no Tibet. Geralmente não são conhecidos e nunca são celebrados. Para o povo, a data do aniversário do rei não tem interesse. Sua pessoa representa a volta à terra de Chenrezi, o Deus da Graça, um dos mil Budas Vivos, que renunciaram ao Nirvana para ajudar a humanidade. Chenrezi era o deus protetor do Tibet, e suas reencarnações sempre foram reis de Bö, como os nativos chamam o Tibet. O governante mongol Altan Kahn, que se converteu ao budismo, deu o título de Dalai Lama às Encarnações. O Dalai Lama atual é a décima quarta Encarnação. As pessoas o consideram mais como um Buda Vivo do que um rei, e suas preces são dirigidas a ele não como um governante, mas como deus protetor do país.

Não era fácil para o jovem rei satisfazer as exigências impostas a ele. Sabia que se esperava que fizesse julgamentos como um deus e que nada do que ordenava ou fazia era considerado errado, tornando-se parte da tradição histórica. Já estava se esforçando por meio de meditações que duravam toda uma semana e de profundos estudos religiosos para preparar-se para os pesados deveres de seu cargo. Era muito menos autoconfiante que a décima terceira Encarnação. Uma vez, Tsarong deu-me um típico exemplo que mostrava o caráter dominador do antigo governante. Queria promulgar novas leis, mas encontrou grande oposição de seu séquito conservador, que citava afirmações do quinto Dalai Lama para o mesmo contexto. A isso, o décimo terceiro Dalai Lama respondeu: "E quem era o quinto antigo corpo?" Com isso, os monges prostraram-se diante dele, pois sua resposta os deixara mudos. Como uma Encarnação, ele era, é claro, não apenas o décimo terceiro, como também o quinto e todos os outros Dalai Lamas. Quando ouvi essa história, passou pela minha cabeça que o Tibet teve sorte por nunca ter tido um governante como Nero ou Ivan, o Terrível. Mas esse pensamento nunca teria ocorrido a um tibetano, pois uma Encarnação do Deus da Graça nunca poderia ser má.

O Dalai Lama não conseguiu dar uma resposta satisfatória à minha pergunta de como fora descoberto. Era apenas uma criança pequena quando aconteceu e tinha apenas uma vaga lembrança do evento. Quando viu que eu estava profundamente interessado na questão, me aconselhou a perguntar a um dos nobres que estava presente no seu reconhecimento.

Uma das poucas testemunhas oculares do evento era o comandante em chefe do Exército, Dzasa Künsangtse. Uma noite, contou-me a história desse misterioso acontecimento. Algum tempo antes da sua morte, em 1933, o décimo terceiro Dalai Lama fez insinuações quanto à forma de seu renascimento. Depois de sua morte, o corpo foi sentado no Potala na tradicional postura de Buda, olhando para o sul. Certa manhã, foi visto que sua cabeça estava virada para o leste. O Santo

Oráculo foi imediatamente consultado, e, durante o transe, o monge do oráculo jogou um lenço branco na direção do sol nascente. Porém, por dois anos, nada mais definitivo foi indicado. Então, o regente saiu em peregrinação a um famoso lago para pedir conselhos. Diz-se que todos que olham nas águas do Chö Kuor Gye podem ver parte do futuro. Quando o regente, depois de longas preces, veio até a margem e olhou no espelho d'água, teve a visão de um mosteiro de três andares com telhados dourados, perto do qual ficava uma pequena casa camponesa chinesa com cumeeiras entalhadas. Cheio de gratidão pelo conselho divino, voltou a Lhasa e começou a fazer preparações para a busca. Toda a nação ficou muito interessada no assunto, sentindo-se órfã sem um protetor divino para protegê-la. Nós, ocidentais, acreditamos que o renascimento acontece no momento da morte do predecessor. Isso não está de acordo com a doutrina budista, que declara que podem se passar anos antes que o deus deixe mais uma vez os jardins do Paraíso e retome a forma de um homem. Grupos de busca saíram para explorar no ano de 1937. Seguindo os sinais indicados, viajaram para o leste em busca da Criança Sagrada. Os membros desse grupo eram monges, e em cada grupo havia um funcionário civil. Todos levavam com eles objetos que pertenceram ao décimo terceiro Dalai Lama.

O grupo ao qual meu informante pertencia viajava sob a liderança de Kyetsang Rimpoche, até chegarem ao distrito de Amdo, na província chinesa de Chinghai. Nessa região há muitos mosteiros, pois o grande reformador do lamaísmo, Tsong Kapa, nasceu aqui. Parte da população é tibetana e vive pacificamente junto com os muçulmanos. O grupo encontrou uma série de meninos, mas nenhum correspondia às especificações. Começaram a temer que sua missão falhasse. Finalmente, depois de longas caminhadas, encontraram o mosteiro de três andares com telhados dourados. De repente, lembraram-se da visão do regente, e depois viram a casa com cumeeiras entalhadas. Excitados, vestiram-se com as roupas dos criados. Essa manobra é costumeira durante essas buscas, pois pessoas vestidas como altos funcionários atraem muita atenção e é difícil entrar em contato com o povo. Os criados, vestidos com as roupas dos patrões, foram levados para a melhor sala, enquanto os monges disfarçados foram para a cozinha, onde provavelmente encontrariam as crianças da casa.

Logo que entraram na casa, tiveram certeza de que ali encontrariam a Santa Criança, e esperaram ansiosamente para ver o que aconteceria. E, como esperavam, um menino de dois anos veio correndo para encontrá-los e agarrou as saias do lama que usava, enrolado no pescoço, o rosário do décimo terceiro Dalai Lama. Desembaraçada, a criança gritava "*Sera Lama, Sera Lama*"! Já era surpreendente que o menino reconhecesse um monge vestido de criado e que dissesse que vinha do claustro de Sera – que era o caso. Então, o menino agarrou o rosário e puxou-o até que o lama o desse para ele; depois disso, pendurou-o em seu pescoço. Os nobres investigadores quase não conseguiram deixar de se atirar no chão à sua frente, porque não tinham mais dúvida. Tinham encontrado a Encarnação. Porém, deviam proceder da maneira prescrita.

Deram adeus à família de camponeses e voltaram alguns dias depois, dessa vez sem o disfarce. Primeiro negociaram com os pais que já haviam dado um dos filhos como uma Encarnação à Igreja, e depois o menino foi acordado e os quatro delegados se retiraram com ele para a sala do altar. Ali, a criança foi sujeita ao exame prescrito. Primeiro, mostraram-lhe quatro rosários diferentes, um dos quais – o mais usado – pertencera ao décimo terceiro Dalai Lama. O menino, que era muito espontâneo e nem um pouco tímido, escolheu o certo sem hesitação e dançou pela sala com ele. De vários tambores, também escolheu o que a última Encarnação usava para chamar os criados. Depois, pegou uma velha bengala que também pertencera a ele, sem nem mesmo olhar para uma que tinha o cabo de marfim e prata. Quando examinaram seu corpo, encontraram todas as marcas que uma Encarnação de Chenrezi deve ter: as orelhas grandes e abanadas e os sinais no tronco que supostamente são os resquícios do segundo par de braços do deus de quatro braços.

Os delegados agora tinham certeza de que haviam encontrado o que buscavam. Telegrafaram em código via China e Índia uma mensagem a ser enviada a Lhasa, e imediatamente receberam instruções para observar a máxima discrição, a fim de evitar intrigas que colocassem em perigo o sucesso de sua missão. Os quatro enviados juraram segredo diante de uma tanka com a figura bordada de Chenrezi e saíram para inspecionar outros meninos como fachada. Deve ser lembrado que a busca estava sendo conduzida em território chinês, o que tornava o cuidado essencial. Teria sido fatal trair o fato de que o verdadeiro Dalai Lama havia sido descoberto porque os chineses insistiriam em mandar uma tropa de escolta com ele até Lhasa. Por isso, os delegados pediram ao governador da província, um certo Ma Pufang, a permissão para levar o menino a Lhasa, onde o Dalai Lama seria identificado entre uma série de candidatos. Ma Pufang pediu 100 mil dólares chineses para entregar a criança e essa soma foi imediatamente paga. Isso foi um erro, pois os chineses perceberam a importância que os tibetanos davam à criança. Pediram então mais 300 mil dólares. Os delegados, percebendo o erro anterior, deram apenas parte dessa soma, que pediram emprestado aos mercadores maometanos locais, prometendo pagar a diferença em Lhasa aos mercadores que acompanhavam a caravana. O governador concordou com essa combinação.

No final do verão de 1939, os quatro delegados, com seus criados, os mercadores, a Santa Criança e sua família partiram para Lhasa. Viajaram meses até chegar à fronteira do Tibet. Havia um ministro do conselho com sua equipe esperando por eles. Deu ao menino uma carta do regente contendo a confirmação oficial do seu reconhecimento. Então, pela primeira vez, recebeu homenagem como Dalai Lama. Mesmo seus pais, que certamente adivinharam que seu filho devia ser uma Encarnação, só então souberam que ele não era nada menos que o futuro governante do Tibet.

A partir desse dia, o Dalai Lama distribuía bênçãos tão naturalmente como se nunca tivesse feito outra coisa. Ele ainda tinha uma lembrança clara de ter sido trazido para Lhasa em sua liteira dourada. Nunca tinha visto tanta gente. Toda a cidade estava lá para cumprimentar a nova Encarnação de Chenrezi, que finalmente, depois de tantos anos, voltava ao Potala e ao seu povo órfão. Seis anos se passaram desde a morte do "Corpo Anterior" e, desses, quase dois anos até que o deus entrasse de novo em um corpo humano. Em fevereiro de 1940, a entronização do Dalai Lama foi celebrada durante o Grande Festival de ano-novo, quando recebeu novos nomes tais como "O Santo", "O Compassivo e Glorioso", "O Poderoso da Fala", "A Excelente Compreensão", "A Sabedoria Absoluta", "O Defensor da Fé", "O Oceano".

Todos estavam admirados com a incrível dignidade da criança e com a gravidade com que acompanhava as cerimônias que duravam horas. Com os criados do predecessor, que eram encarregados dele, era confiante e afetuoso, como se os conhecesse desde sempre.

Fiquei muito contente de ter ouvido esse relato mais ou menos de primeira mão. Durante esse espaço de tempo, surgiram muitas lendas sobre esses eventos extraordinários e eu já ouvira várias versões deturpadas.

Com a proximidade do outono, as horas de nossos encontros eram interrompidas com frequência cada vez maior. Mesmo nosso silencioso canto do Jardim das Joias sentia o cheiro da tempestade que se aproximava. Com a intensificação da crise, a iniciação do jovem rei aos negócios do governo aconteceu rapidamente. A Assembleia Nacional transferiu-se para o Norbulingka para poder comunicar acontecimentos importantes à Sua Santidade sem demora. O jovem rei, apesar de sua inexperiência, surpreendeu todo o mundo oficial pelo alcance de sua visão e sua habilidade ao se opor a políticas inadequadas. Não havia dúvida de que os destinos do Estado seriam logo delegados a ele.

A situação ficou ainda mais séria. Chegaram notícias do Tibet Oriental de que a cavalaria e a infantaria chinesas estavam se concentrando na nossa fronteira. Foram mandadas tropas para o leste, apesar de saber-se claramen-te que eram fracas demais para deter o inimigo. As tentativas do governo de chegar a um acordo por meios diplomáticos foram em vão. As delegações que foram mandadas para o exterior para fazer propaganda ficaram detidas na China. O Tibet não podia contar com ajuda de fora. O exemplo da Coreia havia mostrado com clareza que mesmo o apoio das Nações Unidas era um aval incerto contra os exércitos comunistas. As pessoas se resignaram à perspectiva de derrota.

A 7 de outubro de 1950, o inimigo atacou a fronteira tibetana em seis lugares, simultaneamente. O primeiro combate aconteceu, mas Lhasa só teve notícias dez dias depois. Enquanto os primeiros tibetanos morriam pelo seu país, ocorriam festivais em Lhasa e o povo esperava por um milagre. Depois das notícias das primeiras derrotas, o governo mandou chamar todos os oráculos mais famosos do Tibet. Havia cenas dramáticas no Norbulingka. Os abades grisalhos e ministros veteranos pediam que os oráculos ficassem junto a eles na hora da necessidade. Na presença do Dalai Lama, os velhos atiravam-se ao chão aos pés dos monges adivinhos, suplicando que dessem um conselho sábio. No clímax de seu transe, o Santo Oráculo levantou-se e depois caiu diante do Dalai Lama gritando: "Façam-no Rei!". Os outros oráculos disseram mais ou menos a mesma coisa e, como se achava que se devia escutar a voz dos deuses, foram feitas preparações imediatas para a assunção do Dalai Lama ao trono.

Nesse meio-tempo, as tropas chinesas haviam penetrado centenas de quilômetros no Tibet. Alguns comandantes tibetanos já haviam se rendido e outros pararam de resistir, não vendo futuro numa luta contra uma força superior. O governador da principal cidade do Tibet Ocidental mandara um telegrama para Lhasa pedindo permissão para se render porque a resistência era inútil. A Assembleia Nacional recusou seu pedido e assim, depois de explodir suas armas e depósitos de munição, fugiu em direção a Lhasa com Ford, o operador de rádio inglês. Dois dias mais tarde, foi barrado por tropas chinesas e ambos foram capturados. Já me referi ao destino de Robert Ford.

A Assembleia Nacional mandou então um apelo urgente à ONU pedindo ajuda contra os agressores, dizendo que seu país fora invadido em tempos de paz sob o pretexto de que o Exército Vermelho do Povo não toleraria a influência de potências imperialistas no Tibet. O mundo inteiro sabia, ressaltavam, que o Tibet estava livre de qualquer influência estrangeira. Aqui não havia influências imperialistas e nada para ser libertado. Se havia uma nação que merecia o apoio da ONU, esse país era o Tibet. Seu apelo foi rejeitado e a ONU expressou a esperança de que a China e o Tibet se unissem pacificamente.

Agora estava claro mesmo para os menos inteligentes que, como não haveria ajuda do exterior, o Tibet devia se render. Todos começaram a fazer as malas. Aufschnaiter e eu sabíamos que nossa hora havia chegado e que havíamos perdido nossa segunda pátria. A ideia de partir era amarga, mas sabíamos que devíamos ir. O Tibet nos tratara com hospitalidade e nos dera trabalhos aos quais colocáramos nossos corações. O tempo que tive o privilégio de dar aulas ao Dalai Lama foi o melhor da minha vida. Nunca tivemos nada a ver com as atividades militares do Tibet, ao contrário do que afirmaram muitos jornais europeus.

O Dalai Lama começou a ficar ansioso com nossas perspectivas pessoais. Tive uma longa conversa com ele, e, como resultado, podia agora partir como tinha planejado. Isso me daria maior liberdade de movimento e me permitiria escapar sem comentários. Em alguns dias, o Dalai Lama se mudaria para o Potala, onde não teria tempo para minhas aulas. Meu plano era primeiro viajar para o sul do Tibet e visitar a cidade de Xigazê, e depois ir para a Índia.

A cerimônia na qual o Dalai Lama seria declarado rei era iminente. O governo gostaria de apressá-la, mas a data propícia tinha de ser determinada pelos presságios. Ao mesmo tempo, havia pressa em decidir o que seria feito com o jovem governante. Deveria permanecer em Lhasa ou fugir? Era comum, quando questões difíceis deviam ser decididas, que fossem guiadas pelas ações das Encarnações anteriores. Portanto, parecia relevante lembrar que, há quarenta anos, o décimo terceiro Dalai Lama fugira dos invasores chineses e que as coisas se saíram bem para ele daí em diante. Mas o governo não poderia tomar tal decisão sozinho. Os deuses devem dar a última palavra. Assim, na presença do Dalai Lama e do regente, foram feitas duas bolas de tsampa e, depois de verificar que tinham exatamente o mesmo peso numa balança de ouro, foram colocadas numa tigela de ouro. Cada uma dessas bolas continha um pedaço de papel: numa delas estava escrita a palavra "sim" e na outra "não". Enquanto isso, o Santo Oráculo havia se hipnotizado e fazia a sua dança. A tigela foi colocada em suas mãos e ele girava em velocidade cada vez maior, até que uma das bolas pulou e caiu no chão. Quando foi aberta, viu-se que continha o papel do "sim", e assim foi decidido que o Dalai Lama deixasse Lhasa.

Retardei um pouco minha viagem porque primeiro queria saber os planos do Dalai Lama. Detestava deixá-lo nesses tempos difíceis, mas ele insistiu em minha partida e me consolou dizendo que nos encontraríamos de novo no sul. Os preparativos de sua fuga estavam sendo apressados, mas foi mantido grande segredo para não alarmar o povo. Os chineses ainda estavam a centenas de quilômetros a leste de Lhasa e não estavam se movimentando naquele momento, mas temia-se que um avanço inesperado cortasse a chance de o Dalai Lama fugir para o sul.

Era provável que as notícias de que o governante estava pronto para partir vazassem. O fato de que seus tesouros estavam sendo levados dali não poderia ser escondido. Todos os dias, caravanas de mulas pesadamente carregadas eram vistas deixando a cidade escoltadas por homens da guarda pessoal. Consequentemente, os nobres não hesitaram mais e começaram a levar suas famílias e tesouros para lugares mais seguros.

Exteriormente, a vida em Lhasa seguia seu curso normal. Apenas pela escassez de meios de transporte é que se percebia que muitas pessoas estavam mantendo seus animais de carga para seus próprios propósitos. Os preços de mercado subiram um pouco. Chegavam relatórios dos corajosos feitos individuais de soldados tibetanos, mas sabia-se que, em geral, o Exército estava derrotado. As poucas unidades que ainda mantinham terreno foram logo obrigadas a se render à força superior do inimigo.

Em 1910, os invasores chineses saquearam e incendiaram Lhasa, e os habitantes estavam apavorados diante da possibilidade de que essas tragédias se repetissem. Entretanto, deve-se dizer que durante essa guerra as tropas chinesas se mostraram disciplinadas e tolerantes e os tibetanos que foram capturados e depois libertados diziam que haviam sido bem tratados.

17. Deixo o Tibet

Adeus a Lhasa – O Lama Marionete e o Dalai Lama – A fuga do Deus Rei – Condições da trégua – Meus últimos dias no Tibet – Nuvens escuras sobre o Potala

Deixei Lhasa em meados de novembro de 1950. Hesitei em partir até que uma oportunidade de transporte seguro tomou a decisão por mim. Aufschnaiter, que inicialmente pretendia me acompanhar, hesitou na última hora. Assim levei sua bagagem comigo, deixando que me seguisse alguns dias depois. Foi com o coração pesado que deixei a casa que fora meu lar por tanto tempo, meu adorado jardim e meus criados, que ficaram chorando ao meu redor. Levei comigo apenas meus livros e tesouros e deixei todo o resto para os criados. Os amigos apareciam com presentes, o que tornou minha partida mais difícil. Era um pequeno consolo saber que encontraria muitos deles de novo no sul do Tibet. Muitos ainda acreditavam firmemente que os chineses nunca chegariam a Lhasa e que, depois que partissem, poderia voltar em paz. Eu não compartilhava de suas esperanças. Sabia que muito tempo se passaria antes que visse Lhasa novamente, assim me despedi de todos os lugares que viera a amar. Um dia, saí com minha máquina fotográfica e tirei quantas fotos consegui, sentindo que reviveriam memórias no futuro e talvez atraíssem a solidariedade de outros por essa linda e estranha terra.

O céu estava encoberto quando embarquei em meu pequeno barco de couro de iaque que me levaria rio Kyichu abaixo até sua junção com o Brahmaputra. Essa jornada de seis horas pelo rio economizava dois dias a cavalo. Minha bagagem fora antes de mim pela estrada. Meus amigos e criados ficaram na margem e acenaram para mim com tristeza. Quando tirava uma foto deles, a corrente levou o barco e logo os perdi de vista. Flutuando rio abaixo, não conseguia tirar os olhos do Potala; sabia que o Dalai Lama estava no telhado olhando-me pelo telescópio.

No mesmo dia, encontrei minha caravana, que consistia de catorze animais de carga e dois cavalos para mim e para meu criado. O fiel Nyima insistira em me acompanhar. Mais uma vez estava na estrada, morro acima e vale abaixo, sobre montanhas e passos, até chegar, depois de uma semana, em Gyangtse, na grande rota de caravanas para a Índia.

Pouco tempo antes, um de meus melhores amigos fora designado governador da região. Recebeu-me como hóspede em sua casa e celebramos a ascensão ao trono do Dalai Lama, celebrada como um dia de festa em todo Tibet. As notícias desse acontecimento circularam por todo o país pelos mensageiros a pé. Novos estandartes de preces tremulavam em todos os telhados, e, por um curto espaço de tempo, as pessoas esqueceram de pensar no triste futuro e dançaram, cantaram e beberam, num antigo arroubo de felicidade. Em nenhuma outra época, um novo Dalai Lama inspirou tanta confiança e esperança. O jovem rei estava acima das camarilhas e das intrigas, e já havia dado muitas provas da clareza de sua visão e de sua resolução. Seu instinto nato o guiaria na escolha de seus conselheiros e o protegeria da influência dos intrigantes.

Infelizmente, como sabia, era tarde demais. Chegara ao trono no exato momento em que o destino decidiu-se contra ele. Se fosse alguns anos mais velho, sua liderança poderia ter mudado a história de seu país.

Durante aquele mês, visitei Xigazê, a segunda maior cidade do Tibet, famosa pelo grande mosteiro de Trashilhünpo. Lá encontrei uma série de amigos ansiosos por notícias da capital. Nesse lugar, as pessoas pensavam menos em fugir, pois o claustro era a sede do Panchen Lama.

Essa alta Encarnação fora sustentada por várias gerações pelos chineses como um rival do Dalai Lama. O titular atual era dois anos mais moço que o Dalai Lama. Fora educado na China e proclamado em Pequim como governante do Tibet por direito. Na realidade, ele não tinha o menor direito a essa posição. Tinha direitos legais ao mosteiro e suas terras, mas nada além disso. É verdade que na ordem dos Budas Vivos o Ö-pa-me era mais importante que Chenrezi, mas, de fato, a primeira Encarnação fora apenas o professor do quinto Dalai Lama, que, em gratidão, declarou que ele era uma Encarnação e deu-lhe o mosteiro com seus enormes benefícios.

Na época da seleção do último Panchen Lama havia uma série de candidatos. Uma das crianças fora descoberta na China e, naquela ocasião, as autoridades chinesas recusaram a permissão para que fosse levada a Lhasa sem escolta militar. O governo tibetano não pôde impedir, e, um dia, os chineses simplesmente declararam que esta criança era a verdadeira Encarnação do Ö-pa-me e o único Panchen Lama legítimo.

Assim, deram uma importante cartada no jogo político com o Tibet e pretendiam usar esse trunfo da melhor maneira possível. O fato de serem comunistas não impedia os chineses de fazerem violenta propaganda pelo rádio a favor de suas reivindicações religiosas e temporais. Apesar disso, tinha poucos adeptos no Tibet, que eram principalmente os habitantes de Xigazê e os monges de seu mosteiro, que viam nele seu chefe e queriam ficar independentes de Lhasa. Essas pessoas esperavam o "exército de libertação" sem medo. De fato, havia rumores de que o Panchen Lama apoiaria os chineses. Não havia dúvida de que o povo do Tibet ficaria feliz em receber suas bênçãos, pois, como Encarnação de um Buda, era muito considerado. Mas, mesmo que fosse forçado pelos chineses, os tibetanos nunca o reconheceriam como seu governante.

Essa posição estava incontestavelmente reservada ao Dalai Lama como a Encarnação do deus padroeiro do Tibet. Assim, aconteceu que, quando chegou o momento de jogar seu trunfo, os chineses falharam em sua tentativa de impor o Panchen Lama como governante ao povo do Tibet. Sua autoridade está limitada, como antes, ao Mosteiro de Trashilhünpo.

Durante minha viagem a Xigazê, tive a oportunidade de visitar o claustro e encontrei mais uma grande cidade habitada por milhares de monges. Consegui, secretamente, tirar algumas fotografias. Entre outras curiosidades, encontrei num templo um impressionante ídolo dourado da altura de nove andares, com uma cabeça gigantesca.

A cidade de Xigazê fica junto ao Brahmaputra, a pouca distância do mosteiro. Lembra um pouco Lhasa, por ser também dominada por uma fortaleza. São 10 mil habitantes, entre os quais se encontram os melhores artesãos do Tibet. A lã é a indústria básica. É trazida das planícies vizinhas de Chang-thang. Xigazê fica numa altitude maior que Lhasa e o clima é bem mais frio. Apesar disso, é onde os melhores cereais são produzidos e o Dalai Lama e os nobres de Lhasa compram aqui toda sua farinha.

Depois de alguns dias, voltei a Gyangtse. Fui recebido por meu amigo governador com a boa notícia de que se esperava que o Dalai Lama passasse por Gyangtse em breve. Havia chegado uma ordem com instruções para que todas as estações de parada das caravanas estivessem prontas para receber hóspedes e que as estradas fossem consertadas – o que só poderia ter um significado. Me coloquei à disposição do governador para ajudar nos preparativos.

Abundantes suprimentos de ervilha e cevada foram armazenados nas estações como alimento para os animais, e um exército de trabalhadores foi reunido para consertar e melhorar as estradas. Fui com o governador em uma de suas viagens de inspeção pela província. Quando voltamos a Gyangtse, soubemos que o Dalai Lama deixara Lhasa a 19 de dezembro e que estava a caminho. Encontramos sua mãe e seus irmãos a caminho de Gyangtse – todos com exceção de Lobsang, que viajava com o rei. Também encontrei Tagtsel Rimpoche pela primeira vez em três anos. Fora forçado pelos chineses a ser acompanhado por uma escolta de soldados chineses e a levar uma mensagem para seu irmão. Os chineses não conseguiram nada com isso e Tagtsel não procurou influenciar o Dalai Lama. Tagtsel estava feliz por ter escapado dos chineses. Sua escolta havia sido presa e o transmissor de rádio que levava foi confiscado.

A caravana da Santa Família era muito modesta. A mãe não era mais jovem e tinha o direito de ser carregada numa liteira, mas cavalgava junto com os outros, cobrindo longas distâncias todos os dias. Antes de o governador e eu irmos ao encontro do Dalai Lama, a Santa Mãe com seus filhos e criados continuaram sua viagem para o sul.

Meu amigo e eu cavalgamos por quase três dias ao longo da estrada de Lhasa e, no passo Karo, encontramos um grupo avançado da caravana de Sua Santidade. Olhando para baixo do passo, víamos uma longa coluna subindo a estrada numa espessa nuvem de poeira. O Dalai Lama tinha uma escolta de quarenta nobres e uma guarda de aproximadamente duzentos soldados escolhidos a dedo com metralhadoras e bazucas. Eram seguidos por um exército de criados e de cozinheiros, e uma interminável fila de 1.500 animais de carga vinha na retaguarda.

No meio da coluna, duas bandeiras tremulavam, a bandeira nacional do Tibet e o estandarte pessoal do décimo quarto Dalai Lama. As bandeiras indicavam a presença do governante. Quando vi o jovem Deus Rei cavalgando lentamente pelo passo em seu cavalo cinzento, sem querer pensei na antiga profecia que as pessoas citavam secretamente em Lhasa. Há muito tempo, um adivinho declarara que o décimo terceiro Dalai Lama seria o último de sua linhagem. Parecia que a profecia estava se cumprindo. Desde sua ascensão, passaram-se quatro semanas, mas o jovem Rei não havia tomado as rédeas do poder. O inimigo estava no país e a fuga do governante era apenas o primeiro passo em direção a maiores infortúnios.

Quando passou por mim, tirei meu chapéu e ele me deu um caloroso aceno. No topo do passo, fogueiras de incenso queimavam para saudar o jovem deus, mas um tilintar agressivo agitava os estandartes de preces. O comboio continuou sem demora até a próxima parada, onde estava tudo preparado e uma refeição quente esperava pelos viajantes. O Dalai Lama passou a noite no mosteiro próximo, e, antes de ir dormir, pensei nele, sentado num hostil quarto de hóspedes tendo ídolos poeirentos por companhia. Não encontraria uma estufa para aquecê-lo e as janelas cobertas de papel eram a única proteção contra a tempestade e o frio, enquanto algumas lamparinas de manteiga mal davam luz suficiente para enxergar. O jovem governante, que em sua curta vida não conhecera outro lar além do Potala e do Jardim das Joias, era agora forçado pelo azar a aprender algo sobre o país que governava. Que grande necessidade tinha ele de conforto e apoio! Mas, pobre menino, devia erguer-se acima de todos os seus problemas e usar toda a sua força para abençoar as incontáveis multidões que vinham buscar nele conforto e confiança.

Seu irmão Lobsang, gravemente doente e debilitado por um ataque cardíaco, viajava numa liteira com o comboio. Fiquei horrorizado ao saber que os médicos usaram com ele os mesmos métodos grosseiros que usavam com cavalos doentes. No dia em que o comboio deveria partir, ficou desmaiado por várias horas, e, por isso, o médico do Dalai Lama reanimou-o aplicando um ferro de marcar em sua carne. Mais tarde, contou-me todos os detalhes dessa memorável jornada.

A fuga do Dalai Lama fora mantida em segredo. As autoridades não queriam perturbar o povo e temiam que, se soubessem, os monges dos grandes claustros fariam de tudo para demovê-lo de sua resolução. Assim, os altos funcionários que foram escolhidos para acompanhá-lo só foram informados tarde da noite que a caravana partiria às duas horas da manhã. Pela última vez, todos beberam chá com manteiga no Potala. Depois, as xícaras foram enchidas novamente e deixadas como um feitiço para trazer um retorno breve. Nenhuma das salas que tinham sido habitadas pelo rei em fuga deveria ser varrida no dia seguinte, pois isso traria má sorte.

A coluna de fugitivos movimentou-se silenciosamente durante a noite, indo primeiro para o Norbulingka, onde o jovem governante parou para rezar. A caravana ainda não tinha viajado um dia inteiro quando as notícias da fuga se espalharam em todos os cantos. Os monges do mosteiro de Jang juntaram-se aos milhares para encontrar o Dalai Lama. Jogaram-se em frente aos cascos do seu cavalo e suplicaram que ele não os deixasse, dizendo que se ele fosse embora, ficariam sem um líder, à mercê dos chineses. Os funcionários temiam que os monges tentassem impedir que o Dalai Lama prosseguisse, mas nesse momento crítico demonstrou a força de sua personalidade e explicou aos monges que poderia fazer mais pelo país se não caísse nas mãos do inimigo e que voltaria assim que concluísse um acordo satisfatório com eles. Depois de demonstrações de afeto e lealdade, os monges saíram do caminho para que a caravana prosseguisse.

Notícias de que o Dalai Lama se aproximava logo chegaram a Gyangtse. Pequenas pedras brancas foram colocadas ao longo das ruas para manter os espíritos maus afastados. Monges e monjas vieram dos conventos e toda a população ficou horas esperando para receber seu rei. Tropas indianas, estacionadas a pouca distância, vieram encontrar a caravana em honra ao Dalai Lama. Ao chegar em lugares maiores, a caravana tomava a forma de uma procissão. O Dalai Lama desmontava e sentava-se em sua liteira. Começamos a viajar logo depois da meia-noite para evitar as tempestades de areia que sopravam durante o dia no planalto desprotegido. As noites eram geladas. O Dalai Lama se aconchegava em seu manto de seda forrado de pele e usava um grande capuz de pele de urso que cobria suas orelhas. Antes do amanhecer, fazia um frio de cinquenta graus e, apesar de não haver vento, cavalgar era um suplício.

Frequentemente, o Dalai Lama pulava fora do cavalo antes que os abades pudessem ajudá-lo e corria bem à frente dos outros. Naturalmente, todos os outros cavaleiros tinham de desmontar, e muitos nobres gordos, que nunca tinham caminhado na vida, ficavam quilômetros para trás. Por dois dias, cavalgamos por uma tempestade de neve, tremendo com o frio intenso, e sentimos um grande alívio ao deixarmos os passos de Himalaia para trás, descendo para uma região mais quente, com muitas árvores.

Dezesseis dias depois de deixar a capital, a caravana chegou ao seu destino temporário, a sede do governo distrital de Chumbi. Na chegada, o Dalai Lama foi carregado em sua liteira amarela através da densa multidão para a modesta casa do governador, que imediatamente adquiriu o título de "Palácio Celestial, a Luz e a Paz do Universo". Nenhum mortal poderia habitá-la novamente, pois todo o lugar onde o Dalai Lama passava a noite era automaticamente consagrado como capela. Daí em diante, os fiéis trariam suas oferendas para cá e rezariam pedindo a bênção do deus.

Os funcionários foram alojados em casas de camponeses das vilas vizinhas e tiveram de se acostumar a ficar sem o conforto habitual. A maioria dos soldados foram mandados de volta ao interior, pois não havia acomodações para eles em Chumbi. Todas as entradas do vale foram guardadas por postos militares e apenas pessoas com um passe especial podiam entrar e sair. Havia pelo menos um representante de cada escritório do governo na suíte do Dalai Lama, e assim foi estabelecido um governo provisório, que observava horários de rotina e fazia reuniões regularmente. Um serviço de mensageiros foi estabelecido entre Lhasa e o governo provisório. O Dalai Lama trouxe seu grande selo, com o qual validava as decisões das autoridades em Lhasa. Os mensageiros cobriam a distância entre Lhasa e Chumbi com incrível velocidade, sendo que um deles fez a jornada de ida e volta (quase trezentos quilômetros em região montanhosa) em nove dias. Os mensageiros, que eram a única ligação entre Lhasa e o mundo exterior, traziam as últimas notícias do avanço chinês. Mais tarde, Fox chegou com seus instrumentos e estabeleceu uma estação de rádio.

As mulheres e os filhos dos funcionários que os haviam acompanhado foram direto para a Índia. Não havia acomodações para eles em Chumbi. Muitos deles aproveitaram a oportunidade para fazer peregrinações para lugares sagrados do budismo na Índia e no Nepal. Mesmo a família do Dalai Lama, com exceção de Lobsang Samten, foi para o sul, e agora vivia em bangalôs na estação de veraneio de Kalimpong. Muitos dos refugiados viram pela primeira vez ferrovias, aviões e carros quando chegaram à Índia, mas, depois de passada a primeira emoção por verem essas maravilhas, queriam voltar a seu país que, apesar de atrasado quanto a aparelhos da civilização, representava para eles o chão firme da existência.

Durante esses dias, vivi em Chumbi como hóspede de um amigo, um funcionário. Meu trabalho tinha chegado ao fim e me aborrecia com frequência, mas não conseguia me despedir de meus amigos. Me sentia como um espectador numa peça de teatro, que previa o trágico desenlace e se entristecia com o final inevitável, mas tinha de assistir até o último ato. Para diminuir a minha ansiedade, ia diariamente às montanhas e desenhava meus mapas.

Eu só tinha um dever oficial a cumprir, que era manter o ministro do Exterior informado das notícias que obtinha através do meu rádio. Soube que os chineses não tinham avançado mais e que solicitavam que o governo tibetano fosse a Pequim e negociasse um acordo. O Dalai Lama e o governo concluíram que seria uma boa política aceitar o convite, e foi despachada uma delegação com plenos poderes. Como uma resistência armada não teria sentido, o governo usou a pessoa do Dalai Lama como barganha, pois sabiam que os comunistas estavam ansiosos que ele voltasse ao Tibet. Delegações tiradas de todas as classes da população continuavam chegando a Chumbi para suplicar que o governante voltasse. Todo o Tibet estava afundado em depressão, e agora eu compreendia totalmente a profunda ligação entre o povo e seu rei. Sem a bênção de sua presença, o país não poderia prosperar.

Afinal, não foi deixada outra alternativa ao Dalai Lama além de aceitar as condições dos chineses e voltar para Lhasa. Depois de prolongadas negociações, foram formulados os termos do tratado em Pequim. Asseguravam a administração interna do país ao Dalai Lama e garantiam que a religião seria respeitada e a liberdade de culto concedida. Em retorno a essas concessões, os chineses insistiram em assumir as relações exteriores do Tibet e em ser responsáveis pela defesa do país. Teriam o direito de mandar tantos soldados para o país quanto quisessem e, portanto, de assegurar a realização de qualquer exigência futura.

Como a casa do governador estava situada num vale frio e sem sol, o Dalai Lama mudou-se para o romântico claustro de Dungkhar. Ali, ele vivia afastado do mundo, assistido pelos monges e por seus próprios criados, e eu dificilmente encontrava oportunidade de conversar com ele a sós. Lobsang Samten vivia num quarto no mosteiro, onde eu muitas vezes o visitava. Frequentemente, saíam com o Dalai Lama em suas longas caminhadas. Costumava visitar os claustros vizinhos a pé e todos se maravilhavam com a velocidade com que caminhava. Ninguém conseguia acompanhá-lo. Era a primeira vez que tinha a oportunidade de fazer exercícios físicos e a usava plenamente. Além disso, sua energia era boa para a saúde de seu séquito, que tinha de treinar para manter o passo com ele. Os monges abandonaram o rapé e os soldados, o tabaco e as bebidas fortes. Apesar da depressão geral, as festas religiosas eram realizadas regularmente, mas faltava material para reproduzir a pompa e a circunstância das celebrações de Lhasa. Um agradável interlúdio foi providenciado pela visita de um sábio indiano, que trouxe para o rei uma genuína relíquia de Buda numa urna de ouro. Nessa ocasião, tirei minha última e melhor fotografia do Dalai Lama.

O padrão de vida dos nobres caía quanto mais ficávamos em Chumbi. Quase todo mundo andava a pé porque, com algumas exceções, os cavalos tinham sido mandados embora. É verdade que ainda tinham os criados e não precisavam fazer nada por si mesmos, mas tinham que ficar sem seu conforto, seus palácios, suas festas e entretenimentos. Começaram a fazer pequenas intrigas e relaxavam fazendo fofocas e difundindo rumores. Começaram a perceber que seu período de supremacia tinha chegado ao fim. Não podiam mais tomar decisões por si mesmos e tinham de perguntar tudo ao Dalai Lama. Além disso, não tinham certeza de que os chineses lhes dariam de volta as propriedades quando voltassem, apesar de terem prometido. A cortina tinha se fechado sobre o feudalismo e eles sabiam disso.

Permaneci no vale Chumbi até março de 1951, e então decidi ir para a Índia. Já percebera há muito que não poderia voltar a Lhasa, mas ainda era um funcionário do governo tibetano e devia pedir permissão para partir, o que me foi concedido imediatamente. O passaporte entregue a mim pelo conselho era válido por seis meses e continha uma cláusula solicitando que o governo indiano me ajudasse se eu voltasse ao Tibet, mas eu sabia que nunca a usaria. Tinha certeza de que em seis meses o Dalai Lama estaria de volta a Lhasa, onde seria tolerado como uma Encarnação de Chenrezi, mas nunca mais seria reconhecido como o governante de um povo livre.

Há tempos queimava meus neurônios para encontrar uma solução para meus problemas pessoais, e, depois de pensar muito, decidi ir para a Índia. Me correspondia com Aufschnaiter já há algum tempo e o encontrara em Gyangtse, onde me confidenciou que pretendia permanecer no Tibet enquanto fosse possível e que depois iria para a Índia. Quando nos despedimos, não tínhamos ideia de que não nos veríamos por anos. Levei sua bagagem comigo para Kalimpong e a depositei lá. Depois disso, não soube dele por um ano. Parecia que ele desaparecera por completo. Todo o tipo de rumores foram espalhados e muita gente acreditava que ele estava morto. Só quando cheguei à Europa foi que ouvi dizer que ele ficara na nossa vila de contos de fada em Gyirong e tinha esperado lá até os chineses chegarem. Ficou literalmente até o último minuto e saiu de lá com mais dificuldade do que eu, seis anos antes. Fiquei feliz ao receber uma carta sua colocada no correio no Nepal, me contando que estava vivo.

Ele ainda está em exílio voluntário no Extremo Oriente, empenhado em satisfazer sua insaciável sede de exploração. Existem poucos homens vivos com um conhecimento tão profundo do Himalaia e da "Terra Proibida" quanto o dele. O que terá para contar quando voltar à Europa depois de todos esses anos?

Parti com o coração pesado, mas não podia mais ficar. Sentia muita preocupação com o destino do jovem rei. Sabia que a vida no Potala seria obscurecida pela sombra de Mao Tsé-Tung. Em lugar dos pacíficos estandartes de preces, pensei na bandeira comunista com seu martelo e sua foice flutuando ao vento com sua reivindicação de dominar o mundo. Talvez Chenrezi, o eterno Deus da Graça, sobrevivesse a esse regime sem alma, como sobrevivera a tantas invasões chinesas. Eu podia apenas esperar que a nação mais pacífica sobre a Terra não sofresse demais e não fosse desmoralizada pelas mudanças revolucionárias. Tinham se passado quase sete anos desde a minha entrada no Tibet, quando me surpreendi olhando os marcos de pedra e os estandartes de preces no passo fronteiriço que levava à Índia. Naquela época, estava faminto e cansado, mas cheio de alegria por chegar à terra que eu desejava. Agora, eu tinha criados, cavalos e economias suficientes para me sustentar no futuro próximo. Porém, estava tomado por uma profunda depressão e não senti menor expectativa que antes me possuía na fronteira de um novo país. Olhei para trás com pesar para o Tibet. A pirâmide gigante de Chomolhari elevando-se a distância parecia estar me dando adeus.

À minha frente estava Sikkim, dominada pela enorme massa do Kinchinjunga[11], o último dos gigantes do Himalaia que podia ver. Tomei as rédeas do cavalo em minhas mãos e caminhei devagar em direção à planície indiana.

Alguns dias depois, estava em Kalimpong e mais uma vez entre europeus, depois de tantos anos. Pareciam estranhos e me sentia como um estranho em sua companhia. Repórteres de vários jornais correram para me encontrar, sedentos por notícias do topo do mundo. Levei muito tempo para me habituar a todo alvoroço e parafernália da civilização. Mas encontrei amigos que me ajudaram nessa passagem. Ainda não conseguia me convencer a deixar a Índia, onde me sentia em contato com o destino do Tibet, e continuava adiando minha partida para a Europa.

No verão daquele ano, o Dalai Lama voltou a Lhasa e as famílias tibetanas que tinham fugido para a Índia também retornaram às suas casas. Viram o governador geral chinês do Tibet passando por Kalimpong a caminho de Lhasa para assumir seu cargo. Até o outono de 1951, todo o Tibet fora ocupado por tropas chinesas, e as notícias daquele país eram irregulares e pouco claras. Ao escrever estas linhas finais, muitos de meus medos tornaram-se realidade.

Há fome no país, que não consegue alimentar os exércitos de ocupação e os seus habitantes. Vi na Europa fotografias de cartazes enormes de Mao Tsé-Tung colocando o pé no Potala. Tanques passeiam pela Cidade Sagrada. Os ministros leais

---

11. Pronuncia-se KANGCHENDZÖNGA em tibetano, que significa "Cinco Tesouros das Grandes Neves". (N.T.)

ao Dalai Lama foram dispensados e o Panchen Lama fez sua entrada em Lhasa com uma escolta de soldados chineses. Os chineses foram suficientemente espertos para reconhecer o Dalai Lama como chefe oficial do governo, mas a vontade da potência de ocupação é mais importante. Estabeleceram-se confortavelmente no Tibet e, com sua poderosa organização, já construíram centenas de quilômetros de estradas que conectam essa terra antes sem caminhos ao seu país.

Acompanho o que acontece no Tibet com profundo interesse, pois parte do meu ser está indissoluvelmente ligada àquele querido país. Onde quer que eu viva, sempre sentirei saudades do Tibet. Muitas vezes, acho que ainda posso ouvir o grasnar dos gansos e das cegonhas e o bater de suas asas ao voarem sobre Lhasa na fria e clara luz da lua. Meu maior desejo é que este livro possa trazer alguma simpatia por um povo cuja vontade de viver em paz e liberdade recebeu tão pouca solidariedade de um mundo indiferente.

Carta enviada pelo Dalai Lama por ocasião
da abertura de uma exposição sobre o Tibet
organizada por Harrer em Veneza.

> Para meu amigo Heinrich Harrer: Desejo de todo o meu coração sucesso na abertura da exposição sobre o Tibet. Estou enviando-lhe nesta ocasião meu representante na Europa, Thubten Phala, minha irmã Dschetsuen Pema e meu irmão Lobsang Samten. Você viveu sete anos no Tibet e, durante essa época, tornou-se um de nós. Portanto, você tem um excelente conhecimento de nosso país e está em posição de trazer a arte e a cultura do Tibet para o povo austríaco da forma mais viva possível. Incluo nas minhas preces o desejo que a exposição seja um completo sucesso.
>
> **Dalai /Lama**
> Décimo Primeiro Mês Vigésimo Dia /
> Ano das Serpentes de Madeira
> [1º de janeiro de 1966]

Epílogo: 1996

Quando Peter Aufschnaiter e eu chegamos a Lhasa depois de quase dois anos caminhando através de montanhas de até 6 mil metros de altitude, estávamos com feridas por causa do frio, com bolhas nos pés, mortos de fome e doentes. Lhasa era conhecida como a Cidade Proibida e, portanto, não seria uma surpresa para nós se o governo tibetano nos levasse de volta para a fronteira. Na realidade, aconteceu o contrário. Ficaram com pena de nós; nos deram comida, roupas novas e quentes, um lar e trabalho. Ficamos amigos.

Quem imaginaria naquela época que em pouco tempo teríamos de fugir daquele pacífico país no topo do mundo? Porém, os chineses invadiram a Terra da Neve, e o Dalai Lama, assim como mais de 100 mil pessoas, teve que pedir asilo na Índia e outros países do mundo livre. Desde então, é difícil acreditar no que aconteceu no Tibet. Mais de 1,2 milhões de tibetanos perderam a vida e, dos quase 6 mil mosteiros, templos e santuários, 99 por cento foram saqueados ou totalmente destruídos.

Hoje, enquanto os tibetanos sofrem e precisam de ajuda, faço o possível para conseguir apoio para o Dalai Lama e os refugiados daquele país. Dou palestras para levantar fundos e publico as velhas fotografias em preto e branco porque quase todos os tibetanos, seja no Tibet ou como refugiados em outros países, nunca viram como seu país era lindo e feliz. Fico muito orgulhoso que este livro tenha também sido publicado em escrita tibetana. O que chamará ainda mais atenção à causa dos refugiados é o fato de que foi feito um filme do *Sete Anos no Tibet*. A intenção do produtor de enfatizar a invasão, a destruição e o genocídio no Tibet fez com que os chineses pressionassem todos os países vizinhos para negarem permissão para filmar em seu país a versão cinematográfica de *Sete Anos no Tibet*.

O medo continua, depois da resolução da comissão de direitos humanos, que na reunião de Genebra, em abril de 1996, condenou todas as outras nações, menos a China. O produtor vai filmar em outros países com montanhas cobertas de neve e alguns amigos na Ásia acham que isto vai suscitar mais interesse e atenção ao filme do que antes.

Quanto a mim, gostaria de informar ao leitor que, depois de muitas décadas e uma série de expedições a outras regiões remotas do globo, a motivação muda à medida que envelhecemos.

Porém, com a Ásia e o Tibet, em especial, é diferente. Por centenas de anos, fascinou missionários, exploradores e comerciantes. A fascinação do Oriente, com todos os seus segredos, sua mística e suas cidades proibidas – mesmo até o presente, de Xangrilá –, cativa e atrai a mente dos intelectuais e dos aventureiros.

Entre as duas grandes guerras, um funcionário colonial britânico disse que, com a invenção do avião, o mundo não tinha mais segredos. Entretanto, disse, ainda havia um último mistério. Há um grande país no Topo do Mundo onde coisas estranhas acontecem. Lá existem monges que têm a capacidade de separar a mente do corpo, xamãs e adivinhos que tomam decisões pelo governo e um Deus Rei que vive num palácio que parece um arranha-céu na Cidade Proibida de Lhasa.

Desde que eu era jovem, só lia livros de geografia, e meu grande modelo era o explorador sueco Sven Hedin, que tinha escrito livros fascinantes sobre suas aventuras no Tibet. Quando meu campo de prisioneiros de guerra na Índia foi mudado para o sopé da cadeia do Himalaia, minha vontade de fugir naturalmente concentrou-se na direção norte, no Tibet, que eu achava que devia ser "uma coisa do outro mundo".

Gostaria de esclarecer ainda que os ingleses nos trataram exatamente de acordo com a Convenção de Genebra. Ficar dentro da cerca de arame farpado era, na realidade, bastante agradável. Tínhamos livros e fazíamos atividades esportivas e não sofremos privações, repressão ou fome. O motivo não era fugir de algo insuportável ou terrível. Eu queria fugir para alcançar algo, talvez até mesmo chegar ao país proibido que estava atrás das montanhas mais altas do mundo.

Este livro termina na primavera de 1951, quando me despedi do meu jovem amigo Dalai Lama e do meu lar, o Tibet. Desta vez, não saí por minha própria vontade; foi justamente o contrário. A última foto que tirei de Sua Santidade antes de cruzar a fronteira para Sikkim e para a Índia foi a última foto dele no Tibet livre. Logo depois, tornou-se a primeira capa colorida da revista *Life* e espalhava a notícia de que o Tibet tinha sido derrotado pelos chineses. O Dalai Lama voltou a Lhasa com seus ministros, acreditando que os chineses cumpririam as promessas de um acordo de dezessete pontos.

Em resumo, foi isto que aconteceu: a vida com os conquistadores foi de mal a pior. Em março de 1959, num levante em Lhasa, o Dalai Lama fugiu durante a noite e finalmente chegou à Índia em segurança. Foram exatamente quinze anos depois que eu fugi da Índia para o Tibet que o Dalai Lama fugiu do Tibet para a Índia. O governo indiano generosamente deu asilo aos tibetanos e um governo extraoficial do Dalai Lama no exílio foi estabelecido na Índia, na cidade de Dharamsala, nas montanhas.

A grande mãe de Sua Santidade morreu ali, em 1962. Alguns anos mais tarde, seu irmão mais velho, Lobsang Samten, que fora meu amigo em Lhasa, morreu em Nova Delhi de uma infecção, com apenas cinquenta anos de idade. Perder estes dois familiares foi um golpe extremamente duro para Sua Santidade.

A admiração e a reverência pelo Dalai Lama tem crescido no mundo todo nos últimos anos. Para a surpresa da China, a demanda popular pela independência do Tibet tem crescido em todo o mundo, principalmente devido aos esforços e ao carisma do Dalai Lama. Pouco a pouco, o mundo começa a se dar conta do quanto a cultura do Tibet foi mutilada.

Sem dúvida, o maior reconhecimento do Dalai Lama e de sua causa aconteceu em 1989, quando ele recebeu o Prêmio Nobel da Paz.

Não é difícil imaginar meu orgulho e gratidão por ter um dos grandes homens de nossa época como amigo e como um contato duradouro com uma grande nação que me acolheu quando eu era um fugitivo sem dinheiro.

É uma coincidência maravilhosa ambos fazermos aniversário no mesmo dia, 6 de junho, e com certeza foi um dos maiores dias da minha cidade natal, Hüttenburg, na província de Carinthia, na Áustria, quando Sua Santidade, o Décimo Quarto Dalai Lama, veio abençoar e abrir o Museu H. H.

Hoje, a destruição do Tibet continua. A cidade sagrada de Lhasa tornou-se uma cidade chinesa; só existem dois por cento das casas tibetanas típicas. Porém, milhares de lojas chinesas e centenas de bordéis, cassinos e casas de diversão, que foram construídos para agradar o exército de ocupação, desapareceram. Décadas de destruição, repressão, genocídio, esterilização e doutrinação não apagaram o desejo de liberdade dos tibetanos, assim como suas crenças religiosas profundamente arraigadas.

A 10 de março de 1996, em Nova Delhi, no trigésimo sétimo aniversário do sangrento levante de Lhasa, o Dalai Lama disse que lamenta que a repressão no Tibet ainda continue. A comissão dos direitos humanos enfatizou que a tortura e a crueldade com as crianças são uma rotina diária das autoridades chinesas de ocupação. O apoio à causa do Tibet está crescendo e o Dalai Lama e seu povo nunca vão desistir. Minha visão é que todos aqueles que amam o Tibet e a liberdade acompanharão o Dalai Lama quando ele voltar ao monumento do espírito tibetano, o Potala.

Apesar do apoio popular à liberdade do Tibet estar crescendo em todo o mundo, na maioria dos países, os direitos humanos são preteridos pelos objetivos materialistas.

Coleção L&PM POCKET (ÚLTIMOS LANÇAMENTOS)

417. **Histórias de robôs:** vol. 1 – org. Isaac Asimov
418. **Histórias de robôs:** vol. 2 – org. Isaac Asimov
419. **Histórias de robôs:** vol. 3 – org. Isaac Asimov
423. **Um amigo de Kafka** – Isaac Singer
424. **As alegres matronas de Windsor** – Shakespeare
425. **Amor e exílio** – Isaac Bashevis Singer
426. **Use & abuse do seu signo** – Marília Fiorillo e Marylou Simonsen
427. **Pigmaleão** – Bernard Shaw
428. **As fenícias** – Eurípides
429. **Everest** – Thomaz Brandolin
430. **A arte de furtar** – Anônimo do séc. XVI
431. **Billy Bud** – Herman Melville
432. **A rosa separada** – Pablo Neruda
433. **Elegia** – Pablo Neruda
434. **A garota de Cassidy** – David Goodis
435. **Como fazer a guerra: máximas de Napoleão** – Balzac
436. **Poemas escolhidos** – Emily Dickinson
437. **Gracias por el fuego** – Mario Benedetti
438. **O sofá** – Crébillon Fils
439. **O "Martín Fierro"** – Jorge Luis Borges
440. **Trabalhos de amor perdidos** – W. Shakespeare
441. **O melhor de Hagar 3** – Dik Browne
442. **Os Maias (volume1)** – Eça de Queiroz
443. **Os Maias (volume2)** – Eça de Queiroz
444. **Anti-Justine** – Restif de La Bretonne
445. **Juventude** – Joseph Conrad
446. **Contos** – Eça de Queiroz
448. **Um amor de Swann** – Marcel Proust
449. **À paz perpétua** – Immanuel Kant
450. **A conquista do México** – Hernan Cortez
451. **Defeitos escolhidos e 2000** – Pablo Neruda
452. **O casamento do céu e do inferno** – William Blake
453. **A primeira viagem ao redor do mundo** – Antonio Pigafetta
457. **Sartre** – Annie Cohen-Solal
458. **Discurso do método** – René Descartes
459. **Garfield em grande forma (1)** – Jim Davis
460. **Garfield está de dieta (2)** – Jim Davis
461. **O livro das feras** – Patricia Highsmith
462. **Viajante solitário** – Jack Kerouac
463. **Auto da barca do inferno** – Gil Vicente
464. **O livro vermelho dos pensamentos de Millôr** – Millôr Fernandes
465. **O livro dos abraços** – Eduardo Galeano
466. **Voltaremos!** – José Antonio Pinheiro Machado
467. **Rango** – Edgar Vasques
468(8). **Dieta mediterrânea** – Dr. Fernando Lucchese e José Antonio Pinheiro Machado
469. **Radicci 5** – Iotti
470. **Pequenos pássaros** – Anaïs Nin
471. **Guia prático do Português correto – vol.3** – Cláudio Moreno
472. **Atire no pianista** – David Goodis
473. **Antologia Poética** – García Lorca
474. **Alexandre e César** – Plutarco
475. **Uma espiã na casa do amor** – Anaïs Nin
476. **A gorda do Tiki Bar** – Dalton Trevisan
477. **Garfield um gato de peso (3)** – Jim Davis
478. **Canibais** – David Coimbra
479. **A arte de escrever** – Arthur Schopenhauer
480. **Pinóquio** – Carlo Collodi
481. **Misto-quente** – Bukowski
482. **A lua na sarjeta** – David Goodis
483. **O melhor do Recruta Zero (1)** – Mort Walker
484. **Aline: TPM – tensão pré-monstrual (2)** – Adão Iturrusgarai
485. **Sermões do Padre Antonio Vieira**
486. **Garfield numa boa (4)** – Jim Davis
487. **Mensagem** – Fernando Pessoa
488. **Vendeta** *seguido de* **A paz conjugal** – Balzac
489. **Poemas de Alberto Caeiro** – Fernando Pessoa
490. **Ferragus** – Honoré de Balzac
491. **A duquesa de Langeais** – Honoré de Balzac
492. **A menina dos olhos de ouro** – Honoré de Balzac
493. **O lírio do vale** – Honoré de Balzac
497. **A noite das bruxas** – Agatha Christie
498. **Um passe de mágica** – Agatha Christie
499. **Nêmesis** – Agatha Christie
500. **Esboço para uma teoria das emoções** – Sartre
501. **Renda básica de cidadania** – Eduardo Suplicy
502(1). **Pílulas para viver melhor** – Dr. Lucchese
503(2). **Pílulas para prolongar a juventude** – Dr. Lucchese
504(3). **Desembarcando o diabetes** – Dr. Lucchese
505(4). **Desembarcando o sedentarismo** – Dr. Fernando Lucchese e Cláudio Castro
506(5). **Desembarcando a hipertensão** – Dr. Lucchese
507(6). **Desembarcando o colesterol** – Dr. Fernando Lucchese e Fernanda Lucchese
508. **Estudos de mulher** – Balzac
509. **O terceiro tira** – Flann O'Brien
510. **100 receitas de aves e ovos** – J. A. P. Machado
511. **Garfield em toneladas de diversão (5)** – Jim Davis
512. **Trem-bala** – Martha Medeiros
513. **Os cães ladram** – Truman Capote
514. **O Kama Sutra de Vatsyayana**
515. **O crime do Padre Amaro** – Eça de Queiroz
516. **Odes de Ricardo Reis** – Fernando Pessoa
517. **O inverno da nossa desesperança** – Steinbeck
518. **Piratas do Tietê (1)** – Laerte
519. **Rê Bordosa: do começo ao fim** – Angeli
520. **O Harlem é escuro** – Chester Himes
521. **Café-da-manhã dos campeões** – Kurt Vonnegut
522. **Eugénie Grandet** – Balzac
523. **O último magnata** – F. Scott Fitzgerald
524. **Carol** – Patricia Highsmith
525. **100 receitas de patisseria** – Sílvio Lancellotti

527. **Tristessa** – Jack Kerouac
528. **O diamante do tamanho do Ritz** – F. Scott Fitzgerald
529. **As melhores histórias de Sherlock Holmes** – Arthur Conan Doyle
530. **Cartas a um jovem poeta** – Rilke
532. **O misterioso sr. Quin** – Agatha Christie
533. **Os analectos** – Confúcio
536. **Ascensão e queda de César Birotteau** – Balzac
537. **Sexta-feira negra** – David Goodis
538. **Ora bolas – O humor de Mario Quintana** – Juarez Fonseca
539. **Longe daqui aqui mesmo** – Antonio Bivar
540. **É fácil matar** – Agatha Christie
541. **O pai Goriot** – Balzac
542. **Brasil, um país do futuro** – Stefan Zweig
543. **O processo** – Kafka
544. **O melhor de Hagar 4** – Dik Browne
545. **Por que não pediram a Evans?** – Agatha Christie
546. **Fanny Hill** – John Cleland
547. **O gato por dentro** – William S. Burroughs
548. **Sobre a brevidade da vida** – Sêneca
549. **Geraldão (1)** – Glauco
550. **Piratas do Tietê (2)** – Laerte
551. **Pagando o pato** – Ciça
552. **Garfield de bom humor (6)** – Jim Davis
553. **Conhece o Mário?** vol.1 – Santiago
554. **Radicci 6** – Iotti
555. **Os subterrâneos** – Jack Kerouac
556(1). **Balzac** – François Taillandier
557(2). **Modigliani** – Christian Parisot
558(3). **Kafka** – Gérard-Georges Lemaire
559(4). **Júlio César** – Joël Schmidt
560. **Receitas da família** – J. A. Pinheiro Machado
561. **Boas maneiras à mesa** – Celia Ribeiro
562(9). **Filhos sadios, pais felizes** – R. Pagnoncelli
563(10). **Fatos & mitos** – Dr. Fernando Lucchese
564. **Ménage à trois** – Paula Taitelbaum
565. **Mulheres!** – David Coimbra
566. **Poemas de Álvaro de Campos** – Fernando Pessoa
567. **Medo e outras histórias** – Stefan Zweig
568. **Snoopy e sua turma (1)** – Schulz
569. **Piadas para sempre (1)** – Visconde da Casa Verde
570. **O alvo móvel** – Ross Macdonald
571. **O melhor do Recruta Zero (2)** – Mort Walker
572. **Um sonho americano** – Norman Mailer
573. **Os broncos também amam** – Angeli
574. **Crônica de um amor louco** – Bukowski
575(5). **Freud** – René Major e Chantal Talagrand
576(6). **Picasso** – Gilles Plazy
577(7). **Gandhi** – Christine Jordis
578. **A tumba** – H. P. Lovecraft
579. **O príncipe e o mendigo** – Mark Twain
580. **Garfield, um charme de gato (7)** – Jim Davis
581. **Ilusões perdidas** – Balzac
582. **Esplendores e misérias das cortesãs** – Balzac
583. **Walter Ego** – Angeli
584. **Striptiras (1)** – Laerte
585. **Fagundes: um puxa-saco de mão cheia** – Laerte
586. **Depois do último trem** – Josué Guimarães
587. **Ricardo III** – Shakespeare
588. **Dona Anja** – Josué Guimarães
589. **24 horas na vida de uma mulher** – Stefan Zweig
591. **Mulher no escuro** – Dashiell Hammett
592. **No que acredito** – Bertrand Russell
593. **Odisséia (1): Telemaquia** – Homero
594. **O cavalo cego** – Josué Guimarães
595. **Henrique V** – Shakespeare
596. **Fabulário geral do delírio cotidiano** – Bukowski
597. **Tiros na noite 1: A mulher do bandido** – Dashiell Hammett
598. **Snoopy em Feliz Dia dos Namorados! (2)** – Schulz
600. **Crime e castigo** – Dostoiévski
601. **Mistério no Caribe** – Agatha Christie
602. **Odisséia (2): Regresso** – Homero
603. **Piadas para sempre (2)** – Visconde da Casa Verde
604. **À sombra do vulcão** – Malcolm Lowry
605(8). **Kerouac** – Yves Buin
606. **E agora são cinzas** – Angeli
607. **As mil e uma noites** – Paulo Caruso
608. **Um assassino entre nós** – Ruth Rendell
609. **Crack-up** – F. Scott Fitzgerald
610. **Do amor** – Stendhal
611. **Cartas do Yage** – William Burroughs e Allen Ginsberg
612. **Striptiras (2)** – Laerte
613. **Henry & June** – Anaïs Nin
614. **A piscina mortal** – Ross Macdonald
615. **Geraldão (2)** – Glauco
616. **Tempo de delicadeza** – A. R. de Sant'Anna
617. **Tiros na noite 2: Medo de tiro** – Dashiell Hammett
618. **Snoopy em Assim é a vida, Charlie Brown! (3)** – Schulz
619. **1954 – Um tiro no coração** – Hélio Silva
620. **Sobre a inspiração poética (Íon)** e ... – Platão
621. **Garfield e seus amigos (8)** – Jim Davis
622. **Odisséia (3): Ítaca** – Homero
623. **A louca matança** – Chester Himes
624. **Factótum** – Bukowski
625. **Guerra e Paz: volume 1** – Tolstói
626. **Guerra e Paz: volume 2** – Tolstói
627. **Guerra e Paz: volume 3** – Tolstói
628. **Guerra e Paz: volume 4** – Tolstói
629(9). **Shakespeare** – Claude Mourthé
630. **Bem está o que bem acaba** – Shakespeare
631. **O contrato social** – Rousseau
632. **Geração Beat** – Jack Kerouac
633. **Snoopy: É Natal! (4)** – Charles Schulz

634. **Testemunha da acusação** – Agatha Christie
635. **Um elefante no caos** – Millôr Fernandes
636. **Guia de leitura (100 autores que você precisa ler)** – Organização de Léa Masina
637. **Pistoleiros também mandam flores** – David Coimbra
638. **O prazer das palavras** – vol. 1 – Cláudio Moreno
639. **O prazer das palavras** – vol. 2 – Cláudio Moreno
640. **Novíssimo testamento: com Deus e o diabo, a dupla da criação** – Iotti
641. **Literatura Brasileira: modos de usar** – Luís Augusto Fischer
642. **Dicionário de Porto-Alegrês** – Luís A. Fischer
643. **Clô Dias & Noites** – Sérgio Jockymann
644. **Memorial de Isla Negra** – Pablo Neruda
645. **Um homem extraordinário e outras histórias** – Tchékhov
646. **Ana sem terra** – Alcy Cheuiche
647. **Adultérios** – Woody Allen
651. **Snoopy: Posso fazer uma pergunta, professora? (5)** – Charles Schulz
652(10). **Luís XVI** – Bernard Vincent
653. **O mercador de Veneza** – Shakespeare
654. **Cancioneiro** – Fernando Pessoa
655. **Non-Stop** – Martha Medeiros
656. **Carpinteiros, levantem bem alto a cumeeira & Seymour, uma apresentação** – J.D.Salinger
657. **Ensaios céticos** – Bertrand Russell
658. **O melhor de Hagar 5** – Dik e Chris Browne
659. **Primeiro amor** – Ivan Turguêniev
660. **A trégua** – Mario Benedetti
661. **Um parque de diversões da cabeça** – Lawrence Ferlinghetti
662. **Aprendendo a viver** – Sêneca
663. **Garfield, um gato em apuros (9)** – Jim Davis
664. **Dilbert (1)** – Scott Adams
666. **A imaginação** – Jean-Paul Sartre
667. **O ladrão e os cães** – Naguib Mahfuz
669. **A volta do parafuso** seguido de **Daisy Miller** – Henry James
670. **Notas do subsolo** – Dostoiévski
671. **Abobrinhas da Brasilônia** – Glauco
672. **Geraldão (3)** – Glauco
673. **Piadas para sempre (3)** – Visconde da Casa Verde
674. **Duas viagens ao Brasil** – Hans Staden
676. **A arte da guerra** – Maquiavel
677. **Além do bem e do mal** – Nietzsche
678. **O coronel Chabert** seguido de **A mulher abandonada** – Balzac
679. **O sorriso de marfim** – Ross Macdonald
680. **100 receitas de pescados** – Sílvio Lancellotti
681. **O juiz e seu carrasco** – Friedrich Dürrenmatt
682. **Noites brancas** – Dostoiévski
683. **Quadras ao gosto popular** – Fernando Pessoa
685. **Kaos** – Millôr Fernandes
686. **A pele de onagro** – Balzac
687. **As ligações perigosas** – Choderlos de Laclos
689. **Os Lusíadas** – Luís Vaz de Camões
690(11). **Átila** – Éric Deschodt
691. **Um jeito tranquilo de matar** – Chester Himes
692. **A felicidade conjugal** seguido de **O diabo** – Tolstói
693. **Viagem de um naturalista ao redor do mundo** – vol. 1 – Charles Darwin
694. **Viagem de um naturalista ao redor do mundo** – vol. 2 – Charles Darwin
695. **Memórias da casa dos mortos** – Dostoiévski
696. **A Celestina** – Fernando de Rojas
697. **Snoopy: Como você é azarado, Charlie Brown! (6)** – Charles Schulz
698. **Dez (quase) amores** – Claudia Tajes
699. **Poirot sempre espera** – Agatha Christie
701. **Apologia de Sócrates** precedido de **Êutifron** e seguido de **Críton** – Platão
702. **Wood & Stock** – Angeli
703. **Striptiras (3)** – Laerte
704. **Discurso sobre a origem e os fundamentos da desigualdade entre os homens** – Rousseau
705. **Os duelistas** – Joseph Conrad
706. **Dilbert (2)** – Scott Adams
707. **Viver e escrever (vol. 1)** – Edla van Steen
708. **Viver e escrever (vol. 2)** – Edla van Steen
709. **Viver e escrever (vol. 3)** – Edla van Steen
710. **A teia da aranha** – Agatha Christie
711. **O banquete** – Platão
712. **Os belos e malditos** – F. Scott Fitzgerald
713. **Libelo contra a arte moderna** – Salvador Dalí
714. **Akropolis** – Valerio Massimo Manfredi
715. **Devoradores de mortos** – Michael Crichton
716. **Sob o sol da Toscana** – Frances Mayes
717. **Batom na cueca** – Nani
718. **Vida dura** – Claudia Tajes
719. **Carne trêmula** – Ruth Rendell
720. **Cris, a fera** – David Coimbra
721. **O anticristo** – Nietzsche
722. **Como um romance** – Daniel Pennac
723. **Emboscada no Forte Bragg** – Tom Wolfe
724. **Assédio sexual** – Michael Crichton
725. **O espírito do Zen** – Alan W.Watts
726. **Um bonde chamado desejo** – Tennessee Williams
727. **Como gostais** seguido de **Conto de inverno** – Shakespeare
728. **Tratado sobre a tolerância** – Voltaire
729. **Snoopy: Doces ou travessuras? (7)** – Charles Schulz
730. **Cardápios do Anonymus Gourmet** – J.A. Pinheiro Machado
731. **100 receitas com lata** – J.A. Pinheiro Machado
732. **Conhece o Mário?** vol.2 – Santiago
733. **Dilbert (3)** – Scott Adams
734. **História de um louco amor** seguido de **Passado amor** – Horacio Quiroga
735(11). **Sexo: muito prazer** – Laura Meyer da Silva
736(12). **Para entender o adolescente** – Dr. Ronald Pagnoncelli

737(13).**Desembarcando a tristeza** – Dr. Fernando Lucchese
738.**Poirot e o mistério da arca espanhola & outras histórias** – Agatha Christie
739.**A última legião** – Valerio Massimo Manfredi
741.**Sol nascente** – Michael Crichton
742.**Duzentos ladrões** – Dalton Trevisan
743.**Os devaneios do caminhante solitário** – Rousseau
744.**Garfield, o rei da preguiça (10)** – Jim Davis
745.**Os magnatas** – Charles R. Morris
746.**Pulp** – Charles Bukowski
747.**Enquanto agonizo** – William Faulkner
748.**Aline: viciada em sexo (3)** – Adão Iturrusgarai
749.**A dama do cachorrinho** – Anton Tchékhov
750.**Tito Andrônico** – Shakespeare
751.**Antologia poética** – Anna Akhmátova
752.**O melhor de Hagar 6** – Dik e Chris Browne
753(12).**Michelangelo** – Nadine Sautel
754.**Dilbert (4)** – Scott Adams
755.**O jardim das cerejeiras** *seguido de* **Tio Vânia** – Tchékhov
756.**Geração Beat** – Claudio Willer
757.**Santos Dumont** – Alcy Cheuiche
758.**Budismo** – Claude B. Levenson
759.**Cleópatra** – Christian-Georges Schwentzel
760.**Revolução Francesa** – Frédéric Bluche, Stéphane Rials e Jean Tulard
761.**A crise de 1929** – Bernard Gazier
762.**Sigmund Freud** – Edson Sousa e Paulo Endo
763.**Império Romano** – Patrick Le Roux
764.**Cruzadas** – Cécile Morrisson
765.**O mistério do Trem Azul** – Agatha Christie
768.**Senso comum** – Thomas Paine
769.**O parque dos dinossauros** – Michael Crichton
770.**Trilogia da paixão** – Goethe
773.**Snoopy: No mundo da lua! (8)** – Charles Schulz
774.**Os Quatro Grandes** – Agatha Christie
775.**Um brinde de cianureto** – Agatha Christie
776.**Súplicas atendidas** – Truman Capote
779.**A viúva imortal** – Millôr Fernandes
780.**Cabala** – Roland Goetschel
781.**Capitalismo** – Claude Jessua
782.**Mitologia grega** – Pierre Grimal
783.**Economia: 100 palavras-chave** – Jean-Paul Betbèze
784.**Marxismo** – Henri Lefebvre
785.**Punição para a inocência** – Agatha Christie
786.**A extravagância do morto** – Agatha Christie
787(13).**Cézanne** – Bernard Fauconnier
788.**A identidade Bourne** – Robert Ludlum
789.**Da tranquilidade da alma** – Sêneca
790.**Um artista da fome** *seguido de* **Na colônia penal e outras histórias** – Kafka
791.**Histórias de fantasmas** – Charles Dickens
796.**O Uraguai** – Basílio da Gama
797.**A mão misteriosa** – Agatha Christie
798.**Testemunha ocular do crime** – Agatha Christie
799.**Crepúsculo dos ídolos** – Friedrich Nietzsche
802.**O grande golpe** – Dashiell Hammett
803.**Humor barra pesada** – Nani
804.**Vinho** – Jean-François Gautier
805.**Egito Antigo** – Sophie Desplancques
806(14).**Baudelaire** – Jean-Baptiste Baronian
807.**Caminho da sabedoria, caminho da paz** – Dalai Lama e Felizitas von Schönborn
808.**Senhor e servo e outras histórias** – Tolstói
809.**Os cadernos de Malte Laurids Brigge** – Rilke
810.**Dilbert (5)** – Scott Adams
811.**Big Sur** – Jack Kerouac
812.**Seguindo a correnteza** – Agatha Christie
813.**O álibi** – Sandra Brown
814.**Montanha-russa** – Martha Medeiros
815.**Coisas da vida** – Martha Medeiros
816.**A cantada infalível** *seguido de* **A mulher do centroavante** – David Coimbra
819.**Snoopy: Pausa para a soneca (9)** – Charles Schulz
820.**De pernas pro ar** – Eduardo Galeano
821.**Tragédias gregas** – Pascal Thiercy
822.**Existencialismo** – Jacques Colette
823.**Nietzsche** – Jean Granier
824.**Amar ou depender?** – Walter Riso
825.**Darmapada: A doutrina budista em versos**
826.**J'Accuse...!** – **a verdade em marcha** – Zola
827.**Os crimes ABC** – Agatha Christie
828.**Um gato entre os pombos** – Agatha Christie
831.**Dicionário de teatro** – Luiz Paulo Vasconcellos
832.**Cartas extraviadas** – Martha Medeiros
833.**A longa viagem de prazer** – J. J. Morosoli
834.**Receitas fáceis** – J. A. Pinheiro Machado
835(14).**Mais fatos & mitos** – Dr. Fernando Lucchese
836(15).**Boa viagem!** – Dr. Fernando Lucchese
837.**Aline: Finalmente nua!!! (4)** – Adão Iturrusgarai
838.**Mônica tem uma novidade!** – Mauricio de Sousa
839.**Cebolinha em apuros!** – Mauricio de Sousa
840.**Sócios no crime** – Agatha Christie
841.**Bocas do tempo** – Eduardo Galeano
842.**Orgulho e preconceito** – Jane Austen
843.**Impressionismo** – Dominique Lobstein
844.**Escrita chinesa** – Viviane Alleton
845.**Paris: uma história** – Yvan Combeau
846(15).**Van Gogh** – David Haziot
848.**Portal do destino** – Agatha Christie
849.**O futuro de uma ilusão** – Freud
850.**O mal-estar na cultura** – Freud
853.**Um crime adormecido** – Agatha Christie
854.**Satori em Paris** – Jack Kerouac
855.**Medo e delírio em Las Vegas** – Hunter Thompson
856.**Um negócio fracassado e outros contos de humor** – Tchékhov
857.**Mônica está de férias!** – Mauricio de Sousa
858.**De quem é esse coelho?** – Mauricio de Sousa
860.**O mistério Sittaford** – Agatha Christie
861.**Manhã transfigurada** – L. A. de Assis Brasil
862.**Alexandre, o Grande** – Pierre Briant
863.**Jesus** – Charles Perrot

864. Islã – Paul Balta
865. Guerra da Secessão – Farid Ameur
866. Um rio que vem da Grécia – Cláudio Moreno
868. Assassinato na casa do pastor – Agatha Christie
869. Manual do líder – Napoleão Bonaparte
870(16). Billie Holiday – Sylvia Fol
871. Bidu arrasando! – Mauricio de Sousa
872. Desventuras em família – Mauricio de Sousa
874. E no final a morte – Agatha Christie
875. Guia prático do Português correto – vol. 4 – Cláudio Moreno
876. Dilbert (6) – Scott Adams
877(17). Leonardo da Vinci – Sophie Chauveau
878. Bella Toscana – Frances Mayes
879. A arte da ficção – David Lodge
880. Striptiras (4) – Laerte
881. Skrotinhos – Angeli
882. Depois do funeral – Agatha Christie
883. Radicci 7 – Iotti
884. Walden – H. D. Thoreau
885. Lincoln – Allen C. Guelzo
886. Primeira Guerra Mundial – Michael Howard
887. A linha de sombra – Joseph Conrad
888. O amor é um cão dos diabos – Bukowski
890. Despertar: uma vida de Buda – Jack Kerouac
891(18). Albert Einstein – Laurent Seksik
892. Hell's Angels – Hunter Thompson
893. Ausência na primavera – Agatha Christie
894. Dilbert (7) – Scott Adams
895. Ao sul de lugar nenhum – Bukowski
896. Maquiavel – Quentin Skinner
897. Sócrates – C.C.W. Taylor
899. O Natal de Poirot – Agatha Christie
900. As veias abertas da América Latina – Eduardo Galeano
901. Snoopy: Sempre alerta! (10) – Charles Schulz
902. Chico Bento: Plantando confusão – Mauricio de Sousa
903. Penadinho: Quem é morto sempre aparece – Mauricio de Sousa
904. A vida sexual da mulher feia – Claudia Tajes
905. 100 segredos do liquidificador – José Antonio Pinheiro Machado
906. Sexo muito prazer 2 – Laura Meyer da Silva
907. Os nascimentos – Eduardo Galeano
908. As caras e as máscaras – Eduardo Galeano
909. O século do vento – Eduardo Galeano
910. Poirot perde uma cliente – Agatha Christie
911. Cérebro – Michael O'Shea
912. O escaravelho de ouro e outras histórias – Edgar Allan Poe
913. Piadas para sempre (4) – Visconde da Casa Verde
914. 100 receitas de massas light – Helena Tonetto
915(19). Oscar Wilde – Daniel Salvatore Schiffer
916. Uma breve história do mundo – H. G. Wells
917. A Casa da Penhasco – Agatha Christie
919. John M. Keynes – Bernard Gazier
920(20). Virginia Woolf – Alexandra Lemasson
921. Peter e Wendy *seguido de* Peter Pan em Kensington Gardens – J. M. Barrie
922. Aline: numas de colegial (5) – Adão Iturrusgarai
923. Uma dose mortal – Agatha Christie
924. Os trabalhos de Hércules – Agatha Christie
926. Kant – Roger Scruton
927. A inocência do Padre Brown – G.K. Chesterton
928. Casa Velha – Machado de Assis
929. Marcas de nascença – Nancy Huston
930. Aulete de bolso
931. Hora Zero – Agatha Christie
932. Morte na Mesopotâmia – Agatha Christie
934. Nem te conto, João – Dalton Trevisan
935. As aventuras de Huckleberry Finn – Mark Twain
936(21). Marilyn Monroe – Anne Plantagenet
937. China moderna – Rana Mitter
938. Dinossauros – David Norman
939. Louca por homem – Claudia Tajes
940. Amores de alto risco – Walter Riso
941. Jogo de damas – David Coimbra
942. Filha é filha – Agatha Christie
943. M ou N? – Agatha Christie
945. Bidu: diversão em dobro! – Mauricio de Sousa
946. Fogo – Anaïs Nin
947. Rum: diário de um jornalista bêbado – Hunter Thompson
948. Persuasão – Jane Austen
949. Lágrimas na chuva – Sergio Faraco
950. Mulheres – Bukowski
951. Um pressentimento funesto – Agatha Christie
952. Cartas na mesa – Agatha Christie
954. O lobo do mar – Jack London
955. Os gatos – Patricia Highsmith
956(22). Jesus – Christiane Rancé
957. História da medicina – William Bynum
958. O Morro dos Ventos Uivantes – Emily Brontë
959. A filosofia na era trágica dos gregos – Nietzsche
960. Os treze problemas – Agatha Christie
961. A massagista japonesa – Moacyr Scliar
963. Humor do miserê – Nani
964. Todo o mundo tem dúvida, inclusive você – Édison de Oliveira
965. A dama do Bar Nevada – Sergio Faraco
969. O psicopata americano – Bret Easton Ellis
970. Ensaios de amor – Alain de Botton
971. O grande Gatsby – F. Scott Fitzgerald
972. Por que não sou cristão – Bertrand Russell
973. A Casa Torta – Agatha Christie
974. Encontro com a morte – Agatha Christie
975(23). Rimbaud – Jean-Baptiste Baronian
976. Cartas na rua – Bukowski
977. Memória – Jonathan K. Foster
978. A abadia de Northanger – Jane Austen
979. As pernas de Úrsula – Claudia Tajes
980. Retrato inacabado – Agatha Christie
981. Solanin (1) – Inio Asano
982. Solanin (2) – Inio Asano
983. Aventuras de menino – Mitsuru Adachi

984(16).**Fatos & mitos sobre sua alimentação** – Dr. Fernando Lucchese
985.**Teoria quântica** – John Polkinghorne
986.**O eterno marido** – Fiódor Dostoiévski
987.**Um safado em Dublin** – J. P. Donleavy
988.**Mirinha** – Dalton Trevisan
989.**Akhenaton e Nefertiti** – Carmen Seganfredo e A. S. Franchini
990.**On the Road – o manuscrito original** – Jack Kerouac
991.**Relatividade** – Russell Stannard
992.**Abaixo de zero** – Bret Easton Ellis
993(24).**Andy Warhol** – Mériam Korichi
995.**Os últimos casos de Miss Marple** – Agatha Christie
996.**Nico Demo** – Mauricio de Sousa
998.**Rousseau** – Robert Wokler
999.**Noite sem fim** – Agatha Christie
1000.**Diários de Andy Warhol (1)** – Editado por Pat Hackett
1001.**Diários de Andy Warhol (2)** – Editado por Pat Hackett
1002.**Cartier-Bresson: o olhar do século** – Pierre Assouline
1003.**As melhores histórias da mitologia: vol. 1** – A.S. Franchini e Carmen Seganfredo
1004.**As melhores histórias da mitologia: vol. 2** – A.S. Franchini e Carmen Seganfredo
1005.**Assassinato no beco** – Agatha Christie
1006.**Convite para um homicídio** – Agatha Christie
1008.**História da vida** – Michael J. Benton
1009.**Jung** – Anthony Stevens
1010.**Arsène Lupin, ladrão de casaca** – Maurice Leblanc
1011.**Dublinenses** – James Joyce
1012.**120 tirinhas da Turma da Mônica** – Mauricio de Sousa
1013.**Antologia poética** – Fernando Pessoa
1014.**A aventura de um cliente ilustre** seguido de **O último adeus de Sherlock Holmes** – Sir Arthur Conan Doyle
1015.**Cenas de Nova York** – Jack Kerouac
1016.**A corista** – Anton Tchékhov
1017.**O diabo** – Leon Tolstói
1018.**Fábulas chinesas** – Sérgio Capparelli e Márcia Schmaltz
1019.**O gato do Brasil** – Sir Arthur Conan Doyle
1020.**Missa do Galo** – Machado de Assis
1021.**O mistério de Marie Rogêt** – Edgar Allan Poe
1022.**A mulher mais linda da cidade** – Bukowski
1023.**O retrato** – Nicolai Gogol
1024.**O conflito** – Agatha Christie
1025.**Os primeiros casos de Poirot** – Agatha Christie
1027(25).**Beethoven** – Bernard Fauconnier
1028.**Platão** – Julia Annas
1029.**Cleo e Daniel** – Roberto Freire
1030.**Til** – José de Alencar
1031.**Viagens na minha terra** – Almeida Garrett
1032.**Profissões para mulheres e outros artigos feministas** – Virginia Woolf
1033.**Mrs. Dalloway** – Virginia Woolf
1034.**O cão da morte** – Agatha Christie
1035.**Tragédia em três atos** – Agatha Christie
1037.**O fantasma da Ópera** – Gaston Leroux
1038.**Evolução** – Brian e Deborah Charlesworth
1039.**Medida por medida** – Shakespeare
1040.**Razão e sentimento** – Jane Austen
1041.**A obra-prima ignorada** seguido de **Um episódio durante o Terror** – Balzac
1042.**A fugitiva** – Anaïs Nin
1043.**As grandes histórias da mitologia greco-romana** – A. S. Franchini
1044.**O corno de si mesmo & outras historietas** – Marquês de Sade
1045.**Da felicidade** seguido de **Da vida retirada** – Sêneca
1046.**O horror em Red Hook e outras histórias** – H. P. Lovecraft
1047.**Noite em claro** – Martha Medeiros
1048.**Poemas clássicos chineses** – Li Bai, Du Fu e Wang Wei
1049.**A terceira moça** – Agatha Christie
1050.**Um destino ignorado** – Agatha Christie
1051(26).**Buda** – Sophie Royer
1052.**Guerra Fria** – Robert J. McMahon
1053.**Simons's Cat: as aventuras de um gato travesso e comilão – vol. 1** – Simon Tofield
1054.**Simons's Cat: as aventuras de um gato travesso e comilão – vol. 2** – Simon Tofield
1055.**Só as mulheres e as baratas sobreviverão** – Claudia Tajes
1057.**Pré-história** – Chris Gosden
1058.**Pintou sujeira!** – Mauricio de Sousa
1059.**Contos de Mamãe Gansa** – Charles Perrault
1060.**A interpretação dos sonhos: vol. 1** – Freud
1061.**A interpretação dos sonhos: vol. 2** – Freud
1062.**Frufru Rataplã Dolores** – Dalton Trevisan
1063.**As melhores histórias da mitologia egípcia** – Carmem Seganfredo e A.S. Franchini
1064.**Infância. Adolescência. Juventude** – Tolstói
1065.**As consolações da filosofia** – Alain de Botton
1066.**Diários de Jack Kerouac – 1947-1954**
1067.**Revolução Francesa – vol. 1** – Max Gallo
1068.**Revolução Francesa – vol. 2** – Max Gallo
1069.**O detetive Parker Pyne** – Agatha Christie
1070.**Memórias do esquecimento** – Flávio Tavares
1071.**Drogas** – Leslie Iversen
1072.**Manual de ecologia (vol.2)** – J. Lutzenberger
1073.**Como andar no labirinto** – Affonso Romano de Sant'Anna
1074.**A orquídea e o serial killer** – Juremir Machado da Silva
1075.**Amor nos tempos de fúria** – Lawrence Ferlinghetti
1076.**A aventura do pudim de Natal** – Agatha Christie
1078.**Amores que matam** – Patricia Faur

1079. Histórias de pescador – Mauricio de Sousa
1080. Pedaços de um caderno manchado de vinho – Bukowski
1081. A ferro e fogo: tempo de solidão (vol.1) – Josué Guimarães
1082. A ferro e fogo: tempo de guerra (vol.2) – Josué Guimarães
1084(17). Desembarcando o Alzheimer – Dr. Fernando Lucchese e Dra. Ana Hartmann
1085. A maldição do espelho – Agatha Christie
1086. Uma breve história da filosofia – Nigel Warburton
1088. Heróis da História – Will Durant
1089. Concerto campestre – L. A. de Assis Brasil
1090. Morte nas nuvens – Agatha Christie
1092. Aventura em Bagdá – Agatha Christie
1093. O cavalo amarelo – Agatha Christie
1094. O método de interpretação dos sonhos – Freud
1095. Sonetos de amor e desamor – Vários
1096. 120 tirinhas do Dilbert – Scott Adams
1097. 200 fábulas de Esopo
1098. O curioso caso de Benjamin Button – F. Scott Fitzgerald
1099. Piadas para sempre: uma antologia para morrer de rir – Visconde da Casa Verde
1100. Hamlet (Mangá) – Shakespeare
1101. A arte da guerra (Mangá) – Sun Tzu
1104. As melhores histórias da Bíblia (vol.1) – A. S. Franchini e Carmen Seganfredo
1105. As melhores histórias da Bíblia (vol.2) – A. S. Franchini e Carmen Seganfredo
1106. Psicologia das massas e análise do eu – Freud
1107. Guerra Civil Espanhola – Helen Graham
1108. A autoestrada do sul e outras histórias – Julio Cortázar
1109. O mistério dos sete relógios – Agatha Christie
1110. Peanuts: Ninguém gosta de mim... (amor) – Charles Schulz
1111. Cadê o bolo? – Mauricio de Sousa
1112. O filósofo ignorante – Voltaire
1113. Totem e tabu – Freud
1114. Filosofia pré-socrática – Catherine Osborne
1115. Desejo de status – Alain de Botton
1118. Passageiro para Frankfurt – Agatha Christie
1120. Kill All Enemies – Melvin Burgess
1121. A morte da sra. McGinty – Agatha Christie
1122. Revolução Russa – S. A. Smith
1123. Até você, Capitu? – Dalton Trevisan
1124. O grande Gatsby (Mangá) – F. S. Fitzgerald
1125. Assim falou Zaratustra (Mangá) – Nietzsche
1126. Peanuts: É para isso que servem os amigos (amizade) – Charles Schulz
1127(27). Nietzsche – Dorian Astor
1128. Bidu: Hora do banho – Mauricio de Sousa
1129. O melhor do Macanudo Taurino – Santiago
1130. Radicci 30 anos – Iotti
1131. Show de sabores – J.A. Pinheiro Machado
1132. O prazer das palavras – vol. 3 – Cláudio Moreno
1133. Morte na praia – Agatha Christie
1134. O fardo – Agatha Christie
1135. Manifesto do Partido Comunista (Mangá) – Marx & Engels
1136. A metamorfose (Mangá) – Franz Kafka
1137. Por que você não se casou... ainda – Tracy McMillan
1138. Textos autobiográficos – Bukowski
1139. A importância de ser prudente – Oscar Wilde
1140. Sobre a vontade na natureza – Arthur Schopenhauer
1141. Dilbert (8) – Scott Adams
1142. Entre dois amores – Agatha Christie
1143. Cipreste triste – Agatha Christie
1144. Alguém viu uma assombração? – Mauricio de Sousa
1145. Mandela – Elleke Boehmer
1146. Retrato do artista quando jovem – James Joyce
1147. Zadig ou o destino – Voltaire
1148. O contrato social (Mangá) – J.-J. Rousseau
1149. Garfield fenomenal – Jim Davis
1150. A queda da América – Allen Ginsberg
1151. Música na noite & outros ensaios – Aldous Huxley
1152. Poesias inéditas & Poemas dramáticos – Fernando Pessoa
1153. Peanuts: Felicidade é... – Charles M. Schulz
1154. Mate-me por favor – Legs McNeil e Gillian McCain
1155. Assassinato no Expresso Oriente – Agatha Christie
1156. Um punhado de centeio – Agatha Christie
1157. A interpretação dos sonhos (Mangá) – Freud
1158. Peanuts: Você não entende o sentido da vida – Charles M. Schulz
1159. A dinastia Rothschild – Herbert R. Lottman
1160. A Mansão Hollow – Agatha Christie
1161. Nas montanhas da loucura – H.P. Lovecraft
1162(28). Napoleão Bonaparte – Pascale Fautrier
1163. Um corpo na biblioteca – Agatha Christie
1164. Inovação – Mark Dodgson e David Gann
1165. O que toda mulher deve saber sobre os homens: a afetividade masculina – Walter Riso
1166. O amor está no ar – Mauricio de Sousa
1167. Testemunha de acusação & outras histórias – Agatha Christie
1168. Etiqueta de bolso – Celia Ribeiro
1169. Poesia reunida (volume 3) – Affonso Romano de Sant'Anna
1170. Emma – Jane Austen
1171. Que seja em segredo – Ana Miranda
1172. Garfield sem apetite – Jim Davis
1173. Garfield: Foi mal... – Jim Davis
1174. Os irmãos Karamázov (Mangá) – Dostoiévski
1175. O Pequeno Príncipe – Antoine de Saint-Exupéry
1176. Peanuts: Ninguém mais tem o espírito aventureiro – Charles M. Schulz

1177. **Assim falou Zaratustra** – Nietzsche
1178. **Morte no Nilo** – Agatha Christie
1179. **Ê, soneca boa** – Mauricio de Sousa
1180. **Garfield a todo o vapor** – Jim Davis
1181. **Em busca do tempo perdido (Mangá)** – Proust
1182. **Cai o pano: o último caso de Poirot** – Agatha Christie
1183. **Livro para colorir e relaxar** – Livro 1
1184. **Para colorir sem parar**
1185. **Os elefantes não esquecem** – Agatha Christie
1186. **Teoria da relatividade** – Albert Einstein
1187. **Compêndio de psicanálise** – Freud
1188. **Visões de Gerard** – Jack Kerouac
1189. **Fim de verão** – Mohiro Kitoh
1190. **Procurando diversão** – Mauricio de Sousa
1191. **E não sobrou nenhum e outras peças** – Agatha Christie
1192. **Ansiedade** – Daniel Freeman & Jason Freeman
1193. **Garfield: pausa para o almoço** – Jim Davis
1194. **Contos do dia e da noite** – Guy de Maupassant
1195. **O melhor de Hagar 7** – Dik Browne
1196. (29). **Lou Andreas-Salomé** – Dorian Astor
1197. (30). **Pasolini** – René de Ceccatty
1198. **O caso do Hotel Bertram** – Agatha Christie
1199. **Crônicas de motel** – Sam Shepard
1200. **Pequena filosofia da paz interior** – Catherine Rambert
1201. **Os sertões** – Euclides da Cunha
1202. **Treze à mesa** – Agatha Christie
1203. **Bíblia** – John Riches
1204. **Anjos** – David Albert Jones
1205. **As tirinhas do Guri de Uruguaiana 1** – Jair Kobe
1206. **Entre aspas (vol.1)** – Fernando Eichenberg
1207. **Escrita** – Andrew Robinson
1208. **O spleen de Paris: pequenos poemas em prosa** – Charles Baudelaire
1209. **Satíricon** – Petrônio
1210. **O avarento** – Molière
1211. **Queimando na água, afogando-se na chama** – Bukowski
1212. **Miscelânea septuagenária: contos e poemas** – Bukowski
1213. **Que filosofar é aprender a morrer e outros ensaios** – Montaigne
1214. **Da amizade e outros ensaios** – Montaigne
1215. **O medo à espreita e outras histórias** – H.P. Lovecraft
1216. **A obra de arte na era de sua reprodutibilidade técnica** – Walter Benjamin
1217. **Sobre a liberdade** – John Stuart Mill
1218. **O segredo de Chimneys** – Agatha Christie
1219. **Morte na rua Hickory** – Agatha Christie
1220. **Ulisses (Mangá)** – James Joyce
1221. **Ateísmo** – Julian Baggini
1222. **Os melhores contos de Katherine Mansfield** – Katherine Mansfied
1223. (31). **Martin Luther King** – Alain Foix
1224. **Millôr Definitivo: uma antologia de *A Bíblia do Caos*** – Millôr Fernandes
1225. **O Clube das Terças-Feiras e outras histórias** – Agatha Christie
1226. **Por que sou tão sábio** – Nietzsche
1227. **Sobre a mentira** – Platão
1228. **Sobre a leitura *seguido do* Depoimento de Céleste Albaret** – Proust
1229. **O homem do terno marrom** – Agatha Christie
1230. (32). **Jimi Hendrix** – Franck Médioni
1231. **Amor e amizade e outras histórias** – Jane Austen
1232. **Lady Susan, Os Watson e Sanditon** – Jane Austen
1233. **Uma breve história da ciência** – William Bynum
1234. **Macunaíma: o herói sem nenhum caráter** – Mário de Andrade
1235. **A máquina do tempo** – H.G. Wells
1236. **O homem invisível** – H.G. Wells
1237. **Os 36 estratagemas: manual secreto da arte da guerra** – Anônimo
1238. **A mina de ouro e outras histórias** – Agatha Christie
1239. **Pic** – Jack Kerouac
1240. **O habitante da escuridão e outros contos** – H.P. Lovecraft
1241. **O chamado de Cthulhu e outros contos** – H.P. Lovecraft
1242. **O melhor de Meu reino por um cavalo!** – Edição de Ivan Pinheiro Machado
1243. **A guerra dos mundos** – H.G. Wells
1244. **O caso da criada perfeita e outras histórias** – Agatha Christie
1245. **Morte por afogamento e outras histórias** – Agatha Christie
1246. **Assassinato no Comitê Central** – Manuel Vázquez Montalbán
1247. **O papai é pop** – Marcos Piangers
1248. **O papai é pop 2** – Marcos Piangers
1249. **A mamãe é rock** – Ana Cardoso
1250. **Paris boêmia** – Dan Franck
1251. **Paris libertária** – Dan Franck
1252. **Paris ocupada** – Dan Franck
1253. **Uma anedota infame** – Dostoiévski
1254. **O último dia de um condenado** – Victor Hugo
1255. **Nem só de caviar vive o homem** – J.M. Simmel
1256. **Amanhã é outro dia** – J.M. Simmel
1257. **Mulherzinhas** – Louisa May Alcott
1258. **Reforma Protestante** – Peter Marshall
1259. **História econômica global** – Robert C. Allen
1260. (33). **Che Guevara** – Alain Foix
1261. **Câncer** – Nicholas James

IMPRESSO NA GRÁFICA COAN
TUBARÃO – SC – BRASIL
2017